Uschi und Hajo,
für Eure großzügige
Gastfreundschaft
ganz herzlichen Dank

Claus + Elisabeth

Istanbul, 7. 4. 88

Traumstraßen
durch die
Türkei

Fotos von Werner Neumeister
Text von Martin Amode

Süddeutscher Verlag

Mit 121 Farbbildern nach Fotos von Werner Neumeister.

Das Umschlagmotiv vorne zeigt den Blick von der Süleyman-Moschee
in Istanbul zum Goldenen Horn (Bild 5),
hinten die Bucht Ölü Deniz bei Fethiye (Bild 43).

Die Vorsatzkarte und die 17 Routenkarten zeichneten
Petra und Hubert Neuwirth.

1987 · 3. Auflage

ISBN 3-7991-6208-9

Inhalt

Bildverzeichnis

Vorwort

Seit die Rittersleute, die im Mittelalter zur Befreiung der heiligen Stätten in Jerusalem, Bethlehem und Nazareth von den Ungläubigen in den Orient zogen, unter den Daheimgebliebenen schier unglaubliche Berichte über die dort gesehenen und gehörten Wunder verbreitet haben, ist die Welt der islamischen Völker, insbesondere der des östlichen Mittelmeerraums, als eine Welt der Märchen und der traumhaften Unwirklichkeit ins Bewußtsein des Mitteleuropäers eingedrungen. Als diese fremde Welt dann später mit den türkischen Heeren, ihren Reiterscharen und schweren Kanonen in aller Realität an die Pforten des Abendlandes pochte, war der Orient eher ein Alptraum für die christlichen Herrscher und ihre Untertanen geworden. Aber bald nach der zweiten und letzten Belagerung Wiens, nachdem also die Gefahr gebannt schien, begannen Dichter und andere Phantasten wieder von den Wundern des Orients zu träumen.

Vor allem die Türkei und ihre wundersame Hauptstadt İstanbul erregten die Phantasie der Romanschriftsteller, der Opernlibretto-Schreiber, der Komponisten, der Lyriker und auch der bildenden Künstler. Die wenigen realistischen Berichte über diese Region wurden zu einer Straße der Träume in die Welt der Sultane, der Minarette, der verschleierten Schönen und der Abenteuer auf Karawanenreisen. Heute sind die Straßen, die in die Türkei, entlang ihrer Küsten, durch ihre Steppen und ihre Gebirge führen, meist gut asphaltiert. Einige von diesen Straßen sind viel befahrene Fernverkehrswege, über die Lastzüge donnern und auf denen es für den Autofahrer nicht gerade ratsam ist, zu träumen. Aber auch diese Straßen berühren viele touristische Traumziele und gehen durch traumhaft schöne fremdartige Landschaften: Da sind Städte mit prachtvollen Moscheen und mit von Menschen wimmelnden Basaren, idyllische Mittelmeerlandschaften und kahle Hochebenen, antike Ruinenstätten, die zum Teil so gut wie nirgendwo anders im griechisch-römischen Kulturbereich erhalten sind. Man findet die Reste von Kirchen längst untergegangener christlicher Gemeinden, man fährt an üppigen Wäldern und sterilen Salzseen vorbei, sieht prunkvolle Paläste und ärmliche Lehmhäuser. Entlang der Traumstraßen kommt man durch tiefe Schluchten, vorüber an Sperrfestungen, die schon in grauer Vorzeit die Karawanenwege schützten, man durchquert fruchtbare Ebenen und blickt über wunderschöne Buchten hinaus auf ein unwirklich blaues Meer.

Entlang dieser Straßen, in den Dörfern und Städten, in den Teestuben und in Autobussen, in Läden und Bauernhäusern, auf den Märkten und sogar in Amtsstuben erlebt man dazu in der Begegnung mit den Einheimischen eine Liebenswürdigkeit und Hilfsbereitschaft, die den fremden Reisenden immer wieder überrascht. Daß dieser Bildband zustande gekommen ist, haben der Fotograf und der Schreiber der Texte in großem Maß der Gastfreundschaft und dem herzlichen Entgegenkommen der Türken zu verdanken, denen sie auf ihren Reisen begegnet sind. Das vorliegende Buch soll auf eine Reise in die Türkei einstimmen und helfen, aus der Fülle der überwältigenden Sehenswürdigkeiten die wichtigsten auszuwählen. Nach der Reise soll es dazu beitragen, die Erinnerungen an dieses Land wachzuhalten. Einen Reiseführer mit ausführlichen reisetechnischen Hinweisen und genauen Beschreibungen von Sehenswürdigkeiten und den Wegen zu ihnen kann es nicht ersetzen.

Martin Amode

1 Von Edirne nach İstanbul

Für den Türkeifahrer beginnt alles Türkische nicht erst dort, wo er aus Bulgarien oder Griechenland kommend erstmals die rote Fahne mit Halbmond und Stern und das Schild mit der Aufschrift »Türkiye Cumhuriyeti« – Republik Türkei – sieht. Wenn er in Jugoslawien abseits der Gastarbeiter-Karawanenstraße »Autoput« gefahren ist, konnte er schon weit oben im Norden der Balkanhalbinsel, auf der geographischen Breite der italienischen Adriastrände von Comacchio oder der jugoslawischen Insel Rab, im bosnischen Städtchen Bihać eine gotische Kirche sehen, die seit dem Jahr 1592 als Moschee dient. Ein wenig weiter im Südosten liegt Sarajevo, die Hauptstadt der jugoslawischen Republik Bosnien-Herzegowina, in ihrem Kern noch heute eine türkisch-islamische Stadt. Während hier das »türkische« Element von Slawen gebildet wird, die im 15. und 16. Jahrhundert den Islam angenommen haben, leben weiter im Süden, im Herzen des Balkan, neben islamisierten Albanern auch noch richtige, einst aus Anatolien zugewanderte Türken. Im jugoslawischen Makedonien ist das Türkische eine der offiziell anerkannten Sprachen. Auch in Bulgarien gibt es türkische Minderheiten neben islamisierten Bulgaren, man sieht Moscheen in der Hauptstadt Sofia und in Plovdiv, und es gibt Städte wie Veliko Târnovo, die noch heute ein unverkennbar osmanisch-türkisches Gepräge haben. Diese Gebiete in Jugoslawien und Bulgarien gehörten bis ins letzte Drittel des 19. Jahrhunderts und zum Teil noch bis 1913 zum Osmanenreich, über das der Sultan von İstanbul aus regierte.

Noch ehe man Bulgarien verläßt, begegnet man einem Werk des größten Baumeisters der alten Türkei: In Svilengrad, das bis 1913 Mustafa Paşa hieß und seit 1878 Grenzstadt war, führt eine 295 Meter lange Brücke über die Maritza; sie wurde von Sinan im Jahr 1529 für den Wesir von Selim I., Mustafa Paşa, errichtet. Der Baedeker von 1905 empfiehlt an dieser Stelle den Bahnreisenden, die sich hier auf die »türkische Paß- und Zollrevision« gefaßt machen mußten: »Reiseführer und Karten steckt man vorher in die Rocktaschen« – auch damals war die Furcht vor staatsgefährdender Literatur im Reich der letzten Sultane weit verbreitet. Heute liegt die Grenzstation weiter im Osten; sie heißt Kapıkule, der Torturm, und man kommt hier aus der fruchtbaren Ebene in die öde Weidesteppe des östlichen Thrakien. Man sieht struppige Zwergeichen, um die wenigen Dörfer ein paar Felder und Obstbäume.

Die Straße, die durch diese Steppe dahinläuft, kann man eigentlich kaum eine Traumstraße nennen, auf ihr donnern die Lastzüge entlang, die Industriegüter aus Mitteleuropa nicht nur in die Türkei, sondern auch weiter in den Nahen und Mittleren Osten befördern. Sie hat jedoch ein Traumziel, die Stadt am Goldenen Horn. Doch schon am Rand der Thrakischen Ebene sieht man von weitem eine der glanzvollsten Moscheen des Osmanenreichs, die den großen Kaisermoscheen von İstanbul ebenbürtig ist: die Selimiye von Edirne, dem alten Hadrianopel. Ehe die Besitzungen des Sultans auf europäischem Boden auf einen kleinen dreieckigen Brückenkopf mit der Spitze in İstanbul zusammenschrumpften, war Edirne Mittelpunkt der alten Landschaft Thrakien, die viele Gold-, Silber- und Kupferlagerstätten besaß. Die Fürsten der Thrakerstämme sammelten gewaltige Reichtümer an, große Teile davon wurden – hauptsächlich in Bulgarien – gefunden; sie stammen aus der Zeit vom 13. vorchristlichen Jahrhundert bis in hellenistische und römische Zeit. Bis ins 19. Jahrhundert hinein war das Gebiet von Griechen, Bulgaren, Türken und kleinen Gruppen anderer Völkerschaften bewohnt. Heute gibt es noch Reste türkischer Bevölkerung im griechischen und bulgarischen Teil Thrakiens, und im türkischen Thrakien leben noch heute auch Griechen, Bulgaren und Makedonier.

Im Grünen liegt die kleine Stadt Lüleburgas, in der die nächste Sinan-Moschee zu sehen ist. Wenn man das schöne Çorlu hinter sich hat, ist es nicht mehr weit zum Marmarameer, das man bei Silivri erreicht. Jenseits der blauen Wasserfläche sieht man dann schon hinüber nach Asien, und wenn man Glück hat, reicht der Blick bis zum schneebedeckten Ulu Dağ bei Bursa, den die Alten den Bithynischen Olymp nannten. Das Traumziel İstanbul aber erreicht man erst, wenn man Industrievororte und endlose Slumviertel durchfahren hat – dann öffnet sich die Bresche, die man beim »Kanonentor« in die gewaltige Landmauer geschlagen hat, und die in die Stadt führt.

1 *Seit vierhundert Jahren wird die Stadt Edirne in Thrakien von der Moschee des Sultans Selim beherrscht. Sie ist der vollendetste Moscheebau der Osmanen, und ihr Erbauer, der große Sinan, meinte im Rückblick auf sein langes Leben und sein reiches Schaffen, die Selimiye sei sein Meisterwerk gewesen.*

2 *Von den vier Minaretten der Selim-Moschee kann man weit über die Stadt Edirne ins thrakische Land hinein und bis zur bulgarischen Grenze schauen.*

3 *Blick in die von acht Pfeilern und abwechselnd von Schildwänden und Halbkugeln getragene große Kuppel der Selimiye in Edirne, die vom Licht aus den vierzig Fenstern des Kuppelkranzes und den vielen anderen Fenstern in der riesigen Baumasse des Gebetssaals wie zum Schweben gebracht erscheint.*

4 *Wenn man von Bulgarien oder Griechenland aus nach İstanbul fährt, verläuft die Straße streckenweise auf der Trasse alter Römerstraßen, die von Pannonien und von der südlichen Adria kommend den Balkan durchquerten. Im Verlauf dieser Straßen sind noch heute römische, byzantinische und türkische Brücken erhalten.*

Reiselexikon

Edirne wird gern die »Stadt der Brücken« genannt, denn sie liegt an drei Flüssen: Die Maritza, die bei den Türken Meriç heißt, nimmt hier die Arda und die Tunca auf. Die Tunca umschlingt die Altstadt und bildet mehrere Inseln. Weil die Maritza im Altertum für flache Schiffe bis hierher befahrbar war, erkannte der Römerkaiser Hadrian um das Jahr 125 die strategische Bedeutung der kleinen thrakischen Siedlung und gründete das nach ihm benannte Hadrianopolis. Die neue Stadt sollte den Landweg vom Balkan nach Kleinasien sichern. Die fruchtbare Umgebung und der Handel ließen sie schnell wohlhabend werden, aber später wurde sie oft Opfer der Heere, die vergebens die nahe Kaiserstadt Konstantinopel berannten. Im Jahr 1361, sieben Jahre nachdem die Türken den Hellespont überschritten hatten, wurde Adrianopel (so der moderne griechische Name) von Sultan Murat I. erobert, und vier Jahre später verlegte das osmanische Herrscherhaus seine Hauptstadt von Bursa hierher. Die Sultane residierten in Edirne, wie sich die Stadt jetzt nannte, bis zur Eroberung von Konstantinopel. Sie hatten hier aber auch später immer eine Nebenresidenz und einen Sommersitz, und hier musterten sie die Heere, die die Balkanhalbinsel hinauf gegen Mitteleuropa zogen. Im 17. Jahrhundert hatte Edirne etwa 200000 Einwohner.

Im 19. Jahrhundert nahmen es die Russen gleich zweimal ein, im Balkankrieg von 1912 die Bulgaren, nach dem Ersten Weltkrieg besetzten es die Griechen, und erst seit 1923 ist es unumstritten türkisch. Zu Beginn unseres Jahrhunderts lebten nur noch 85000 Menschen hier, und nach dem Auszug der Griechen, Armenier und teilweise auch der Juden sank die Bevölkerungszahl auf 33000. Die durch Handel und Gewerbe einst blühende Stadt sank zu einem Landstädtchen herab. Heute lebt die Einwohnerschaft von der starken Garnison, von der Textilindustrie und neuerdings vom stark angewachsenen Reise- und Güterverkehr. Trotz der vielen Zerstörungen durch Kriege und Erdbeben und trotz des wirtschaftlichen Niedergangs hat sich die Stadt in ihrem Kern noch den orientalischen Charakter bewahrt.

Gleich, ob man sich Edirne von der bulgarischen Grenze oder von İstanbul her nähert, man sieht die vier Minarette und die Kuppel der auf einem Hügel inmitten der Stadt stehenden *Selimiye* schon von weitem. Das Wahrzeichen verdankt die Stadt Sultan Selim II., der im Jahr 1566 Nachfolger Süleymans des Prächtigen wurde. Der Sohn der einstigen russischen Sklavin Roxelane war ein Freund der Künstler und Gelehrten, der Feste und des Weins. Die Regierung überließ er dem geschickten Großwesir Sokollu Mehmet Paşa. Seinen Beinamen Mest, der Trunkene, erhielt er nicht nur aufgrund der Umstände, unter denen er nach achtjähriger Zeit als Herrscher das Leben verlor: Nach einem ausgiebigen Gelage stürzte der Sultan auf den Boden seines Bades – an den Folgen dieses Sturzes starb er einige Tage später. Mit dem Bau seiner Kaisermoschee beauftragte Selim einen Baumeister, der sich schon unter seinem Vater Süleyman einen Namen gemacht hatte und den seine Bewunderer Koca Mimar Sinan, den »großen Baumeister« Sinan, genannt haben. Wahrscheinlich stammte Sinan aus einer nach Anatolien verschleppten albanischen Familie. Der Sklave Jusuf erlitt das Schicksal unzähliger Christenknaben, die, nach körperlicher und geistiger Befähigung ausgewählt, mit Gewalt den Eltern weggenommen und zu Soldaten ausgebildet und in die durch diese »Knabenlese« immer neu aufgefüllte Elitetruppe der Janitscharen aufgenommen wurden. Sinan brachte es zum Obersten der Pioniere, er lernte auf vielen Feldzügen Orient und Okzident kennen, 1529 nahm er auch an der Belagerung von Wien teil. Als er schon fünfzig Jahre alt war, erkannte der Großwesir Lütfü Paşa, ebenfalls ein Albaner, das Talent des Offiziers und machte ihn zum Architekten des Sultans. In einer Biographie des Baumeisters, die sein Freund, der Dichter Mustafa Sai, schrieb, heißt es, Sinan habe insgesamt 335 Bauwerke geschaffen, darunter 81 große Moscheen, 50 Gebetshäuser, drei Krankenhäuser, sieben Aquädukte und acht Brücken. Die meisten

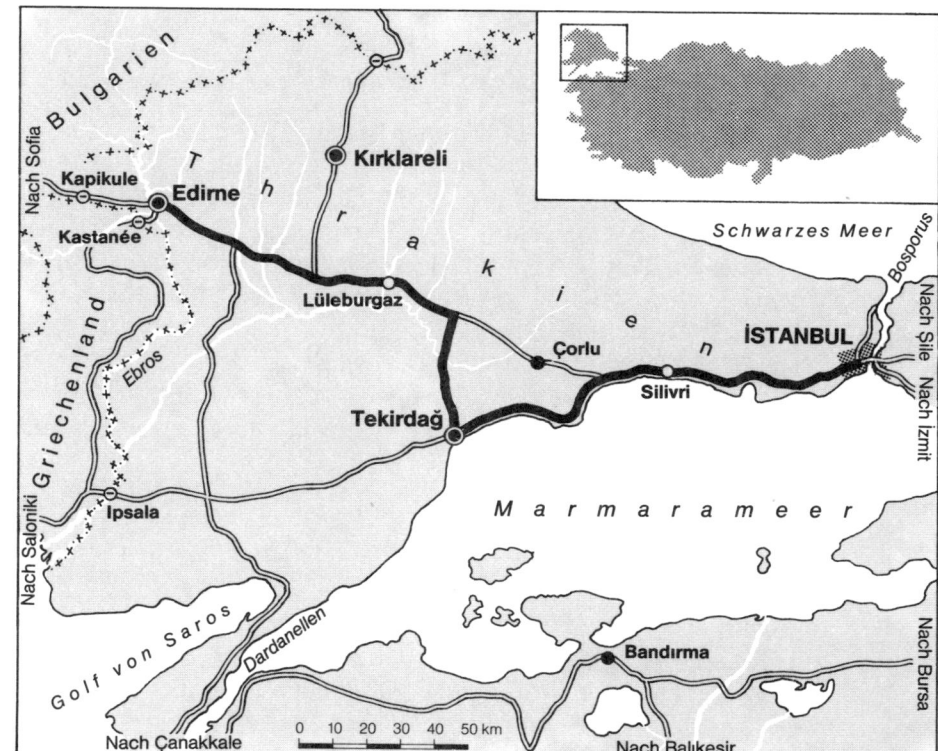

seiner Werke sind in İstanbul entstanden, aber auch in Anatolien und in Thrakien stehen seine Bauten, andere in Aleppo und Damaskus, vielleicht sogar in Ungarn. 1588 ist Sinan als etwa Hundertjähriger gestorben. Er selbst, der die Vollendung seiner Werke noch erlebt hat, brachte die Arbeit seiner zweiten Lebenshälfte auf die Formel, die Prinzenmoschee in İstanbul sei sein Lehrstück gewesen, die Süleymaniye (ebenfalls in der Hauptstadt) sein Gesellenstück und die Selimiye in Edirne sein Meisterstück. Als die Steinmetzen, die Maurer und Bausklaven mit ihrer Arbeit an diesem Meisterstück begannen, war Sinan 77 Jahre alt.

Sinan hat den Rang dieses Werks richtig eingeschätzt. So kompakt und einheitlich in der Silhouette ist sonst keine der osmanischen Kuppelmoscheen gelungen, und die vier 80 m hohen, äußerst schlanken Minarette mit den drei Galerien fassen die riesige Baumasse wie ein dreidimensionaler Rahmen zusammen. Das Innere strahlt vollendete räumliche Ruhe aus, das Licht aus den mehr als 320 Fenstern scheint den Gebetssaal zum Schweben zu bringen. Diesen Eindruck verstärkt auch die großartige Lösung des Kardinalproblems jedes Kuppelbaus: Sinan läßt das Rechteck des Saals durch Pfeiler in ein Achteck übergehen, die Pfeiler tragen abwechselnd eine Schildwand und eine Halbkuppel, die Stalaktiten-Pendentifs verschmelzen das Oktogon mit dem Rund darüber, auf dem über vielen hohen, schmalen Fenstern die mächtige Kuppel schwerelos aufruht.

Wie alle großen osmanischen Moscheen besteht auch die des Sultans Selim nicht nur aus dem überkuppelten Betsaal. Da die Moschee auch Versammlungsort, politisches und soziales Zentrum einer Stadt oder eines Stadtviertels war, sind um sie herum verschiedene Einrichtungen zu einer sogenannten Külliye zusammengefaßt – im Fall der Selimiye Koranschulen und eine lange Einkaufsstraße mit 124 Läden. Die Moschee selbst bildet zusammen mit dem Vorhof einen Komplex, eine Säulenhalle mit 18 Kuppeln umfaßt den Hof, in dessen Mitte ein schöner Reinigungsbrunnen steht. Das Hauptportal der Moschee auf der Hofseite stammt von einer um das Jahr 1312 erbauten seldschukischen Moschee aus Birgi bei İzmir. Eine wichtige Stellung in der Geschichte der osmanischen Moschee nimmt auch die Üç Şerefeli Cami ein, die »Moschee mit den drei Galerien« – eines ihrer Minarette hat drei Umgänge für den Muezzin. Sie ist die älteste Moschee, die den Kuppelraum mit einem Vorhof zu einer Einheit zusammenfaßt. Entstanden ist sie in den Jahren von 1438 bis 1448 unter Sultan Murat II.

Die *Beyazıt-Moschee*, die Beyazıt II. von 1484 bis 1488 aus der Beute eines Feldzuges in die Moldau erbauen

ließ, bietet ein Beispiel für eine gut ausgestattete Külliye: Es gibt hier eine Medrese (Koranschule), ein İmaret, in dem die Armen auf Kosten des Stifters gespeist wurden, eine Bäckerei, eine Apotheke, eine Medizinschule, Bäder, ein Hospital und eine Irrenanstalt. Der türkische Reiseschriftsteller Evliya Çelebi, der im 17. Jahrhundert die Länder des Sultans bereiste, erzählt, daß die Stiftung auch zehn Sänger und Musiker unterhielt, die wöchentlich dreimal vor den Geisteskranken auftraten, um ihr Leiden zu erleichtern.

Ein Werk Sinans ist auch die 150 m lange *Markthalle des Ali-Paşa-Basars,* dem Handel und Wandel diente auch der mehrschiffige Bedesten, und ebenfalls von Sinan ist die *Karawanserei,* eine Stiftung Rüstem Paşas, des Schwiegersohns von Sultan Süleyman dem Prächtigen – sie ist heute wieder ein Hotel.

Von den Anlagen der *Sultansresidenz* auf der Tunca-Insel sind nur noch Ruinen erhalten; sie wurde 1878 im russisch-türkischen Krieg zerstört.

Lüleburgaz liegt inmitten der ostthrakischen Ebene am linken Ufer des Karaağaç Dere, des »Ulmenbachs«. Auch hier ist eine schöne, von Sinan errichtete *Moschee* zu sehen, die Sokollu Mehmet Paşa gestiftet hat. Der Pascha stammte aus der bosnischen Adelsfamilie Sokolović, die den Osmanen fünf Wesire und zwei Großwesire gestellt hat. Mehmet Paşa zeichnete sich beim Sieg über die Ungarn bei Mohacs im Jahr 1526 und drei Jahre später vor Wien aus. Als Großwesir stiftete er zwei Moscheen in der Hauptstadt, die er von Sinan erbauen ließ, und in seiner Heimat wurde auf seine Kosten die Brücke über die Drina bei Višegrad gebaut, die der jugoslawische Nobelpreisträger Ivo Andrić zum Mittelpunkt einer Romanchronik gemacht hat.

Tekirdağ heißt »grauschwarzer Berg« nach dem Schiefergestein der Umgebung. Als noch viele Griechen in den Städtchen lebten, nannte man es Rodosto. Wenn man vom griechisch-türkischen Grenzübergang İpsala her einreist, kommt man in Tekirdağ ans Ufer des Marmarameeres. Das Hafenstädtchen hat einen von Sinan erbauten *Bedesten* (überdachte *Markthalle*) und die ebenfalls von ihm entworfene *Rüstem-Paşa-Moschee.* Tekirdağ ist ein nationaler Wallfahrtsort der Ungarn, denn hier wird das Haus des Fürsten Franz II. Rákóczi als Museum bewahrt. Der Ungar kämpfte nach der Befreiung Siebenbürgens von den Türken gegen die neuen Herren, die Habsburger, und hier fand er bis zu seinem Tod im Jahr 1738 Asyl. Das Schicksal der ungarischen Emigranten um Rákóczi hat einer der Begleiter des Fürsten, Kelemen Mikes, in einem der eindrucksvollsten Zeugnisse der ungarischen Literatur beschrieben, in seinen »Briefen aus der Türkei«.

2 İstanbul

Als am Spätnachmittag des 29. Mai 1453 Sultan Mehmet II. in Konstantinopel einritt und den Weg zur Kirche der Heiligen Weisheit einschlug, sah er rechts und links kaum mehr etwas von der einstigen Pracht der Kaiserstadt, sondern Ruinen und Verfall. Das hatten aber nicht nur seine Kanonen angerichtet und der Siegesrausch seiner Soldaten, die sich seit dem Morgen in der Stadt austobten. Die Verwüstungen waren auch die Hinterlassenschaft eines verfallenden Reichs. Konstantinopel, über tausend Jahre lang Hauptstadt Ostroms, war seit dem Überfall der Kreuzritter aus dem Westen im Jahr 1204 zu einem fast leblosen Haupt ohne Rumpf und Glieder geworden. Der Eroberersultan machte es wieder zur Hauptstadt eines großen Reichs, das sich anschickte, ein Weltreich zu werden wie das überwundene zu seiner besten Zeit.

Mehmet verrichtete in der prächtigen Kirche sein Gebet zu Allah und machte so das riesige Gotteshaus zur erstrangigen Moschee seines Reichs. Der Sultan fühlte sich als Erbe von Byzanz, und mit der Eroberung waren tatsächlich nicht alle Brükken zur imperialen Vergangenheit der Stadt abgebrochen: So führte die neue Osmanenhauptstadt noch lange offiziell den Namen Konstantiniye. Mit diesem Namen blieb die Erinnerung an den Kaiser, der den christlichen Glauben im Römerreich zugelassen und die Stadt am Bosporus zum neuen Rom gemacht hatte, bis zum letzten Kaiser dieses Namens, der am Morgen dieses 29. Mai im Getümmel der letzten Schlacht fiel, erhalten. Allerdings hat sich dann der volkstümliche Name durchgesetzt, der vom griechischen Ausdruck »is tin polin«, »in die Stadt«, kommt.

Das byzantinische Konstantinopel, das in seiner Glanzzeit rund eine halbe Million Einwohner hatte, war zuletzt von höchstens 60000 Menschen bewohnt. Ganze Stadtviertel waren zu Gärten, Feldern und Viehweiden geworden, dazwischen standen dorfartige Ansammlungen von Häusern. Der Eroberer war nun darauf bedacht, eine lebensfähige und wohlhabende Hauptstadt zu schaffen. Wer von der alten Bevölkerung Leben und Freiheit behalten hatte, durfte bleiben; dazu wurden aus den Provinzen Türken, Griechen, Armenier, Serben, Bulgaren und Albaner herbeibefohlen, um die Stadt mit Leben, Handel und Wandel zu erfüllen. Später kamen auch viele der aus Spanien vertriebenen Juden hierher. Muslime und »Ungläubige« wohnten in getrennten Stadtvierteln. Die religiösen Oberhäupter der Christen wie der von Mehmet selbst eingesetzte griechisch-orthodoxe Patriarch Gennadios waren für das Wohlverhalten der Handwerker, der kleinen Händler und der reichen Kaufleute verantwortlich.

In den neuen, dicht bevölkerten Stadtvierteln entstanden Holzhäuser, die meistens von Gärten umgeben waren; sie hatten eine eigene Moschee, Kirche oder Synagoge. Die alten breiten Straßen und repräsentativen Foren verschwanden zum größten Teil, es wuchs ein Gewirr von engen und steilen Gassen. İstanbul wurde zu einer Stadt der Fußgänger und Reiter. Neben Tragtieren wie Esel und Muli war das wichtigste Transportmittel der Hamal, der Lastträger, den man noch heute mit unglaublichen Lasten auf dem Rücken Treppen und Gassen hinaufsteigen sieht.

İstanbul verdankt seinen Charakter aber nicht nur dem Wildwuchs und schöpferischer Anarchie. Während Konstantinopel trotz des hügeligen Reliefs der Halbinsel zwischen Marmarameer, Bosporus und Goldenem Horn städtebaulich als Fläche gesehen worden war, auf der großzügig Straßen und Plätze verteilt waren, sahen die Sultane und ihre Architekten, allen voran der große Sinan, die Stadt in einer anderen Dimension: als eine Silhouette von sieben Hügeln. Die Einmaligkeit dieses Stadtbildes ist noch heute das Ineinander von Land und Wasser und eben diese Silhouette, wie sie sich vom Marmarameer oder von der Galatabrücke aus bietet. Die großen Moscheen mit ihren Kuppeln krönen die Hügel, und die schlanken Minarette setzen rhythmische Akzente.

Im 19. und 20. Jahrhundert wurden dem Dampfschiff und dann auch dem Auto unwiederbringliche Opfer an der Stadtsubstanz dargebracht. Der Idealhafen Goldenes Horn mußte immer mehr Schiffe aufnehmen und immer mehr Waren umschlagen. Mit ausländischem Kapital entstanden raumfressende Hafenanlagen und Fabriken. Um Platz für breite Straßen zu schaffen, wurden ganze Viertel abgerissen – Gelegenheit dazu boten die häufigen und verheerenden Brände, die in den Holzhausquartieren immer wieder wüteten (kein älterer Reiseführer versäumt es, dem İstanbul-Touristen den Alarmruf »Yangın var« – es brennt – beizubringen). Besonders in den fünfziger Jahren unseres Jahrhunderts grassierte das Baufieber, die Grundstücksspekulation blühte, alte Stadtteile wurden mit Geschäfts- und

Wohnhäusern aus Beton zugebaut, es verschwanden die Gartenflächen, die der Stadt den luftigen Charakter gegeben hatten.

Besonnenen Stadtplanern gelang es jedoch, einige der schlimmsten Sünden wieder zu beseitigen, und einige Moscheen, die einst ein Viertel beherrscht hatten und im Lauf der Jahrhunderte vom wild wachsenden Häusergewirr überwuchert wurden, stellte man frei; sie erhielten wieder ihren alten städtebaulichen Rang.

Auch die Bevölkerungsstruktur İstanbuls hat sich verändert. Als das Osmanische Reich auseinanderzubrechen begann, wurden seine Völker vom Nationalismus ergriffen, es wuchsen soziale und rassistische Ressentiments und führten zu gewalttätigen Explosionen. Griechen und Armenier, die seit Jahrhunderten in İstanbul gelebt hatten, verließen die Stadt, geblieben sind nur wenige. Landlose Bauern aus Anatolien strömten dafür herbei, die einst orientalisch-kosmopolitische Weltstadt wurde immer mehr türkisiert. Seit dem Ende des Zweiten Weltkriegs schossen an den Stadträndern die Gecekondu genannten Slumviertel aus dem Boden – sie haben ihren Namen davon, daß die Häuser häufig über Nacht errichtet wurden, und was einmal dasteht, dürfen die Behörden nach altem türkischen Recht nicht mehr zum Abbruch verurteilen.

Das moderne İstanbul wirkt auf viele Europäer im ersten Moment abschreckend, denn es ist laut, staubig und voller Smog. Aber es gibt auch ruhige Winkel – am ruhigsten ist es in den Moscheen –, und der frische Nordwind vom Bosporus her sorgt dafür, daß die überlastete Riesenstadt am Leben bleibt. İstanbul hat seine jahrtausendealte Faszination trotz allem nicht verloren, und viel von seinem Zauber verdankt es auch der Freundlichkeit und Menschlichkeit seiner Bewohner.

Die Geschichte dieser Weltstadt ist auch die Geschichte zweier Weltreiche, aufgerichtet von den Erben Roms und von den Nachfahren türkischer Nomaden und Reiter aus Innerasien. Zwar soll die Stadt schon tausend Jahre vorher von einem dorischen Griechen aus Megara namens Byzas gegründet worden sein, aber erst im Jahr 330 nach Christus stand sie im hellen Licht der Geschichte: Kaiser Konstantin der Große, der das geschwächte Römerreich erneuern wollte, suchte eine neue Hauptstadt in dem noch in voller Blüte stehenden Osten. Er fand sie in Byzantion an der Nahtstelle von Europa und Asien; hier errichtete er sein »Neues Rom«. Als später das Imperium Romanum endgültig in eine westliche und eine östliche Hälfte geteilt war, machte Kaiser Justinian die Konstantinsstadt zum glänzenden Mittelpunkt einer Großmacht, die von der Straße von Gibraltar bis an die Grenzen Persiens, von den Alpen bis zum ersten Nilkatarakt herrschte. Der byzantinische Staat war das »Imperium romanum christianum«, die Vollendung des römischen Reichs als Vorstufe des Reiches Gottes auf Erden, und der Kaiser war Stellvertreter Gottes auf Erden.

Im 6. und 7. Jahrhundert wurde das Griechentum in Staat und Gesellschaft vorherrschend, die alte Reichssprache, das Lateinische, trat zurück, Amtssprache wurde das Griechische. Der Kaiser nannte sich nicht mehr Imperator, sondern »König der Rhomäer« – der griechisch sprechende, christliche Einwohner dieses Reichs betrachtete sich als Römer. Noch heute heißt die neugriechische Volkssprache »Rhomaika«, nicht »Ellinika«, und die Völker des Ostens nannten das Byzantinerreich und seine Nachfolger »Rum«.

Das byzantinische Reich blieb stabil auch noch im 7. Jahrhundert, als es von zwei Seiten her angegriffen wurde: Auf dem Balkan bedrängten Awaren und Slawen die Grenzen, im Osten hatte es sich gegen das neupersische Reich der Sassaniden zu wehren. Kaum hatte Kaiser Herakleios die bis Jerusalem, nach Ägypten und im Jahr 626 zugleich mit den Awaren bis vor die Tore Konstantinopels vorgedrungenen Perser zurückgeschlagen, erstand an der Südostgrenze ein neuer Feind, die Araber. 674 versuchte eine arabische Flotte erstmals, Konstantinopel zu erobern.

Im 10. Jahrhundert war Byzanz den Angriffen der Russen und Bulgaren ausgesetzt, dann wurde es von Normannen, Petschenegen und Ungarn bedrängt. Im Jahr 1071 siegten die seldschukischen Türken, die schon den Iran und Mesopotamien überrannt hatten, bei Mantzikert in der Nähe des Van-Sees über Kaiser Romanos IV. Diogenes. Im Unglücksjahr 1204 schien das Reich endgültig zusammengebrochen zu sein: Die Kreuzfahrer, die von der venezianischen Flotte statt ins Heilige Land vor die Kaiserstadt gebracht worden waren, plünderten und verheerten sie und errichteten das sogenannte Lateinische Kaiserreich. Doch den Griechen, die in Nikäa eine Exil-Residenz errichtet hatten, gelang es 1261 mit Hilfe von Venedigs Konkurrentin Genua, Konstantinopel fast kampflos wiederzugewinnen.

Seine alte Stärke sollte das Reich aber nicht wieder erreichen. Die Seldschuken drangen weiter nach Westen vor, und eine Sippe türkischer Grenzkrieger schuf sich in Bithynien einen Machtbereich, in dem Osman den Titel eines Sultans annahm.

15

Der Kaiserstadt und den Resten des Reichs auf der Peloponnes wurde noch eine Atempause gewährt, als aus dem Osten die Heere des Mongolen Timur in Kleinasien einfielen: 1402 schlug Timur das Türkenheer bei Ankara, Beyazıt starb in der Gefangenschaft. Als drei Jahre später der Mongolenchan starb, wurde das Osmanenreich erneut zur tödlichen Bedrohung für Byzanz. Aus dem Westen war keine Hilfe zu erwarten, obwohl Kaiser Konstantin XI. aus dem Haus der Paläologen die Vereinigung der seit dem 11. Jahrhundert getrennten Kirchen des Ostens und des Westens betrieb und sich dem Papst unterwarf. Am 6. April 1453 begann der 24jährige Sultan Mehmet II. mit der Belagerung, am 29. Mai zog er in die Kaiserstadt ein.

Hundert Jahre nach dem Fall von Konstantinopel war das neue Weltreich auf der Höhe seiner Macht. In diesem Reich lebten Türken, Griechen, Armenier, Kurden, Araber, Albaner, Serben, Bosnier, Bulgaren, Walachen, Kroaten, Ungarn, Georgier, spanische Juden und viele Völkersplitter aller Rassen und Sprachen. Es gab kein Staatsvolk, obwohl das Staatsgebilde meistens »Türkisches Reich« genannt wurde und die herrschenden Schichten überall als Türken galten. Aber die Sultane aus dem türkischen Haus Osman heirateten griechische oder serbische Prinzessinnen, sie hatten in ihrem Harem ungarische, tscherkessische oder russische Sklavinnen, und die Thronfolge war nicht daran gebunden, ob der neue Herrscher Sohn einer Hauptfrau, einer Nebenfrau oder einer Sklavin war. Der Zwiespalt zeigt sich auch in Kunst und Kultur der Osmanen. Die Prachtbauten der Hauptstadt unterscheiden sich von byzantinischen, seldschukischen oder persischen Vorbildern, sie haben einen eigenen osmanischen Charakter, geschaffen von Meistern, die wie Sinan albanischer, oder griechischer, italienischer, slawischer Herkunft waren. Doch die »höhere Bildung« der Oberschicht ist eindeutig von außen beeinflußt. Da ist einmal die Sprache und die Gedankenwelt des Koran, das Arabische, die Literatur jedoch bediente sich der persischen Sprache. Das Türkische galt als bäurisch, die osmanische Hochsprache war zwar in der Substanz türkisch, aber in Wortschatz und Grammatik weitgehend von persischen und arabischen Elementen durchsetzt.

Auf dem Höhepunkt des Osmanenreichs begann auch sein Verfall mit Haremsintrigen, Machtkämpfen, wirtschaftlicher Stagnation und dem wachsenden Druck der europäischen Großmächte. Die Niederlage der osmanischen Flotte vor Lepanto im Jahr 1571 wurde zwar von den Abendländern, die sich schon gefürchtet hatten, bald auf den Sklavenmärkten des Orients stehen zu müssen, als entscheidender Sieg hochgespielt, doch blieb die Kraft der Länder der Hohen Pforte noch ungebrochen. Erst nach der vergeblichen zweiten Belagerung von Wien im Jahr 1683 sollte sich das ändern. Die Feldzüge und die Hofhaltung verschlangen Unsummen, Steuererhöhungen, Geldentwertung und Verschuldung schwächten den Staat und ließen Räuberbanden groß werden, aufständische Paschas richteten sich von der Hauptstadt unabhängige Machtbereiche ein. Ein längst durch die Tatsachen widerlegtes Überlegenheitsgefühl und die Ablehnung jeglicher Veränderungen in Staat, Wirtschaft und Gesellschaft höhlten das Reich aus, und nur den miteinander rivalisierenden Interessen der Europäer verdankte es sein Weiterbestehen.

Erst als Griechenland, Serbien und das spätere Rumänien Unabhängigkeit oder Autonomie erlangten, in Albanien Ali Pascha Tepeleni und in Ägypten Muhammed Ali der Zentralgewalt trotzten, versuchten es die Sultane mit Reformen. Es war jedoch zu spät: Die einzelnen Völkerschaften besannen sich auf ihre nationalen Eigenheiten und suchten einen Weg aus dem Völkergefängnis, die wirtschaftliche Abhängigkeit vom Westen wurde immer erdrückender. Und als das Osmanische Reich sich im Ersten Weltkrieg dem Deutschen Reich und Österreich-Ungarn anschloß und mit den beiden »Mittelmächten« den Krieg verlor, brach auch dieses antiquierte Staatswesen zusammen.

Aus der Konkursmasse rettete der im Krieg erfolgreiche General Mustafa Kemal, was noch zu retten war, nämlich den größten Teil Kleinasiens samt den Gebieten, in denen sich Kurden und Armenier selbständig machen wollten, dazu den seit 1912 übriggebliebenen Teil Thrakiens auf europäischem Boden. Die Griechen, die das alte Byzantinerreich erneuern wollten, vertrieb er aus Kleinasien. Eine Nationalversammlung setzte den Sultan ab und erklärte das Kalifat für erloschen. Die Türkei wurde Republik, İstanbul verlor seine Funktion als Hauptstadt an das mitten in Anatolien gelegene Ankara. Mustafa Kemal, der später den Familiennamen Atatürk, »Vater der Türken«, erhielt, wollte einen modernen, nationalen und säkularen Staat schaffen. Die Schwierigkeiten, mit denen der türkische Staat bis heute zu kämpfen hat, zeigen aber, daß nicht alle Träume und Pläne der Revolutionäre und Reformer in die Wirklichkeit umgesetzt werden konnten.

5 *Von den Minaretten der Süleymaniye, die auf dem höchsten Hügel Istanbuls steht, hat man den besten Blick über die Stadt. Nach Nordosten sieht man hinunter zum Goldenen Horn, hinüber nach Beyoğlu, zur Galatabrücke und über den Bosporus auf das asiatische Ufer. Ganz im Hintergrund stehen die Pfeiler der Hängebrücke über den Bosporus, die seit 1973 Europa mit Asien verbindet.*

6 *Die islamische Kunst erhebt die Schrift zum Ornament. Als Bauschmuck findet man überall kunstvoll stilisierte Verse aus dem Koran, meist auf Fayence-Platten. Zur Kalligraphie gehörte auch die Tuğra, der Namenszug des osmanischen Sultans.*

7 *Zu den prunkvollsten Schätzen der Osmanensultane gehört der mit 25000 Perlen verzierte Thron, den der persische Herrscher Nadir Schah um die Mitte des 18. Jahrhunderts dem Sultan Mahmut I. schenkte. Er stammt wahrscheinlich aus Indien.*

8 *Wie in der chinesischen Kunst spielt auch im islamischen Kulturbereich die Keramik eine große Rolle. Diese Fayence-Kachel zeigt die Kaaba von Mekka.*

9 *Am Freitag geht der gläubige Muslim zum Mittagsgebet in die Moschee. Vor dem gemeinsamen Gebet hält der Imam vom Minbar, der Kanzel, herunter die Freitagspredigt. Besonders eindrucksvoll ist diese Kulthandlung in einer der großen Kaisermoscheen İstanbuls, wie hier in der Süleymaniye.*

10 *Sechs Minarette besitzt die Moschee, die der junge und ehrgeizige Sultan Ahmet I. zu Beginn des 17. Jahrhunderts vom Sinanschüler Mehmet Ağa gegenüber der Hagia Sophia und neben dem alten Hippodrom errichten ließ. Der Sultan soll selbst am Bau mitgearbeitet haben.*

11 *Die »Große Kirche« nannten die Griechen das riesige Gotteshaus, das der Heiligen Weisheit geweiht war. Der Erbauer der Hagia Sophia, Kaiser Justinian, wollte eine Kirche errichten, »wie keine seit Adam entstanden ist«. Tatsächlich bietet das Innere ein Raumerlebnis wie kein anderer Zentralbau. Auf den acht großen Holztafeln sind die Namen Allahs, Mohammeds und der ersten Kalifen zu sehen.*

12 *Auf dem Mosaik in der Apsis des Hauptraums der Chora-Kirche thront Maria mit dem Kind.*

13 *Die Mosaiken und Fresken der Erlöserkirche des Klosters Chora zu İstanbul sind zu Beginn des 14. Jahrhunderts entstanden. Sie wurden von den Türken übertüncht, seit 1947 hat man sie freigelegt.*

14 *Auf der Empore der Hagia Sophia, in der Loge der Kaiserin, ist das schönste der Mosaiken dieser Kirche zu sehen, das sogenannte Deesis-Mosaik.*

Reiselexikon

İstanbul erstreckt sich über zwei Erdteile. Sein historischer Stadtkern, das Konstantinopel der oströmisch-byzantinischen Kaiser und das auch heute noch manchmal Stambul genannte, von der Landmauer umschlossene Stadtgebiet dehnt sich auf der Halbinsel zwischen dem Marmarameer, dem Bosporus und dem Goldenen Horn aus. Jenseits dieser tief eingeschnittenen Bucht liegen im Norden die einst *Galata* und *Pera* genannten »europäischen« Stadtteile, die heute zusammen mit anderen Vierteln den türkischen Namen *Beyoğlu* tragen. Jenseits des Bosporus gehört auch noch *Üsküdar* mit Haydarpaşa und *Kadıköy* zu İstanbul, außerdem *Florya* am Marmarameer und die Ortschaften auf der europäischen und auf der asiatischen Seite des Bosporus, zudem noch die *Prinzeninseln* im Marmarameer.

Die Stadtregion hat rund fünf Millionen Einwohner, hauptsächlich Türken, aber auch Griechen, Armenier, spaniolische Juden und aus einst zum Osmanischen Reich gehörenden Ländern ausgewanderte muslimische Slawen.

Die fast dreitausend Jahre alte Ansiedlung ist trotz aller Zerstörungen durch Kriege oder Modernisierungen überaus reich an Denkmälern der Vergangenheit, an farbigem orientalischen Leben und stadtlandschaftlichen Schönheiten. Hier können deshalb nur einige ausgesuchte Sehenswürdigkeiten aufgeführt werden.

Sehenswürdigkeiten in den Stadtteilen auf dem europäischen Ufer

Archäologisches Museum (Arkeoloji Müzesi), im Gülhane-Park unterhalb des Topkapı-Palasts. Das 1896 eröffnete Museum gehört zu den reichsten und sehenswertesten Museen der Welt, es enthält eine Sammlung antiker Funde aus İstanbul, aus Kleinasien und den ehemals türkischen Gebieten Vorderasiens.

Azapkapı-Moschee (Azapkapı Camii), am Nordostende der Atatürk-Brücke, im Stadtteil Azapkapı (Beyoğlu). Das Werk Sinans, 1578 für den Großwesir Sokullu Mehmet Paşa gebaut, hat besonders schönen Fayencenschmuck.

Beyazıt-Moschee (Beyazıt Camii), am Beyazıt-Platz (offiziell Hürriyet Meydanı). Sultan Beyazıt II. ließ sie als erste große Kaisermoschee in İstanbul von 1497 bis 1505 errichten. Mit ihr beginnt die klassische osmanische Tradition des Kuppelbaues. Vor der Moschee steht ein schöner Reinigungsbrunnen. Zu den Nebengebäuden gehört auch die heutige Staatsbibliothek.

In der Nähe der Moschee befinden sich die Universität, zu der ein maurisches Tor führt, und der Beyazıt-Turm von 1823, einst Sitz der Feuerwache, heute Fernsehturm und meteorologische Station.

Chora-Klosterkirche (Kâriye Camii Müzesi), in der Nähe des Edirnetors. Die byzantinische Erlöserkirche des Klosters Chora (»auf den Feldern«) wurde wahrscheinlich im 5. Jahrhundert gegründet, im 11. ausgebaut und im 12. umgebaut. Zu Beginn des 14. Jahrhunderts ließ der kaiserliche Kanzler Theodoros Metochites die Kirche mit den herrlichen Mosaiken ausschmücken. Die Türken wandelten sie um das Jahr 1500 in eine Moschee um, übertünchten Malereien und Mosaiken und bauten ein Minarett an. Seit 1947 haben amerikanische Forscher die Kunstwerke wieder freigelegt. Die Fresken- und Mosaikzyklen sind besonders schöne Beispiele der »paläologischen Renaissance«.

Dolmabahçe-Moschee (Dolmabahçe Camii), im Stadtteil Dolmabahçe am Bosporusufer. Die Stiftung der Mutter von Sultan Abdülmecit wurde 1853 vom armenischen Architekten Serkiz Kalfa Balyan gebaut. Europäischer Barock und Renaissance sind in der Moschee zu einer eigenwilligen orientalischen Mischung imposanter Architektur vereinigt.

Dolmabahçe-Palast (Dolmabahçe Sarayı), im Stadtteil Dolmabahçe am Bosporusufer. Als Sultan Abdülmecit der alte Topkapı-Palast zu eng und zu wenig repräsentativ wurde, ließ er von dem Armenier Karabet Balyan das pompöse, riesige Schloß am Bosporus bauen.

Eroberermoschee (Fâtih Camii), im Stadtteil Fâtih, auf dem vierten Stadthügel. Wo einst die Apostelkirche, die Grabstätte der byzantinischen Kaiser, stand, erhebt sich jetzt die von Mehmet II., dem Eroberer Konstantinopels, gestiftete Moschee. Sie wurde 1677 durch ein Erdbeben zerstört, von 1767 bis 1771 neu aufgebaut. Im weitläufigen Komplex der Nebenbauten ist auch die Türbe Mehmets und seiner Frau Gülbahar enthalten. Südlich der Moschee, jenseits der breiten Ausfallstraße Fevsi Paşa Caddesi, steht die 10 m hohe Markiansäule (Kız Taşı, »Mädchensäule«), die einst die Statue des von 450 bis 457 regierenden oströmischen Kaisers Markian trug.

Eroberungsmoschee (Fethiye Camii), im Stadtteil Fener. Die Marienkirche Pammakaristos, die »Kirche der allerseligsten Gottesmutter«, wurde im 12. und 13. Jahrhundert erbaut, nach 1453 war sie Sitz des Patriarchen. 1591 ließ sie Murat III. anläßlich der Eroberung von Georgien und Aserbaidschan in eine Moschee umwandeln. In der Kirche wurden schöne Mosaiken freigelegt, darunter das in der Kuppel mit Christus als Pantokrator (»Herrscher des Alls«) mit Propheten.

Eyüp-Moschee (Eyüp Camii), im Stadtteil Eyüp an der Westseite des Goldenen Horns. Bei der ersten arabischen Belagerung Konstantinopels zwischen 674 und 678 soll hier der Fahnenträger des Propheten Mohammed, Abu Ajjub Ansari, türkisch Eyüp (Hiob), ums Leben gekommen und begraben worden sein. Nach der Eroberung durch Mehmet II. will man hier sein Grab gefunden haben, und baute deshalb eine Moschee. Sultan Selim III. ließ sie im Jahr 1800 erneuern. Die Moschee gehört zu den heiligen Stätten der türkischen Muslime, hier gürtete der Scheich der Mevlevi-Derwische dem neuen Sultan feierlich das Schwert Osmans um.

Zur Moschee gehört eine Külliye, und darüber dehnt sich ein großer *Friedhof* über den Hang aus. Von einem nach dem französischen Schriftsteller Pierre Loti benannten Café aus hat man – wenn die Luft nicht gerade durch Smog getrübt ist – einen guten Blick über das Goldene Horn und die Stadt.

Galatabrücke (Galata Köprüsü), Goldenes Horn. Die Brücke, die wohl belebteste Örtlichkeit İstanbuls, verbindet die Altstadt, genauer den Stadtteil Eminönü, mit Beyoğlu, genauer Karaköy, jenseits des Goldenen Horns. Von einer deutschen Firma von 1909 bis 1912 errichtet, ruht die 468 m lange Brücke auf 22 Pontons. Das Mittelteil wird nachts bei Bedarf ausgefahren, damit größere Schiffe passieren können. Im Untergeschoß ist das Reich der Fischhändler, Fischrestaurants und Händler für Anglerbedarf.

In der Nähe der Brücke sind die *Anlegestellen der Fähren und Passagierschiffe* nach Üsküdar, zum Bosporus, zu den Prinzeninseln und nach Yalova, dem Hafen von Bursa.

Galataturm (Galata Kulesi), oberhalb des Karaköy-Platzes, Beyoğlu. Auf den Mauern eines byzantinischen Turms bauten die Genuesen, die in Galata ihre Handelsniederlassung hatten, einen neuen Turm. Unter den Türken wurde er als Gefängnis und Feuerwachtturm benützt, heute enthält der restaurierte, 68 m hohe Turm ein Café, Läden, ein Restaurant und einen Nachtclub. Vom Restaurant aus hat man einen sehr schönen Blick über die Stadt.

Großer Basar (Kapalı Çarşı, »Gedeckter Markt«), im Zentrum der westlichen Altstadt. Inmitten eines großen Basarviertels, in dem auch einige alte Karawansereien erhalten sind, gibt es ein überdachtes Labyrinth von Ladengassen, in dem man alle Herrlichkeiten des Orients – echt oder nachgemacht – kaufen kann: Teppiche, Silber- und Goldwaren, Antiquitäten, Lederwaren, Stoffe und wer weiß was noch alles. Man findet hier auch Teestuben und kleine Restaurants.

In der Nähe erhebt sich die »Verbrannte Säule« (Çemberli Taş), eine von eisernen Ringen zusammengehaltene Säule, von der einst das Standbild des Kaisers Konstantin I. herunterblickte. Ebenfalls beim Großen Basar ließ 1748 Sultan Mahmut I. die erste »barocke« Moschee İstanbuls bauen; sie wurde im Jahre 1756 fertiggestellt, ihr Name Nuruosmaniye (Nur-u Osmaniye Camii) bedeutet »Licht des Hauses Osman«.

Hagia Sophia (Aya Sofya Müzesi, Hagia-Sophia-Museum), am Aya Sofya Meydanı auf dem ersten Stadt-

15 *Im Fastenmonat Ramadan muß sich der gläubige Muslim von Sonnenaufgang bis Sonnenuntergang der Genüsse des Lebens enthalten. Im Garten der Süleyman-Moschee in İstanbul warten Frauen auf den Moment, wo die für das abendliche Picknick aufgebauten Köstlichkeiten verspeist werden dürfen.*

hügel. Kaiser Konstantin der Große, der dem Christentum die Legalität gab und aus dem alten Byzantion die neue Hauptstadt des römischen Reichs machte, soll hier schon im Jahr 326 eine Kirche der heiligen Weisheit gestiftet haben. Die Kuppel dieser kaiserlichen Hofkirche stürzte jedoch bald ein, und später wurde das Bauwerk von Bränden verwüstet. Unter Justinian ist die Kirche bei einem Volksaufstand gänzlich zerstört worden. Schon im Monat darauf legte der Kaiser den Grundstein für eine neue, größere und prächtigere Kirche, und nach einer Bauzeit von knapp sechs Jahren konnte er sie einweihen. Als er das neue Gotteshaus betrat, rief er aus, er habe den Tempel des Salomo in Jerusalem übertroffen. Tatsächlich hatten die beiden Architekten Anthemios von Tralles und Isidoros von Milet alle bisherigen Kultbauten der christlichen Religion und ihrer jüdischen Vorgängerin in den Schatten gestellt. Für den Bau hatte man die Tempel von Ephesus, Baalbek, Heliopolis und Delphi geplündert, von denen man vor allem Säulen herbeischaffte. Nach einem Erdbeben mußte allerdings die Kuppel erneuert werden, und in der Folgezeit errichtete man wegen der häufigen Beben immer wieder Stützbauten und Verstärkungen der Bausubstanz.

Nach der Eroberung von Konstantinopel durch die Türken wurde die Hagia Sophia Hofmoschee des Sultans, behielt aber als »Aya Sofya Camii« ihren christlichen Namen. Nach über neunhundert Jahren als christliches Gotteshaus diente das Gebäude nun 482 Jahre lang als islamisches Gebetshaus, bis es Atatürk 1935 zum Museum erklärte, in dem 14 Jahrhunderte Geschichte sichtbar werden sollten. Schon im 19. Jahrhundert waren bei Restaurierungsarbeiten die alten Mosaiken wieder ans Tageslicht gekommen, sie mußten aber wieder übertüncht werden. Jetzt konnte man sie endgültig freilegen; sie waren zwar teilweise zerstört, leuchten nun aber wieder in alter Pracht.

Die vier Minarette stammen aus verschiedenen Zeiten, das erste soll Mehmet II. errichtet haben, das zweite Beyazıt II., und Selim II. ließ Sinan die beiden Gebetsruf-Türme im Westen bauen. Die Türken wandelten das Baptisterium in das Grabmal der Sultane Mustafa I. und İbrahim I. um, daneben wurden Türben für andere Sultane und Prinzen gebaut.

Hippodrom (At Meydanı, »Pferdeplatz«), vor der Sultan-Ahmet-Moschee. Auf dem einstigen Schauplatz von Wagenrennen, Zirkusspielen und politischer Kämpfe erhebt sich der ägyptische *Obelisk,* der zwischen 1502 und 1448 v. Chr. aus Porphyr gehauen und im Jahr 390 n. Chr. in Konstantinopel aufgerichtet wurde. Neben ihm erheben sich die *Schlangensäule,* das einstige Unterteil einer Dreifuß-Votivschale aus dem Apollontempel zu Delphi, und der im 10. Jahrhundert errichtete *Gemauerte Obelisk,* dessen Verkleidung aus Bronzeplatten 1204 von den Kreuzfahrern geraubt wurde.

Kleine Hagia Sophia (Küçük Aya Sofya), an der Seemauer. Die den Heiligen Sergios und Bakchos geweihte Kirche, entstanden im 6. Jahrhundert unter Justinian, wird gern als eine »Vorstudie« zur großen Hagia Sophia gesehen. Sie ist heute eine Moschee.

Landmauern (Sûrlar), vom Marmarameer zum Goldenen Horn. Nachdem Kaiser Severus das alte Konstantinopel mit einer Mauer umgeben hatte, die unter Konstantin erweitert werden mußte, ließ Theodosius II. (408 – 450) die nach ihm benannte Theodosische Mauer errichten. Während von ihr am Marmarameer und am Goldenen Horn, den sogenannten Seemauern, nicht mehr viel erhalten ist, ragen die gewaltigen Landmauern auf einer Länge von fast 6,7 km empor, wenn auch zum Teil nur noch als Ruinen. Die 13 m hohe Innenmauer hat 96 Türme, die nur 8 m hohe Außenmauer ist mit 82 Türmen verstärkt. Neun Tore führen aus der Stadt hinaus. Mauern und Türme bestehen aus Kalksteinquadern und Ziegelsteinen.

Mihrimah-Moschee (Mihrimah Camii) am Edirnetor, auf dem sechsten Stadthügel. Sinan baute die von weither sichtbare und hochragende Moschee für Prinzessin Mihrimah, Tochter Süleymans des Prächtigen und seiner Lieblingsfrau Roxelane, die Frau des Großwesirs Rüstem Paşa. Der Innenraum ist mit zarten Farben ausgemalt, er wirkt hell und heiter.

Museum für türkische und islamische Kunst (Türk ve İslam Sanatları Müzesi), am Hippodrom. In dem Palast, der 1551 für den Großwesir Süleymans, İbrahim Paşa, erbaut wurde, sind einzigartige Sammlungen von Teppichen, Kalligraphien, Keramik, Glas, Gold- und Silberschmiedearbeiten, Metallarbeiten und Manuskripte ausgestellt.

Museum orientalischer Altertümer (Eski Şark Eserleri Müzesi), im Gülhane-Park neben dem Archäologischen Museum. Hier sind Grabungsfunde aus sumerischer, babylonischer, assyrischer und hethitischer Zeit zu sehen.

Neue Moschee (Yeni Valide Camii, »Neue Moschee der Sultansmutter«) im Stadtteil Eminönü, vor der Galatabrücke. Zwei Sultansmütter waren die Bauherrinnen dieser Moschee: Begonnen wurde sie 1597 unter Safiye, der Mutter Mehmets III., vollendet unter Turhan Hatice, der Mutter Mehmets IV., im Jahr 1663. Die Pläne stammen von Davut Ağa, einem Schüler Sinans. Die Moschee beeindruckt durch ihre in harmonischen Proportionen hoch aufgetürmte Baumasse.

In der Nähe ist der *Ägyptische Basar* (Mısır Carşısı), eine große Markthalle für Gewürze, Farben, Drogen und anderes, umgeben von kleinen Märkten für Blumen, Singvögel, Lebensmittel aller Art, handwerkliche Erzeugnisse und Werkzeuge.

Prinzenmoschee (Şehzade Camii), im Stadtteil Vefa in der Nähe des Valens-Aquädukts. Der Architekt Sinan nannte den Bau sein Lehrstück. Sultan Süleyman ist der Stifter, er ließ sie zum Andenken an seinen Sohn Mehmet bauen, dessen prächtige Türbe im Garten der Moschee steht. Das Gebetshaus wurde im Jahr 1548 vollendet.

Rüstem-Pascha-Moschee (Rüstempaşa Camii), im Stadtteil Eminönü, nahe der Neuen Moschee. Der Schwiegersohn Süleymans des Prächtigen ließ 1561 von Sinan eine kleine Moschee bauen, die wegen ihres klassischen osmanischen Stils, vor allem aber wegen der wunderschönen Fayence-Fliesen aus İznik zu den sehenswertesten İstanbuls gehört.

Selim-Moschee (Selimiye Camii), auf dem fünften Stadthügel. Sultan Süleyman der Prächtige baute sie zum Andenken an seinen Vater Selim I., den Gestrengen, in den Jahren 1520 bis 1522. Im großen Innenraum fallen die schönen İznik-Fayencen und die schön gemeißelten Minbar und Mihrâb auf.

Städtisches Museum (Belediye Müzesi), im Stadtteil Vefa neben dem Valens-Aquädukt. Die ehemalige Medrese des Gazanfer Ağa aus dem Jahr 1599 enthält Sammlungen zur Stadtgeschichte, in İstanbul entstandenes Kunsthandwerk, Möbel, Haushaltsgegenstände und Textilien.

Süleyman-Moschee (Süleymaniye Camii), auf dem dritten Stadthügel. Sultan Süleyman der Prächtige beauftragte Sinan mit dem Bau seiner Kaisermoschee, die Ausführung dauerte von 1550 bis 1557. Die das Stadtbild krönende Moschee ist das vollkommenste der osmanischen Gebetshäuser in İstanbul (nur die Selimiye in Edirne übertrifft sie). Der 57 x 60 m große Innenraum ist von einer 53 m hohen, im Durchmesser 26,50 m weiten Kuppel überspannt. Das Tageslicht aus 136 Fenstern beleuchtet die kostbaren Steine und Fliesen des Innenraums, sehr schön sind die aus weißem Marmor gehauenen Minbar und Mihrâb. Die Süleymaniye hat vier besonders elegante Minarette.

Der *Moscheebezirk* (Külliye) ist ein eigenes Stadtviertel, er umschließt Bäder, Koranschulen, Bibliotheken, Armenküchen, eine Ärzteschule, Wohnräume für Studenten, eine Karawanserei. In einem Friedhof stehen die Türben des Stifters und seiner Lieblingsfrau Roxelane.

Sultan-Ahmet-Moschee (Sultanahmet Camii oder Ahmetiye), gegenüber der Hagia Sophia. Die von 1609 – 1616 von dem jungen Sultan Ahmet I. erbaute Moschee ist eine der größten İstanbuls. Sie hat sechs Minarette, nur die Große Moschee von Mekka hat mehr. In Europa nennt man sie oft »Blaue Moschee«, weil die Wände blaue Fayencen und die Kuppel blaue Malereien besitzen.

Taksim-Platz (Taksim Meydanı), in Beyoğlu. Der verkehrsreichste Platz İstanbuls ist nach der Wasserver-

teiler-Anlage benannt, die einmal hier in Betrieb war. Heute steht dort ein großes Unabhängigkeitsdenkmal, ringsum befinden sich Hotels, die Oper, ein Kulturzentrum und andere Repräsentativbauten.

Topkapı-Palast (Topkapı Sarayı), oberhalb der Spitze der Halbinsel auf dem ersten Stadthügel. Sultan Mehmet der Eroberer wählte zuerst den dritten Stadthügel, wo heute die Universität steht, zum Platz für den kaiserlichen Palast aus, dann ließ er die Anlagen an die Stelle der einstigen Akropolis von Byzantion und Konstantinopel verlegen. Die Spitze der Halbinsel wurde durch eine Mauer mit Türmen und Toren von der Stadt abgeschlossen. Der Name des neuen Palasts kommt von einem Tor auf der Seeseite, das stark befestigt war und deshalb Topkapı, das Kanonentor, hieß – nicht zu verwechseln mit dem ebenfalls Topkapı genannten Tor in der Landmauer, das bei der Belagerung von Mehmets stärksten Kanonen beschossen wurde.

Die große Palastanlage hat ihren Charakter seit Mehmets Zeiten nicht verändert. Es sind zwar neue Gebäude entstanden, viele sind durch Brände verschwunden. Die von Baumgruppen, Rasenflächen und Blumenbeeten aufgelockerte Ansammlung von kleinen Regierungsbauten, intimen Kiosken (das Wort kommt vom türkischen Köşk, Landhaus, Villa, Schlößchen) und Pavillons unterscheidet sich grundsätzlich von den gleichzeitig entstandenen Renaissance- und Barockschlössern europäischer Fürsten: Statt beherrschender Fassaden die orientalische Intimität der Höfe.

Der *äußere Hof* des Serails war jedermann Tag und Nacht zugänglich, hier lagen die Wirtschaftsgebäude und Werkstätten, hier versammelten sich die Janitscharen. Zum *mittleren Hof* führte das Bab-ı Selâm, das »Tor des Friedens«. Dies war der Hoflager der nun seßhaft gewordenen ehemaligen Reiterkrieger und Nomaden mit dem kaiserlichen Diwan, mit dem Gebäude des Kronrats und den Räumen der andern hohen Reichsbehörden. In diesem von Zypressen und Platanen bestandenen Hof wurde nicht nur regiert und Recht gesprochen, hier konnte jeder Untertan des Sultans an der täglichen Speisung teilnehmen – die riesigen Küchen verköstigten jeden Tag fünf- bis sechstausend Personen.

Hinter dem nächsten Tor, dem Bab-üs Saadet (»Tor der Glückseligkeit«) begann die dem Sultan und seinem engsten Hofstaat vorbehaltene Sphäre, der *dritte Hof* war der private Lustgarten des Herrschers. Ein eigenes Reich war schließlich der *Harem* – das arabische Wort bedeutet das Abgeschlossene, Unverletzliche –, die verwinkelten und ineinander verschachtelten Räumlichkeiten der kaiserlichen Familie.

Valens-Aquädukt (Bozdoğan Kemeri, »Bogen der grauen Falken«), im Stadtteil Vefa. Kaiser Konstantin I. hat den Wasserleitungsbau in seine neue Hauptstadt begonnen, Valens hat ihn 378 vollendet. Das mächtige Bauwerk – an der höchsten Stelle mißt es 26 Meter – überwand auf einer Länge von etwa einem Kilometer das Tal zwischen dem dritten und dem vierten Stadthügel. Erhalten sind noch etwa 800 Meter. Der Aquädukt brachte das Wasser vom heutigen Alibeyköy über dem Ende des Goldenen Horns zu einer Nymphäum genannten Brunnenanlage. Die Wasserleitung wurde öfter, auch noch in osmanischer Zeit, repariert.

Yedikule, im gleichnamigen Stadtteil, am Südende der Landmauer. Aus einem Triumphbogen, dem »Goldenen Tor« des Kaisers Theodosius I., wurde in byzantinischer Zeit eine Festung mit sieben Türmen – griechisch Heptapyrgion und türkisch Yedikule bedeuten »Sieben Türme«. Sultan Mehmet II. baute sie wieder auf, sie war lange Zeit Staatsgefängnis. Im Ostturm sieht man noch Inschriften von gefangenen ausländischen Gesandten.

Yerebatan-Zisterne (Yerebatan Sarayı, »Versunkenes Schloß«), in der Nähe der Sultan-Ahmet-Moschee. Das unterirdische Wasserreservoir, dessen Gewölbe auf 336 Säulen ruhen, wurde unter Kaiser Justinian (527 – 565) erbaut.

Sehenswürdigkeiten in den Stadtteilen auf dem Asiatischen Ufer

Alte Sultansmutter-Moschee (Atık Valide Camii oder

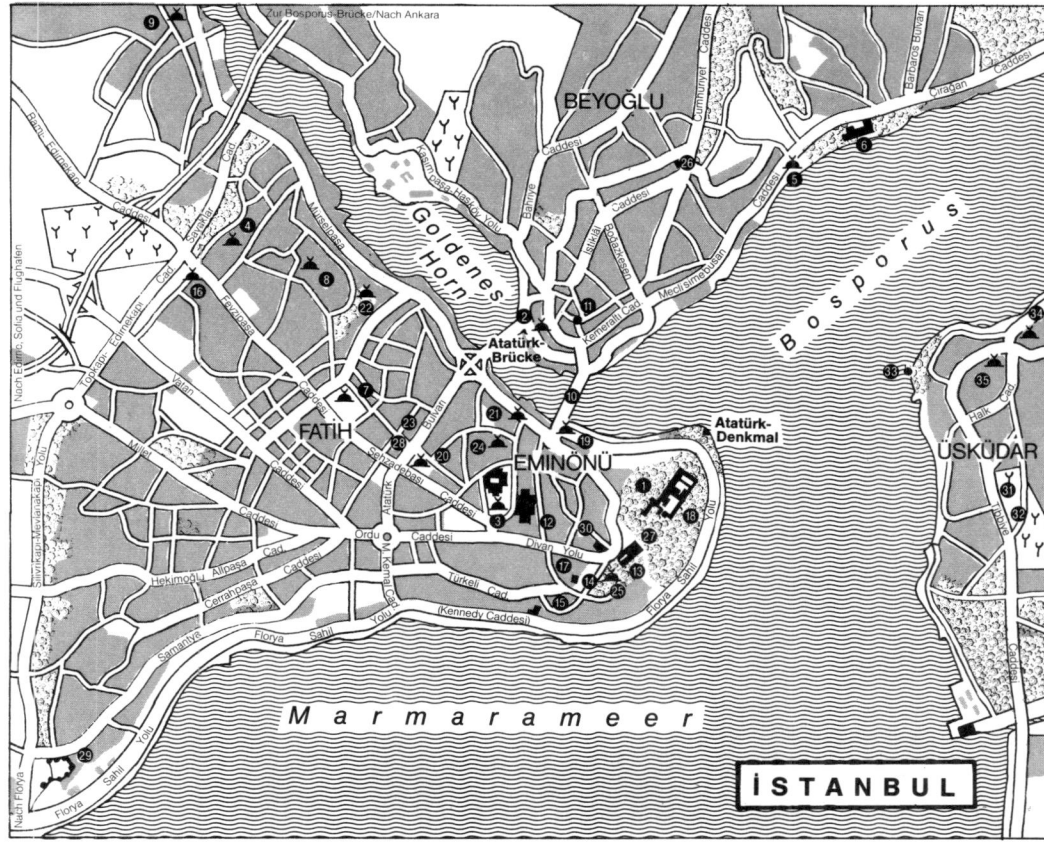

Eski Valide Camii), im Stadtteil Çavuşdere (Üsküdar). Die Frau Selims II., Nur Banu Sultan, beauftragte Sinan mit dem Bau dieser Moschee, die 1583 fertiggestellt war. Der Vorhof besitzt einen reizvollen Garten. Riesige Ausdehnung haben die Nebenbauten der Moschee, die Külliye, mit einer Koranschule, einer Theologenschule, einem Krankenhaus, einer Armenküche und einer Karawanserei.

Friedhof von Karaca Ahmet (Karacaahmet Mezarlığı), im Stadtteil Nadiye (Üsküdar). Der Friedhof von Üsküdar ist zu einem der größten des Orients geworden, weil viele Muslime, auch wenn sie auf der europäischen Seite İstanbuls lebten, in Asien begraben werden wollten – näher den heiligen Stätten des Propheten Mohammed. Über den Grabstätten stehen viele uralte Bäume, darunter schöne Zypressen.

Leanderturm (Kız Kulesi, »Mädchenturm«), auf einer kleinen Insel im Bosporus vor Üsküdar. Hier konnte man im 12. Jahrhundert mit einer Kette die Einfahrt in den Bosporus sperren, später standen hier ein Leuchtturm, ein optischer Telegraph, eine Quarantänestation. Mit der Sage vom Jüngling Leander, der zu seiner Geliebten Hero hinüberschwamm, haben weder Insel noch Turm zu tun, der Schauplatz dieser Geschichte lag an den Dardanellen.

Mihrimah-Moschee (Mihrimah Camii), an der Anlegestelle in Üsküdar. Mihrimah, die Tochter Süleymans, ließ die schöne Mosche 1548 von Sinan bauen.

Neue Sultansmutter-Moschee (Yeni Valide Camii), an der Anlegestelle in Üsküdar. Sultan Ahmet III. wollte mit dieser Moschee das Andenken an seine Mutter Gülnaş Emetullah bewahren. Auffällig sind die beiden Minarette. Das Südportal aus Marmor ist reich verziert.

Der Bosporus

Die Straßen auf dem europäischen und auf dem asiatischen Ufer des Bosporus (türkisch Boğaziçi) führen durch anmutige Ortschaften, vorbei an kleinen Häfen, an schönen alten Sommerhäusern aus Holz, aber auch an häßlichen Neubauten, störend placierten Industrieanlagen und verfallender alter Bausubstanz. Dennoch ist diese Meerenge eine der schönsten Landschaften der Welt. Eindrucksvoller und erlebnisreicher ist die Bosporusfahrt mit dem Schiff. Hier werden die wichtigsten Ortschaften kurz vorgestellt.

Europäisches Ufer:

Ortaköy: Neben einer 1870 erbauten Moschee spannt sich die große Hängebrücke nach Beylerbey auf dem asiatischen Ufer hinüber.

Arnavutköy, das »Albanerdorf«, hat noch schöne alte Häuser am Ufer, gefolgt von Bebek mit vornehmen Villen und Hotels.

Rumeli Hisarı, die »europäische Festung«, ließ Sultan Mehmet der Eroberer ein Jahr vor dem Sturm auf Konstantinopel erbauen.

Tarabya hieß in byzantinischer Zeit Therapeia, die Heilung. Es ist noch heute ein heilsames Sommerdomizil mit Parks, Hotels, luxuriösen Landhäusern und erstklassigen Restaurants.

Sarıyer hat ein interessantes Museum, das Sadberk Koç Hanım Müzesi in einer alten Sommervilla, in dem man den Lebensstil einer vornehmen Familie zu Beginn des 20. Jahrhunderts studieren kann. Von Sarıyer aus fährt man zum Schwarzmeer-Bad Kilyos.

Asiatisches Ufer:

Beylerbey liegt an der Ostrampe der Bosporusbrücke. Hier hat sich 1865 Sultan Abdülaziz einen prachtvollen Palast erbaut.

Kandilli war seit jeher wegen der hier mündenden Flüsse, die man die »süßen Wasser Asiens« nannte, ein Ausflugsziel an Feiertagen – es ist auch heute noch ein beliebter Picknickplatz.

Anadolu Hisarı, die »anatolische Burg«, liegt gegenüber der auf dem europäischen Ufer aufragenden Festung Rumeli Hisarı. Sie wurde schon 1395 errichtet.

Die Prinzeninseln

Am Ostrand des Marmarameers liegen einige Inseln, türkisch Adalar, die als Lieblingsplätze byzantinischer Prinzen diesen Namen erhielten. Vorher, in der Antike, hießen sie »Volksinseln«, später »Priesterinseln« – sie waren und sind noch immer Ausflugsziele, Sitze von Klöstern und Refugium der Vornehmen.

Burgaz Ada war einst im Besitz zweier Klöster, heute gibt es noch eine Dorfkirche.

Büyük Ada, die »große Insel«, hat eine üppige Vegetation, hier liegt das im Jahr 1597 gegründete Christuskloster.

Heybeli Ada hat schöne Kiefernwälder und Parks.

Kınalı Ada, die »hennafarbene Insel« hat ihren Namen von den roten Uferfelsen. Hier verbringen vermögende İstanbuler ihre Sommerfrische.

3 Von İstanbul zum Golf von Edremit

Am Bosporus, wo Europa und Asien zwischen 660 Meter und 3,3 Kilometer weit voneinander entfernt sind, war eine Reise von einem Kontinent zum anderen nie sehr schwierig – ein Floß oder ein Fischerboot genügten. In osmanischer Zeit gab es in jedem Stadtteil des alten Stambul und Galata Kaiks, Ruderboote, die Passagiere nach Üsküdar hinüberbrachten oder nach Beylerbey. Helmuth von Moltke, der spätere Generalfeldmarschall, der vor rund 150 Jahren als Militärberater eine schöne Holzvilla am Bosporus bewohnte, nannte die Kaiks die »Fiaker des Bosporus«. In einem Brief berichtet er: ».. . und ein Schwarm von Kaikführern streitet sich um den Vorzug, Dich für einige Para zwischen den paradiesischen Ufern zweier Weltteile hinzuführen.« Der reiche Kaufmann Keraban schließlich, Held einer Abenteuergeschichte von Jules Verne, hat in Stambul sein Büro und in Üsküdar sein Haus, er läßt sich jeden Abend nach Geschäftsschluß mit dem Kaik nach Asien übersetzen. Als aber eines Tages für jede Überfahrt eine Steuer von zehn Para erhoben wird, macht er lieber den Umweg um die gesamte Küste des Schwarzen Meers herum, als der bankrotten Regierung des Sultans die paar Pfennige zu opfern.

Im Baedeker-Reiseführer von 1905 wird empfohlen, einen »Überfahrtsdampfer« zu besteigen, der das asiatische Ufer des Bosporus in etwa einer Viertelstunde erreicht – auch heute braucht einer der dauernd hin und her pendelnden, dicke schwarze Qualmwolken ausstoßenden Bosporusdampfer ungefähr diese Zeit. Autofahrer mußten sich bis zum Oktober 1973 von einer der zahlreichen Fähren übersetzen lassen, seither aber rollt man in ein paar Minuten von Europa nach Asien: über die gewaltige Hängebrücke nämlich, die in 64 Meter Höhe die Wasserstraße zwischen dem Schwarzen und dem Marmarameer über einen Kilometer weit überspannt. In Beylerbey hat man den Boden Asiens erreicht, die Autobahn führt dann durch Industriegelände und Vorstadtsiedlungen hinter dem Stadtgebiet von Üsküdar vorbei.

Für die Weiterfahrt zur türkischen Westküste kann man viel Zeit sparen, wenn man nun zum Ufer des Marmarameers hinunter abzweigt und in Kartal die Fähre nimmt, die nach Yalova verkehrt. Wenn man aber am Nordrand des Golfs von İzmit entlangfährt, vorbei an Fabriken, Lagerhäusern und Werften, kann man die alte Hauptstadt des hellenistischen Königreichs Bithynien aufsuchen, Nikomedia, lange Zeit eine der prächtigsten Städte zwischen Rom und Antiochien. Heute ist İzmit eine Industriestadt, in der nicht viel an die große Vergangenheit erinnert. Am Südufer des Golfs erlebt man eine reizvolle Küstenlandschaft, fleißig bebautes Land, Zypressen und Ölbäume, kleine Städtchen und Dörfer.

Von Yalova aus geht es durchs Land hinüber zum See von İznik. Am Nordufer entlang ist es nicht weit von Orhangazi nach İznik selbst, dem alten Nicaea. In dieser Stadt, deren gewaltige Festungsmauern zum Teil noch erhalten sind, wurde das Glaubensbekenntnis der abendländischen und der orthodoxen Christenheit formuliert. In Gemlik am Marmarameer beginnt die Autobahn nach Bursa, das die Türken gern »yeşil Bursa«, das Grüne, nennen: Die erste Hauptstadt der Osmanen, heute ein Industriezentrum, liegt am Fuß des zweieinhalbtausend Meter hohen Ulu Dağ mitten im grünen Umland, und von Grün umgeben stehen hier zwei berühmte Bauwerke, die grünen Fayenceschmuck tragen: die Grüne Moschee und das Grüne Mausoleum.

Hinter der Bergkette, die das Marmarameer von der Bursa-Ebene trennt, geht die Straße weiter nach Westen. Wer möglichst schnell an die Küste der Ägäis will, steu-

16 *Wo der Sage nach Io, die von der eifersüchtigen Hera in eine Kuh verwandelte Geliebte des Zeus, die Meerenge durchschwamm, führt seit 1973 die Bosporus-Brücke von Europa nach Asien hinüber. Sie ist 1560 Meter lang, zwischen den zwei 165 Meter hohen Pylonen überspannt sie freitragend 1074 Meter.*

17 *Die Grüne Moschee von İznik wurde von 1378 bis 1391 erbaut und hat ihren Namen von dem Fliesenschmuck des Minaretts, der aus den einst berühmten Keramikwerkstätten der Stadt stammt. Der ursprüngliche Schmuck ist längst verlorengegangen, man hat versucht, die Kacheln in der alten Schönheit wieder herzustellen.*

18 *Nicht nur wegen der Grünen Moschee, die sich auf einem Hügel erhebt, und dem Grünen Mausoleum daneben nennt man Bursa eine grüne Stadt – sie ist durchwachsen und umrahmt vom Grün der Zypressen, Zedern, Kiefern, Akazien und Pappeln.*

19 *Überall in der Türkei, im Hinterland der Küste und in den Steppen Anatoliens, sieht man Schafhirten, die den Kebe oder Kepenek tragen, einen ungenähten, ärmellosen Mantel aus grobem Filz. Er schützt im Sommer vor der Hitze und im Winter vor Kälte.*

20 *Das Lefke-Tor in der fast fünf Kilometer langen Stadtmauer von İznik, dem alten Nikaia, stammt aus römischer Zeit.*

21 *Straßenszene in einem Dorf der Westtürkei: Die drei Nachbarinnen wurden vom Fotografen überrascht.*

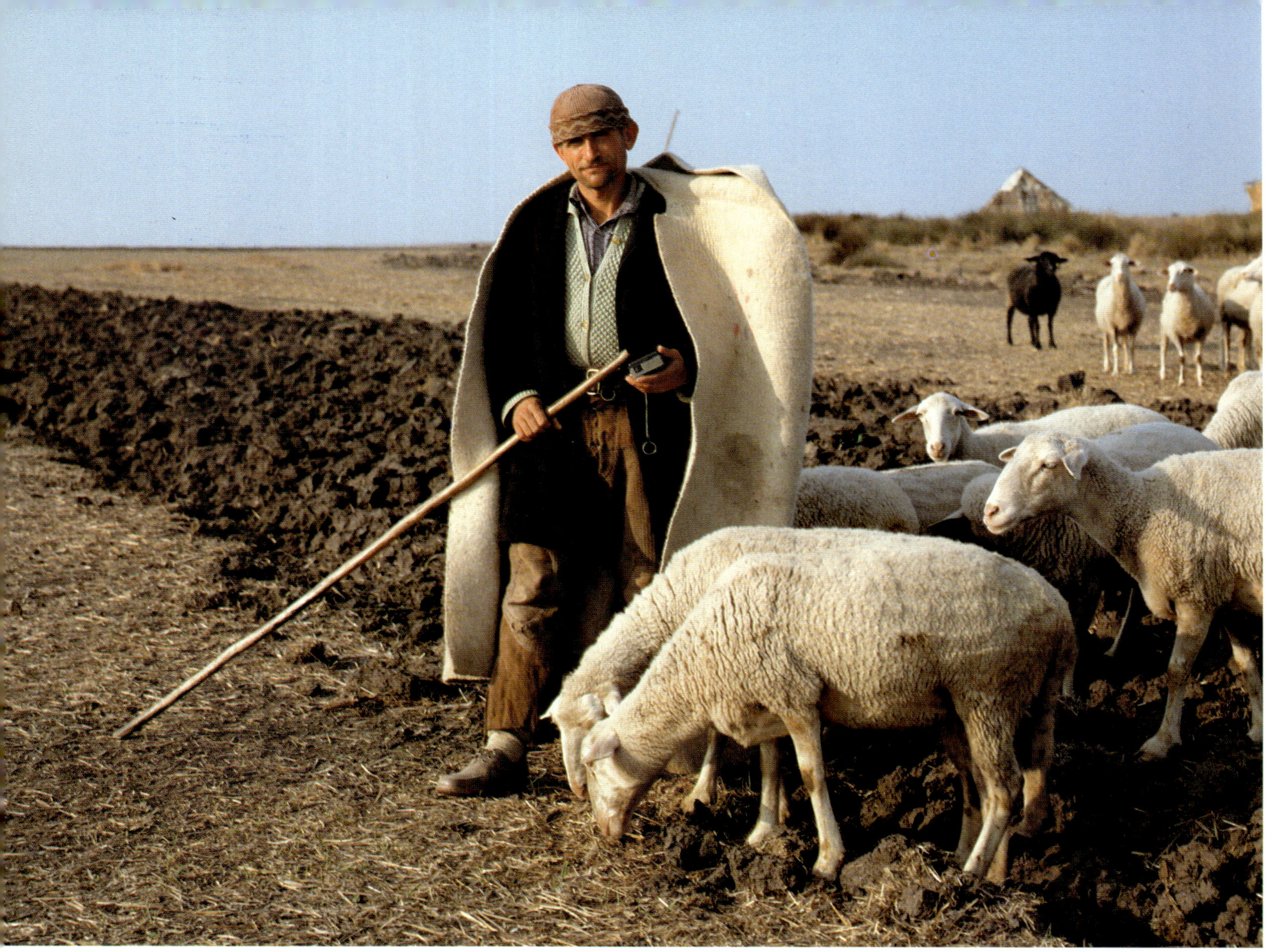

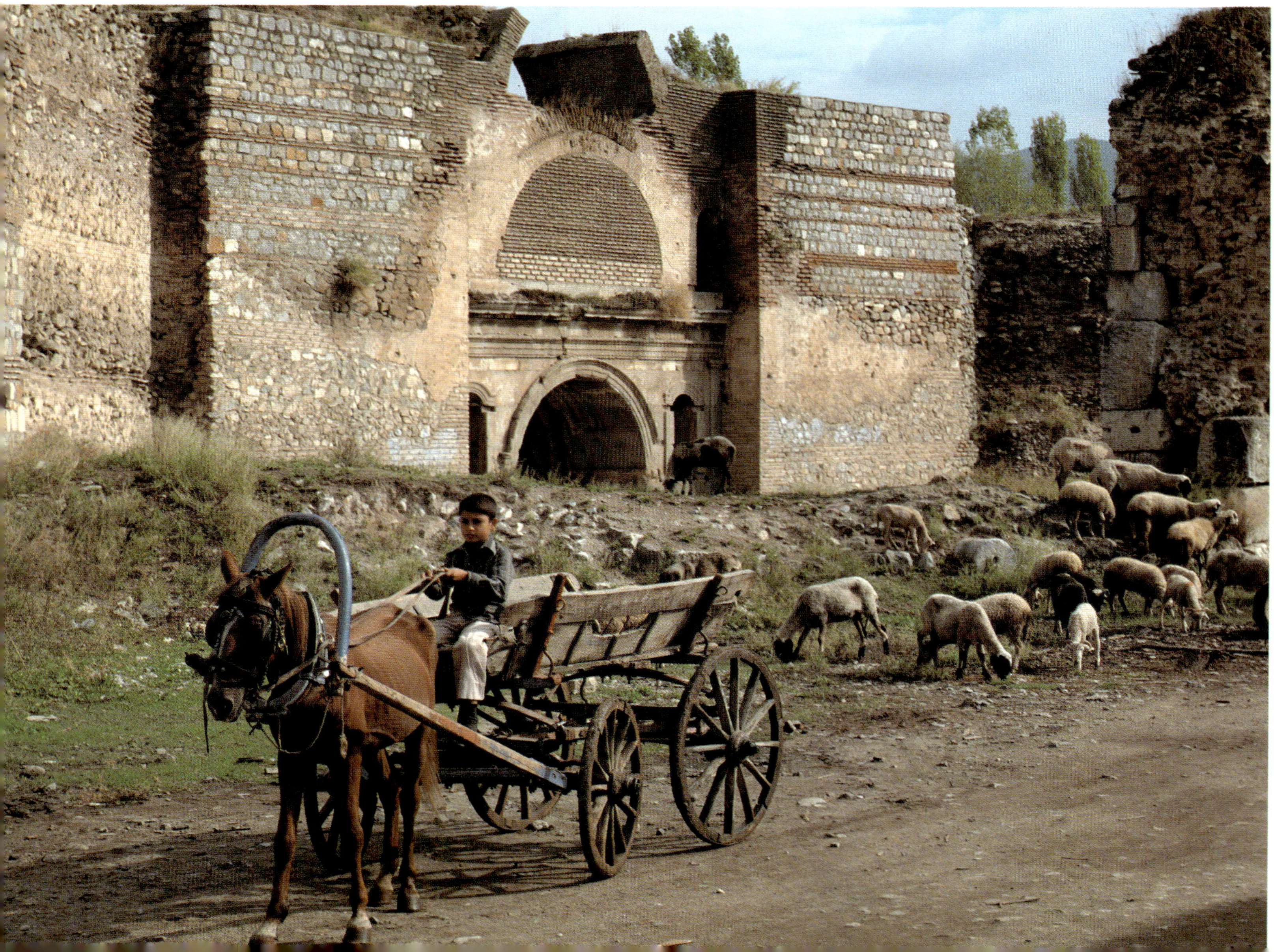

ert gleich hinter dem Ulnabat-See nach Süden, um über Balıkesir durch das Bergland auf einer ganz neuen Straße nach Akhisar und Manisa und schließlich nach İzmir zu kommen. Nach Westen zu aber fährt man durch eine grüne Terrassenlandschaft mit unzähligen Ölbäumen das Marmarameer entlang, vor sich die Halbinsel Kapıdağ, die große Marmarainsel und einige kleinere Eilande dazwischen. Im Innern liegt der Kuş-See, der als »Manyas-Vogelparadies« zum Nationalpark erklärt worden ist. Im Norden rückt das europäische Festland immer näher, und schließlich fährt man parallel zur Gallipoli-Halbinsel zur kleinen Stadt Lapseki, einst Lampsakos. Hierher kommen mit der Fähre von Geliboli auch die Türkeifahrer, die auf dem Weg zur Ägäischen Küste İstanbul weit links liegen lassen und die kürzere Strecke über die Dardanellen einschlagen. Eine zweite Fähre kommt von Eceabat herüber nach der Hafen- und Festungsstadt Çanakkale. Der Name bedeutet »Schüsselburg«, hier wurde einst schöne Keramik hergestellt.

Die Dardanellen, die Meerenge zwischen der Gallipoli-Halbinsel auf europäischer Seite und dem kleinasiatischen Festland, sind an der engsten Stelle nur 1,2 Kilometer breit. Die Meerenge war einmal ebenso wie der Bosporus nur ein Flußtal. Als sich im Erdzeitalter Pleistozän vor ungefähr zwei Millionen Jahren das Land senkte, entstanden die beiden Durchfahrten und dazwischen das Becken des Marmarameers. Die Dardanellen haben ihren Namen von der Stadt Dardanos südlich von Çanakkale, sie hießen bei den Griechen aber auch Hellespont, nach dem Mädchen Helle. Die Sage berichtet, daß die Tochter des Athamas und der Wolkengöttin Nephele zusammen mit ihrem Bruder von der Stiefmutter geopfert werden sollte, um das Land von einer schrecklichen Dürre zu erlösen. Den beiden Kindern gelang jedoch die Flucht auf einem Widder mit goldenem Fell, aber Helle stürzte unterwegs ins Meer und ertrank. Ihr Bruder Phrixos gelangte schließlich nach Kolchis am Ostende des Schwarzen Meers. Der Hellespont ist auch der Schauplatz einer anderen Sage mit tragischem Ende: Von Abydos auf der asiatischen Seite aus schwamm Leander jede Nacht hinüber nach Sestos zu seiner Geliebten Hero, Priesterin der Aphrodite. Hero ließ nachts auf einem Turm ein Licht als Wegweiser leuchten, aber als der Sturm einmal das Feuer löschte, ertrank Leander. Der englische Dichter Lord Byron tat es zu Beginn des 19. Jahrhunderts dem Sagenjüngling nach und schwamm von Abydos nach Sestos.

Über die Meerenge ließ im Jahr 480 vor Christus der Perserkönig Xerxes zwei Schiffsbrücken schlagen, als er mit seinem riesigen, aus Indern, Arabern, Persern, Medern und griechischen Söldnern bestehenden Heer gegen Athen zog, um die Stadt für ihre Unterstützung des Aufstands der kleinasiatischen Griechen zu bestrafen. Von Europa nach Asien setzte hier Alexander der Große mit seinen Soldaten über; ehe sein Schiff landete, warf er einen Speer an die Küste Asiens, um von diesem Erdteil symbolisch Besitz zu ergreifen – wenige Jahre später eroberte er Kleinasien, Syrien, Ägypten und Persien und drang bis zum Indus vor. Unter Sultan Orhan errichteten die osmanischen Türken auf der Halbinsel Gallipoli den ersten Stützpunkt auf europäischem Boden, von dem aus sie weiter auf dem Balkan vorstießen. 99 Jahre später, 1453, nach der Eroberung von Konstantinopel, sperrte Mehmet II. die Zufahrt zur neuen Hauptstadt, indem er in Çanakkale das Bollwerk Sultaniye Kale (»Sultansfestung«) und gegenüber Kilidülbahir, die »Seesperre«, bauen ließ. Im Ersten Weltkrieg landeten auf der Halbinsel Gallipoli englische, französische, indische, australische und neuseeländische Truppen, um der Flotte den Vorstoß auf die türkische Hauptstadt zu ermöglichen. Die Alliierten wurden unter großen Verlusten zurückgeschlagen; bei diesen Kämpfen zeichnete sich ein türkischer Offizier namens Mustafa Kemal besonders aus – er wurde ein paar Jahre später zum Schöpfer der neuen Türkei. Die Dardanellen sind noch heute stark befestigt, doch nach dem Vertrag von 1936 dürfen Kriegsschiffe nichtkriegführender Staaten die beiden Meerengen passieren.

Von Çanakkale aus ist es nicht weit zum Hügel von Hisarlık, unter dem der Amateurarchäologe Heinrich Schliemann die Stätte des alten Troja fand. Um diese Stadt wurde der von Homer besungene Krieg ausgefochten, der zwar grausam und ebenso sinnlos war wie jeder andere Krieg, der aber wie kein anderer die Phantasie der Griechen und aller späteren Menschen beschäftigt hat, die diesem Mittelmeervolk einen großen Teil ihrer Kultur verdanken. Troja liegt fünf Kilometer rechts der Straße über der Ebene des Mäander, des heutigen Küçük Menderes. In dieser Landschaft, die nach Troja Troas heißt, fährt man nach Süden ins karstige Bergland hinein, und hinter dem Städtchen Ayvacık kommt man zu den Ruinen von Assos, hoch über dem Meer auf einem alten Vulkankegel. Man sieht von hier aus die Berge der griechischen Insel Lesbos. Von Ayvacık geht es dann steil hinunter zum Golf von Edremit.

22 Wenn man auf der Fahrt in Richtung İzmir die Berglandschaft zwischen Troja und Ayvacık hinter sich hat, bieten sich schöne Ausblicke auf den blauen Golf von Edremit.

İznik, eine kleine Landstadt, ist noch heute von Teilen eines fast 5 km langen doppelten Mauerrings umgeben. Innerhalb dieser mächtigen Stein- und Ziegelmassen, die sich einst bis zu einer Höhe von 13 m erhoben und bis zu 7 m dick waren, liegt eine eingeschrumpfte Ortschaft, in der einige wenige Ruinen an die große Zeit des alten Nikaia erinnern. Ein Feldherr Alexanders des Großen, Antigonos, gründete es, sein Rivale Lysimachos gab dann der Stadt den Namen seiner Frau.

Am Schnittpunkt wichtiger Handelsstraßen und am Ufer eines großen Sees gelegen, blühte Nikaia als Handelszentrum auf, und unter dem römischen Namen Nicaea spielte es eine große Rolle in der Geschichte des christlichen Glaubens: Hier versammelten sich im Jahr 325 die Bischöfe der Ökumene und diskutierten die damals brennend aktuelle Frage, ob Gott Vater und Jesus Christus wesensgleich oder Jesus nur gottähnlich sei. In dieser Zeit und später noch wuchs die Stadt über die quadratisch angelegten hellenistischen Mauern hinaus, die Befestigungen mußten erweitert und später angesichts der arabischen Bedrohung verstärkt werden.

Als die Seldschuken nach Westen vorstießen, eroberten sie auch Nikaia, dann nahmen die Kreuzfahrer unter Gottfried von Bouillon die Stadt ein, und während des Lateinischen Kaisertums von Konstantinopel war sie die Exilhauptstadt der Byzantiner. 1331 fiel es unter die Herrschaft der Osmanensultane, der Name wurde zu İznik türkisiert.

Von den vier Toren der Stadt kann man heute noch drei sehen: das Nordtor, heute İstanbul-Tor, ist wie ein Triumphbogen mit drei Durchgängen angelegt, ähnlich das Osttor (Lefke-Tor), und das von Kaiser Claudius Gothicus erbaute Südtor, das nach Yenişehir führt. Von der Hagia-Sophia-Kirche, in der 787 das 7. Ökumenische Konzil tagte (damals legten die Bischöfe der Ostkirche den Bilderstreit bei), stehen noch Ruinen; sie war zuletzt eine Moschee, die aber seit dem Beginn des 19. Jahrhunderts nicht mehr benutzt wurde. Im İmaret der Nilüfer Hatun, einer Armenküche, die von Sultan Murat I. zum Andenken an seine Mutter Nilüfer (»Frau Seerose«) gestiftet wurde, ist jetzt ein interessantes Museum mit Funden aus der Stadt und der Umgebung sowie eine Keramiksammlung untergebracht. İznik hatte im 16. Jahrhundert berühmte Keramikwerkstätten, in denen die herrlischen Fayencekacheln hergestellt wurden, die man heute noch in Bursa, in der Rüstem-Pascha-Moschee und im Topkapı-Serail in İstanbul bewundern kann. Ein schöner frühosmanischer Bau ist die Grüne Moschee vom Ende des 14. Jahrhunderts, benannt nach den grünen Fayenceplatten des Minaretts. Seit 1922 ist auch die Koimesiskirche, die der entschlafenen Muttergottes geweiht war, eine Ruine; sie diente bis zum Abzug der griechischen Bevölkerung als Gotteshaus.

Bursa ist zwar heute eine Industriestadt mit fast einer halben Million Einwohner, in ihrem Kern aber noch immer eine der schönsten türkischen Städte. Im Südosten türmt sich das Ulu-Dağ-Gebirge als Barriere zur anatolischen Hochebene auf. Der höchste Gipfel des Massivs, das im Altertum der Bithynische Olymp genannt wurde, der 2543 m hohe Ulu Dağ, ist im Winter das Ziel skisportfreudiger Türken; hier liegt jenseits der Bergwälder bis weit ins Frühjahr hinein Schnee. »Yeşil Bursa«, das grüne Bursa, heißt die Stadt, weil sie von südlichem Grün umgeben ist, das weit in die Altstadt hineinreicht und ihre schönen Moscheen und Grabmäler einrahmt. Zwei Bäche in tiefen Schluchten zerteilen das hügelige Stadtgelände, und überall stechen die dunkelgrünen Spitzen der Zypressen aus dem Häusermeer hervor.

Die Stadt soll um das Jahr 186 v. Chr. vom bithynischen König Prusias gegründet worden sein. Die Römer nutzten die warmen Quellen, und Justinian baute sich hier einen Palast. Zur glanzvollen Residenz aber wurde die Stadt ausgebaut, nachdem der Stammvater der Osmanendynastie das byzantinische Prussa belagert und sein Sohn Orhan im Jahr 1326 noch vor dem Tod des Vaters dieses schließlich eingenommen hatte. Es wurde die erste Hauptstadt des künftigen Weltreichs und blieb lange der Platz, an

dem sich Sultane, Prinzen und Prinzessinnen im Sommer erholten und wo sie ihre letzten Ruhestätten fanden. Mehmet I. ließ die meisten der prächtigen Moscheen und Mausoleen errichten. Den würdigen altosmanischen Charakter, den Bursa damals bekam, hat es weder durch die Industrialisierung noch durch den lauten Autoverkehr verloren, der die Stadt heute in zwei Teile zerschneidet.

Über der Altstadt erhebt sich der Zitadellenhügel, wo in einer Gartenanlage die Grabmäler der ersten Osmanenherrscher stehen, die Türben von Osman und Orhan. Bei der Moschee Murats II., westlich des Hügels, erheben sich in einem Garten zwischen Zypressen und Platanen die Mausoleen von Sultanen, Prinzen und Prinzessinnen – die meisten von ihnen hatten einen gewaltsamen Tod gefunden. Sehr schön ist die Türbe Murats II., der sich eine offene Kuppel gewünscht hatte, damit der Regen und die Stimmen der Vögel an sein Grab dringen können. Viel besucht wird die Türbe des Prinzen Cem (Dschem), wegen des abenteuerlichen Lebens, das dieser Sohn des Eroberers Mehmet II. zwischen Ost und West geführt hatte: Cem war im Kampf um die Thronfolge von seinem Bruder Beyazıt II. besiegt worden und floh zu den Johanniterrittern nach Bodrum. Diese brachten ihn an den päpstlichen Hof, wo er als Spielball der verschiedenen Parteien benützt wurde. 1495 wurde Cem in Neapel vergiftet.

Bursa hat ein großes, von Geschäftigkeit brodelndes Basarviertel, an dessen Rand die monumentale und kunstgeschichtlich interessante Große Moschee (Ulu Cami) aufragt. Die 1421 vollendete frühosmanische Pfeilermoschee mit ihren 19 Kuppeln hat in der Mitte einen Brunnen, der von einer Glaskuppel überwölbt ist – das leise plätschernde Wasser, das Licht von oben und die kunstvollen riesigen Kalligraphien füllen den schönen Raum mit Würde und demütig stimmender Feierlichkeit.

Weiter im Westen, jenseits des Gök Dere, des »himmelblauer Bach« genannten Flüßchens, liegen auf engem Raum beieinander drei weitere große Sehenswürdigkeiten Bursas. In der zur Grünen Moschee gehörenden ehemaligen Koranschule sind die Sammlungen des Türkisch-islamischen Museums untergebracht. Die Grüne Moschee selbst, deren Bau 1421 abgeschlossen wurde, hat ein sehr schönes Stalaktitenportal, die beiden Haupträume sind mit grünen Fayenceplatten verkleidet. Über der Moschee steht, von der Straße getrennt, das Grüne Mausoleum, in dem der 1421 verstorbene Sultan Mehmet I. zusammen mit drei Söhnen und seiner Frau Selçuk Hatun beigesetzt ist.

Das an warmen Quellen reiche Bursa hat auch Badeanlagen aus osmanischer Zeit; kunstgeschichtlich von Bedeutung sind das »Neue Bad« und draußen im Kurort-Stadtteil Çekirge das »Alte Bad« aus dem 14. Jahrhundert.

Troja, Schauplatz einer der größten Dichtungen der Weltliteratur, ruhte viele Jahrhunderte unter einem Hügel, den die Türken »Hisarlık«, Festungsstätte, nannten. Es war der Jugendtraum des deutschen Kaufmanns Heinrich Schliemann, die Stadt der Ilias, des homerischen Epos, zu finden. Als er ein Vermögen aufgehäuft hatte, machte Schliemann seinen Traum wahr. Das reale Troja war längst von den Menschen vergessen. Viele Gelehrte, die sich mit den Dichtungen Homers befaßten, verwiesen die Stätte, den Krieg und den Sänger ins Reich der Fabel. Es war Schliemann, der die »heilige Ilios« aus dem dunklen Mythos wieder in die Sonne Homers, die auch die unsrige ist, zurückholte.

Wie bei Homer beschrieben, liegt der Hügel, unter dem die Trümmer Trojas verborgen waren, über der Küstenebene. Als blauen Streifen sieht man die Dardanellen und jenseits davon die hügelige Küste Europas, im Südosten die Insel Tenedos. Auf der anderen Seite erhebt sich der Berg Ida, auf dem nach Homer der Gott Apollo die Schafe hütete und wo der trojanische Königssohn und Hirt Paris die verhängnisvolle Begegnung mit den drei um ihre Schönheit wetteifernden Göttinnen hatte. Man kann sich vorstellen, wo die Schiffe der gegen Troja ziehenden Griechen landeten und wo das Lager stand, von dem aus das

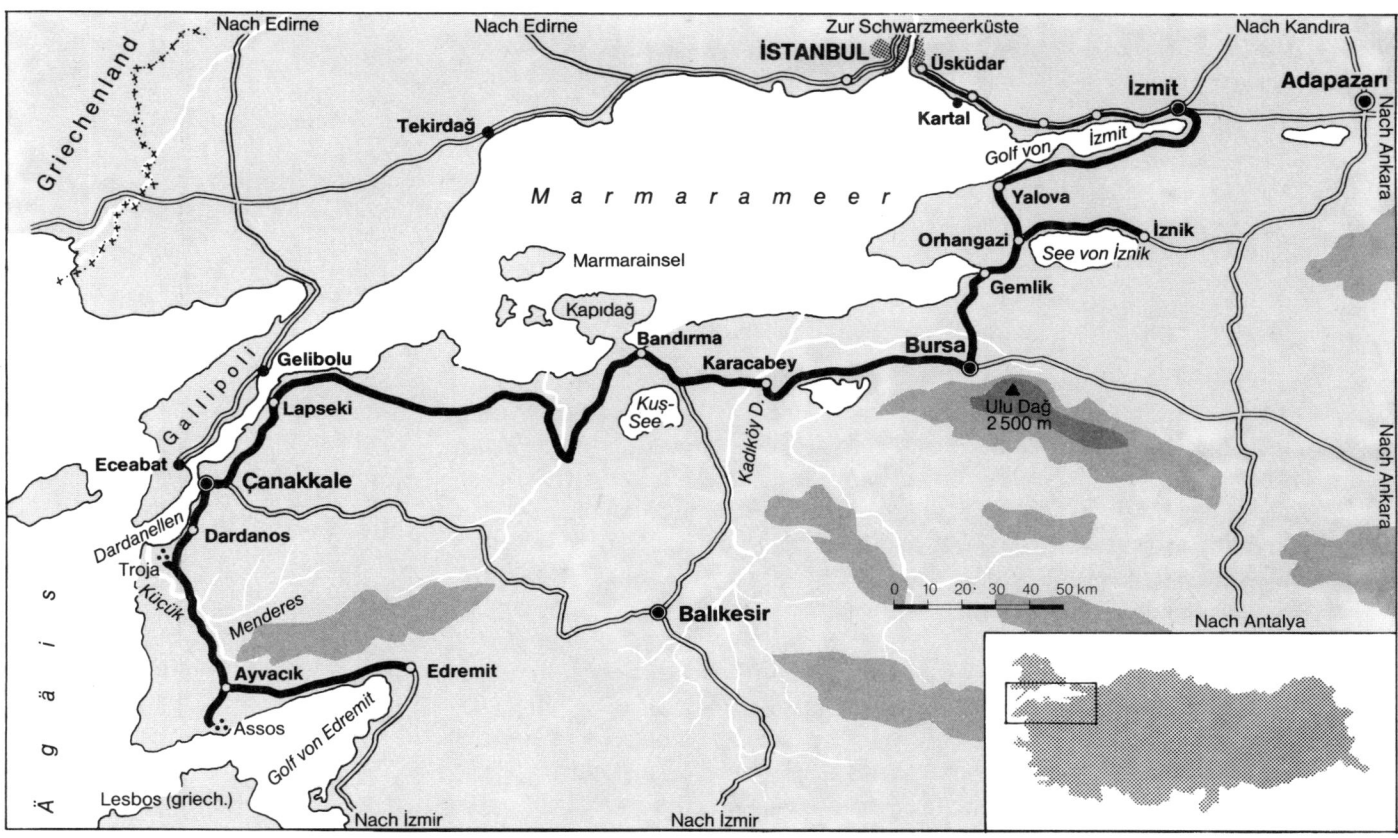

Griechenheer zehn Jahre lang vergebens die Stadt des alten Königs Priamos berannte, bis sie durch die List des Odysseus doch fiel.

Schliemann, sein späterer Helfer Dörpfeld und die anderen Archäologen, die den Hügel durchwühlten, fanden hier neun Schichten von Siedlungen; die erste muß wohl um das Jahr 3000 entstanden sein. Die sechste Schicht, »Troja VI«, eine bronzezeitliche Stadt, dürfte wahrscheinlich das homerische Troja gewesen sein: man datiert sie in die Zeit zwischen 1900 und 1300 v. Chr. »Troja VIII« war eine Siedlung äolischer Griechen mit einem Apollotempel, den der Perserkönig Xerxes im Jahr 480 v. Chr. auf seinem Zug gegen Europa besuchte, und in dem Alexander der Große auf dem Weg nach Asien ein Opfer darbrachte. Die Römer, die sich als Nachfahren geflüchteter Trojaner betrachteten, bauten die Stadt prächtig aus, und aus Rom kamen in der Kaiserzeit ganze Scharen von »Touristen«, die den Ort des homerischen Epos und die Heimat ihres Vorfahren Äneas sehen wollten.

Heute sieht man an der Grabungsstätte Ruinen von Mauern und Türmen aus mächtigen Steinquadern, Reste von Wohnbauten, die Fundamente des Athenatempels und schließlich ein römisches Theater. In einem Museum findet man neben Ausgrabungsfunden auch Orientierungshilfen durch das Gewirr alter Steinblöcke. Es gibt natürlich Andenkenstände und neben einem Parkplatz die skurrile Nachbildung des hölzernen Pferdes, in dem sich Homer zufolge die griechischen Helden versteckt gehalten haben.

Assos war eine Gründung äolischer Griechen, die um 1000 v. Chr. von der nahen Insel Lesbos herüberkamen. Die Örtlichkeit muß aber schon vorher besiedelt gewesen sein, denn man fand Spuren davon auf der Akropolis. Im 4. Jahrhundert herrschte ein Freund Platos über die Stadt, Aristoteles zog hierher, fand Schüler und heiratete die Adoptivtochter des von den Persern eingesetzten Gouverneurs. Der Apostel Pau-

lus kam im Jahr 58 auf seiner dritten Missionsreise zu Fuß durch die Landschaft Troas nach Assos, besuchte die in der Stadt lebenden Christen und stieg hinunter zum Hafen, wo ihn seine mit dem Schiff reisenden Gefährten mitnahmen nach Mytilene auf Lesbos. Türkisch wurde Assos, als im Jahr 1330 Sultan Orhan einzog.

Unterhalb des *Akropolishügels* liegt das Dorf *Behramkale,* zu dem man über eine schöne alte Türkenbrükke mit einem steilen, spitzen Mittelbogen fährt. Die Häuser des Dorfes bestehen aus den Steinen der alten Stadt. Die bis zu 19 m hohen Mauern und Türme der Stadtbefestigung sind erstaunlich gut erhalten, sie stammen zum großen Teil aus hellenistischer Zeit. Vor den Mauern liegt die *Nekropole,* die bis zu den amerikanischen Ausgrabungen von 1881 bis 1883 fast unversehrt war – dann haben auch Grabräuber sie entdeckt, und seither ist das Gelände voll von zerbrochenen Sarkophag-Deckeln.

Auf der Akropolis, wo jetzt eine Moschee steht, wurde um 530 v. Chr. ein dorischer *Athenatempel* errichtet; als Baumaterial nahm man das in der Umgebung gebrochene vulkanische Andesit-Gestein, das mit Stuck überzogen wurde. Vom Blick über die Berge ringsum, aufs Meer hinunter, über den Golf von Edremit und hinüber zur nur knapp 10 km entfernten Insel Lesbos reißt man sich nur schwer los.

Unter dem Burgberg findet man die Reste eines *Gymnasiums,* einer *byzantinischen Kirche,* die *Agora* mit dem *Buleuterion* (Rathaus), einer *Zisterne* und eines *Tempels.* Unterhalb des Theaters zog sich die Stadt in Terrassen zum Hafen hinunter.

Edremit hat dem Golf den Namen gegeben, der sich hinter der zu Griechenland gehörenden Insel Lesbos tief ins Festland hinein erstreckt. Entlang der schönen Küstenlandschaft gibt es eine ganze Reihe von Badeorten. Edremit selbst liegt landeinwärts an einem Berghang, die Anschwemmungen der Flüsse ha-

ben die Küste nach Westen hin verschoben. Der Hafen von Edremit, Akçay, bekommt sein Trinkwasser aus dem Meer: aus artesischen Quellen strömt das Wasser, das von den Bergen herunterfließt, vom Meeresboden nach oben. Akçay ist ebenso wie das nahe gelegene Ören ein Badeort. Im Schutz der Maden Adası (»Erzinsel«) und anderer kleiner Inseln liegt das schöne Hafenstädtchen *Ayvalık.* Von seinen Stränden aus hat man großartige Ausblicke auf die Küste ringsum und auf das nur 12 km entfernte Lesbos. Am Golf von Edremit gibt es eine Reihe von Hotels, Campingplätze und Fischrestaurants. Man kann hier einen ruhigen und billigen Badeurlaub verbringen.

4 Vom Golf von Edremit nach İzmir

Der Weg zur Metropole der türkischen Westküste, İzmir, geht durch eine grüne abwechslungsreiche Küstenlandschaft, durch fruchtbare Ebenen und durch kleine Städte, vorbei an den Minaretten der hinter Bäumen versteckten Dörfer. Man passiert Strände und Badeorte, und rechts und links der Hauptstraße findet man überall interessante antike Ruinenstätten, berühmte wie Pergamon mit seinem Burgberg und dem Asklepios-Heiligtum, aber auch spärliche Überreste uralter Siedlungen, oft verborgen in der Macchia über dem Meer.

Bis zur Hafenstadt Dikili wird die Küste von der griechischen Insel Lesbos begleitet. Ihre Silhouette fällt nach Norden zu steil ab, nach Süden wird sie flacher, bis dann der knapp tausend Meter hohe lesbische Olymp dunstig zwischen zwei spitzen Kegeln hervorragt. Bei Nacht sieht man unten an der Küste die Lichter der Hauptstadt Mitilini, nach der die Insel heutzutage benannt ist – bei den Türken heißt sie Midilli. Lesbos war schon im dritten Jahrtausend besiedelt. Seit dem 12. Jahrhundert kamen äolische Griechen in mehreren Einwanderungswellen hierher. Die fruchtbare und günstig gelegene Insel wurde zur Drehscheibe des Handels zwischen dem kleinasiatischen Festland und dem griechischen Mutterland und zum Sprungbrett der äolischen Kolonisation. 1355 setzte sich hier die genuesische Familie Gattiluso fest und hielt diesen Stützpunkt für den Handel ihrer Heimatstadt bis zum Jahr 1462, als Mehmet der Eroberer seine Truppen vom Festland herüberschickte. Nach dem Balkankrieg von 1912 mußte die Hohe Pforte Lesbos zusammen mit anderen Ägäisinseln an Griechenland abtreten.

Im Mittelalter, als die Macht von Byzanz überall zu bröckeln begann, waren die Inseln vor der kleinasiatischen Küste Streitobjekte der beiden italienischen Seehandelsrepubliken Genua und Venedig. Diese errichteten Stützpunkte und wetteiferten um Einfluß und Privilegien für den gewinnbringenden Handel zwischen Vorderasien und Europa. Als im Jahr 1204 das Kreuzfahrerheer auf venezianisches Betreiben hin Konstantinopel einnahm und das Lateinische Kaiserreich aufrichtete, war Venedig die vorherrschende Macht in der Ägäis. Das änderte sich jedoch, als es 1261 dem nach Kleinasien geflohenen byzantinischen Herrscherhaus der Paläologen gelang, mit genuesischer Unterstützung wieder in die alte Hauptstadt einzuziehen – die Waage der Machtverhältnisse in der Levante senkte sich jetzt zugunsten von Genua. Den Genuesen wurde damals der konstantinopolitanische Stadtteil Pera übereignet. Später gewann Venedig wieder mehr Boden in der Ägäis. Die Signoria der Stadtrepublik verstand es auch, sich mit den türkischen Herren des Seldschukenreichs gut zu stellen, die ebenfalls daran interessiert waren, am Ost-Westhandel zu verdienen.

Hinter Dikili erblickt man wieder das offene Meer. Von der kleinen Hafenstadt aus geht eine Straße hinein ins Tal des Bakır Çayı, des alten Kaikos, durch weite Felder mit Tabak und Baumwolle. Auf dieser Trasse baute der deutsche Ingenieur Carl Humann in den sechziger Jahren des 19. Jahrhunderts eine Landstraße von der Küste zum nahen Bergama, wo er später mit den Ausgrabungen auf dem Burgberg von Pergamon begann. Unweit der Mündung des Bakır Çayı ins Ägäische Meer sind bei Çandarlı noch einige Mauerreste der griechischen Stadt Pitane zu sehen. Pitane soll der Sage nach von einer Amazone gegründet worden sein, von der es seinen Namen hat. Amazonen spielen in den Legenden der kleinasiatischen Griechen des Altertums immer wieder eine Rolle, man vermutet, daß die bildlichen Darstellungen langgewandeter Hethiter die Phantasie der später Zugewanderten erregt hat. Bei Pitane wurde eine Nekropole ausgegraben, die vielen Grabbeigaben, die man dabei gefunden hat, sind in den Museen von Pergamon, İzmir und İstanbul aufbewahrt. Hier steht auch ein Kastell, das die Venezianer im 13. Jahrhundert zum Schutz der Handelswege aus dem Innern Kleinasiens erbaut haben.

Kurz vor Aliağa sieht man die Ruinen von Myrina, einst ein bedeutender Hafen. Auch hier hat man ein großes Gräberfeld aus hellenistischer Zeit gefunden. Die

23 *Mit seinen 87 Sitzreihen zog sich das Theater von Pergamon 40 Meter hoch den Südwesthang des Akropolisberges hinauf. Rechts sieht man unten im Tal die Stadt Bergama in der Ebene des alten Selinos.*

24 *Wo einst der berühmte Zeusaltar von Pergamon stand, den Carl Humann und Alexander Conze nach Berlin geschafft haben, pflanzten später Ausgräber, die sich mit den Fundamenten der Kultanlage beschäftigten, drei schattenspendende Kiefern.*

25 *Auf dem Ruinengelände von Sardes – einst die reiche Residenz der Lyderkönige – haben Archäologen die Reste des großen Artemistempels freigelegt. Zwei der herrlichen ionischen Kapitele hat man neben den Fundamenten des Tempels aufgestellt.*

26 *Baumwolle ist eines der wichtigsten landwirtschaftlichen Produkte der Türkei, sie wird besonders in den Ebenen der westlichen und südlichen Mittelmeerküste angebaut. In der Erntezeit sind die Felder von den Gestalten der Baumwollpflückerinnen belebt.*

27 *Hinter dem Konakplatz von İzmir dehnt sich das Gassengewirr des Basars aus. Im heißen Sommer machen die Verkäufer saftiger Melonen immer ein gutes Geschäft.*

28 *Obwohl Atatürk seinen Landsleuten europäische Kleidung verordnet hat, hielt sich im Volk und besonders bei den Frauen wenigstens die orientalische Vorliebe für leuchtende Farben.*

nächste Ruinenstätte, Kyme, war die Mutterstadt der äolischen Kolonien Cumae in Unteritalien und Side in Pamphylien. Während sich die Hauptstraße vom Meer entfernt, reihen sich draußen an der Küste die Sandstrände von Foça aneinander, mit einem Feriendorf, mit Hotels und Campingplätzen. Mittelpunkt dieser »Riviera« ist der kleine Hafen von Foça. Man nennt die Stadt auch Eski Foça, das alte, im Gegensatz zum kleineren Yenifoça, dem neuen. Der ältere Ort geht auf das antike Phokaia zurück, eine ionische Gründung auf äolischem Siedlungsgebiet. Den Namen soll die Stadt von den kleinen Inseln erhalten haben, die der Küste vorgelagert sind und wie die Rücken von Robben aussehen – die Robbe heißt auf griechisch Phoke.

Die Bewohner der im 8. Jahrhundert gegründeten Stadt waren tüchtige Seefahrer, sie trieben Handel bis zu der jenseits der »Säulen des Herkules«, der Straße von Gibraltar, gelegenen Phönikerstadt Gades, dem heutigen Cádiz. Ihre wichtigste Kolonie war Massilia, das südfranzösische Marseille. Als die Perser Phokaia wegen der Beteiligung am Aufstand der ionischen Städte strafen wollten, flüchteten die Einwohner nach Korsika und gründeten dort Alalia (Aleria). Vom rückkehrwilligen Teil der Flüchtlinge blieben dann noch einige in Unteritalien, sie gründeten Elea, Sitz einer berühmten Philosophenschule. Später ergriff Phokaia gegen die Römer Partei, und der Senat beschloß, die Stadt hart zu bestrafen und zu zerstören. Einflußreiche Bürger der Tochterstadt Massilia aber legten in Rom ein rettendes Wort ein. Von der alten Stadt ist kaum mehr etwas zu sehen; in der Umgebung stehen zwei Grabmonumente, das eine wird von den Türken Şeytan Hamamı, das »Teufelsbad«, das andere Taş Kule, »Steinerner Turm«, genannt, weil es aus dem anstehenden Felsen herausgehauen ist. An der Bucht bauten die Genuesen ein Kastell. Von Foça aus sieht man hinüber zum 20 Kilometer jenseits des Eingangs zum Golf von İzmir gelegenen Karaburun auf der weit vorspringenden Halbinsel, die den Golf von Westen her umschließt. Karaburun heißt »Schwarzes Kap«, und schon die Griechen nannten diese Halbinsel Melaina, die Schwarze.

Bei der Fahrt durch die mittelmeerische Landschaft abseits der Küste bemerkt man vielerorts die Bemühungen um die Wiederaufforstung der Berge, die durch jahrtausendelangen Raubbau nur niedrigen Buschwald tragen oder gänzlich kahl geworden sind. Da werden Reihen und ganze Plantagen von Pappeln hochgezogen, und man kommt an Militärlagern vorbei, wo Soldaten junge Föhren pflegen. Neben der Straße sieht man zwischen den grünen Setzlingen die aus weißen Steinen zusammengefügte Inschrift »100 Yıl Atatürk Ormanı« – der Wald, der zum hundertsten Geburtstag Atatürks gepflanzt wurde –, und auf Schildern liest man immer wieder die Warnung »Yangın ormanın en büyük düşmandır«, »Feuer ist der größte Feind des Waldes«.

Im Hinterland von Foça liegen neben der Hauptstraße die Ruinen von Larissa. Städte dieses Namens gab es in der ganzen griechischen Welt, dieses war Larissa am Hermos. Es dürfte schon in hellenistischer Zeit nur noch ein Dorf gewesen sein. Wenn man den Hermos, den heutigen Gediz, überschritten hat, zweigt eine Straße ins Tal hinein ab zur Stadt Manissa, dem antiken Magnesia am Sipylos, und weiter zu den Ruinen der lydischen Königsstadt Sardes.

An Rand der fruchtbaren und weiten, vom Gediz angeschwemmten Küstenebene, unterhalb des von Kiefernwald bewachsenen Yamanlar-Bergs, sieht man dann auf einmal das Häusermeer von İzmir im Innersten eines tief eingeschnittenen Meerbusens, zu Füßen des 1510 Meter hohen Kemalpaşa Dağı, benannt nach dem Eroberer İzmirs von 1922. Von großem landschaftlichen Reiz ist die Fahrt nach İzmir von Manisa her: Wenn man den 675 Meter hohen Paß Sabuncu Beli (»Seifensiedersattel«) über den Manisa Dağı, den die Griechen Sipylos nannten, überwunden hat, öffnet sich das Tal, und der Blick geht hinunter zur weithin ausgebreiteten Stadt, zum Meer. Im Hintergrund sieht man Uzun Ada, die »lange Insel«, und die Vorgebirge im Osten.

Noch eindrucksvoller ist die Anfahrt nach İzmir von See her. Vor knapp 150 Jahren reiste Helmuth von Moltke mit einem Dampfschiff von İstanbul ab, bei der Ankunft notierte er: »Am frühen Morgen liefen wir in das von hohen Gebirgsgruppen umgebene weite Becken von Smyrna ein. Der Vollmond leuchtete noch, als schon der östliche Himmel sich dunkelrot färbte, wie wenn der asiatische Boden von der gestrigen Hitze noch glühte. Die Berge sind ganz kahl, von der Sonne verbrannt, aber von äußerst schönen Formen. Am Fuß derselben, längs des Meeres zieht sich ein grüner Streif von bebautem Land mit Weinbergen, Oliven, Maulbeerbäumen und dunklen Zypressen hin. Die Dörfer und Häuser sind von Stein mit flachem Dach erbaut. Am Ende der Bucht zeigt sich Smyrna, welches amphitheatralisch an den hinterliegenden Bergen emporsteigt.«

29 *Am alten Hafen von İzmir stand einst der Konak genannte Palast des Generalgouverneurs. Hier stehen von den alten Gebäuden nur noch die Konak-Moschee und der Uhrturm aus dem 19. Jahrhundert.*

Reiselexikon

Pergamon war eine der glanzvollsten Städte des griechisch-römischen Altertums und im 3. und 2. Jahrhundert v. Chr. eine der großen Pflanzstätten der hellenistischen Kultur. Es verdankt jedoch nicht wie andere Städte seinen Reichtum und seine Pracht dem Seehandel und den günstigen Verkehrswegen mit dem Landesinneren und mit den Ländern im Inneren Asiens. Seine Lage auf einem fast unangreifbaren steilen Felsen und der Machtwille seiner Herrscher ließen Pergamon innerhalb weniger Jahre ins Licht der Geschichte treten.

Als Alexanders Reich nach seinem Tod in die Nachfolgestaaten der Diadochen zerfiel, wählte einer der Generäle des Makedoniers, Lysimachos, die Stadt mit dem festen Burgberg aus, um hier einen riesigen Schatz aus Beutegeldern zu verwahren. Die Schlüssel vertraute er Philetairos, einem seiner Offiziere, an. Lysimachos fiel 281 im Kampf gegen seinen Konkurrenten Seleukos, und Philetairos benutzte nun den ihm zugefallenen Reichtum dazu, seine Macht auszubauen und die Stadt Pergamon mit prachtvollen Gebäuden zu schmücken. Sein Adoptivsohn Eumenes setzte diese Politik fort, und dessen Nachfolger Attalos I. wand sich die Königsbinde um die Stirn, nachdem er mit Hilfe seiner Kriegselefanten die Raubzüge der in Kleinasien eingedrungenen Kelten (man nannte sie hier Galater) zum Stehen gebracht hatte.

Die Attaliden, wie man das seit Philetairos 150 Jahre lang in Pergamon regierende Herrscherhaus nannte, waren nicht nur darauf bedacht, ihren Machtbereich zu vergrößern, sie hatten auch den Ehrgeiz, aus ihrer Stadt ein zweites Athen zu machen. Pergamon besaß eine große Bibliothek, die im ersten vorchristlichen Jahrhundert 200000 Bände umfaßt haben soll – der Römer Antonius brachte diesen Schatz der Gelehrsamkeit später seiner Freundin, der ägyptischen Königin Kleopatra zuliebe, in die Bibliothek von Alexandrien. In der Attalidenstadt wirkten viele Wissenschaftler, Dichter und Künstler, und hier entstand die erste Sammlung von Kunstwerken aus älterer Zeit. Besonders in der Bildhauerei waren die Künstler der Königsstadt Pergamon führend.

Der letzte König, Attalos III., vermachte sein Reich den Römern, die damals die Rolle eines Schiedsrichters in den Streitigkeiten der hellenistischen Staaten zu spielen begannen. Sein Halbbruder Aristonikos erkannte das Testament jedoch nicht an, er stellte sich an die Spitze einer revolutionären Bewegung, die von Sklaven und der ausgebeuteten Landbevölkerung getragen wurde. Die Römer konnten diesen Aufstand im Jahr 130 niederschlagen – in jenen Jahren hatte sich das konservative Rom auch seiner eigenen Sozialreformer, der Brüder Tiberius und Gaius Sempronius Gracchus, entledigt. In römischer Zeit war Pergamon eine blühende Stadt und berühmt durch das Asklepios-Heiligtum, das Heilstätte und Wallfahrtsort zugleich war.

Unter den antiken Kunstwerken in deutschen Museen ist neben den Giebelskulpturen vom Athenatempel auf Ägina, die in München zu sehen sind, das berühmteste der Pergamonaltar, für den auf der Berliner Museumsinsel ein eigener Bau errichtet wurde. Statt vor dem blauen Himmel und den grünen Bergen hinter dem steilen Burgberg steht nun das Siegesmonument der Attaliden im Saal vor einer weißen Wand. Über tausend Jahre waren die Bausteine, die Säulen und die Reliefplatten in eine Mauer eingefügt, die im 8. Jahrhundert errichtet wurde, um das byzantinische Pergamon gegen die Überfälle der Araber zu schützen. Der Straßenbauer Carl Humann kam zufällig dazu, als die Bewohner der Umgebung diese Mauer einzureißen begannen, weil sie die Steine zum Kalkbrennen brauchten. Humann sah ein Marmorrelief, das ein Bauer mit einem Karren zum Kalkofen transportierte, kaufte ihm das Stück Stein ab und sandte es nach Berlin. Als die Fachleute dort die Bedeutung des Reliefs erkannt hatten, konnte Humann 1878 zusammen mit dem Direktor der Antikensammlung, Alexander Conze, mit den Ausgrabungen beginnen. Humann fand übrigens, seinem Wunsch entsprechend, seine letzte Ruhestätte in der Nähe der Fundamente des Altars.

Der *Altar des Zeus und der Athene* stand einst auf der *Akropolis,* etwas unterhalb der Königspaläste und der Bibliothek, oberhalb des Theaters. Die Friese rings um die Säulenhalle versinnbildlichen in mythologischem Gewand Ruhm und Legitimation der Attaliden: In den Reliefs wird der Sieg über die aus Anatolien eingedrungenen Kelten und siegreichen Kampf der Götter gegen die aufsässigen Titanen überhöht. Im übrigen war die Akropolis von Pergamon nicht wie die von Athen ein sakraler Bezirk, hier war auch ein Marktplatz, und hier spielte sich auch das öffentliche Leben der Bürger ab.

Unterhalb des 333 m hohen Burgbergs stand in der »Mittleren Stadt« der Komplex der *Gymnasien* mit eigenen Anlagen für Sport und Erziehung der Jünglinge über 16 Jahre, für die Epheben zwischen zehn und 15 und für Kinder von sechs bis neun Jahren. Ob sie unter Königsherrschaft standen oder selbständige Kommunen waren, in allen hellenistischen Städten kam der Erziehungseinrichtungen für die Jugend der vollberechtigten Bürgerschaft eine besondere Bedeutung zu: Körperliche und geistige Schönheit und Vollendung sollten die herrschenden und besitzenden Hellenen von der unterworfenen einheimischen Bevölkerung und den Sklaven unterscheiden.

Zu Füßen der alten Akropolis dehnt sich heute die Stadt Bergama aus mit der schönen, unter Sultan Beyazıt um das Jahr 1399 entstandenen Ulu Cami, der *Großen Moschee.* Aus der Menge der kleinen Häuser mit den roten Ziegeldächern ragt eine riesige, kompakte Ruine aus Ziegelsteinen heraus, die »*Rote Halle*«, unter der der kleine Fluß Bergama Çayı hindurchfließt, der alte Selinus. Das Gebäude war wahrscheinlich ein Serapistempel aus dem 2. Jahrhundert n. Chr., später eine christliche Kirche.

Den Ruhm von Pergamon vor allem in römischer Zeit begründete das *Asklepieion.* Wie in Epidauros auf der Peloponnes und auf der Insel Kos stand hier ein Heiligtum des vergöttlichten Arztes Asklepius. In den prächtigen Kuranlagen und Tempeln konnten vermögende Patienten, die von weit her kamen, Linderung von Schmerz und Krankheit finden, Körper und Seele wurden betreut von Ärzten und Priestern. Es gab hier eine heilige Quelle, Badeanlagen, eine Sonnenterrasse, ein Theater und eine Bibliothek. Welche Art von Therapie für den Heilungsuchenden die richtige war, gab ihm der Gott beim Tempelschlaf im Traum ein.

Die Kombination von Kurort und Wunder wirkendem Wallfahrtsort blühte weit in die Spätantike hinein; hier waren die Kaiser Hadrian, Mark Aurel und Caracalla zur Kur, und hier wirkte Galen, der nach Hippokrates berühmteste Arzt des Altertums. Seine Schriften gehörten bis ins 16. Jahrhundert zur Grundlage der ärztlichen Kunst. Als das Christentum herrschende Religion geworden war, schloß das Asklepieion seine Tore.

Manisa war eine der drei Griechenstädte, die den Namen Magnesia trugen: Die eine lag in der mittelgriechischen Landschaft Thessalien (nach dem dort gefundenen Eisenerz mit wundersamen Eigenschaften wurde der Magnet benannt), ihre beiden Tochterstädte waren Magnesia am Mäander und unser Magnesia am Sipylos. Der Sipylos ist ein 1517 m hoher Gebirgsstock, der heute Manisa Dağı heißt. Die an seinen Abhängen hinaufgebaute, von viel Grün aufgelockerte Stadt wird von einer byzantinischen *Zitadelle* überragt. Aus der Seldschukenzeit stammt die Ulu Cami, die *Große Moschee,* mit ihrem stimmungsvollen Hof. Von Ayşe Hafize, der Frau von Selim I. und Mutter Süleymans des Prächtigen, wurde die *Sultan Camii* gestiftet; ihr sind eine Koranschule, ein Krankenhaus und ein Bad angegliedert. Murat III. ließ in den Jahren zwischen 1582 und 1586 von Sinan die nach ihm benannte *Muradiye-Moschee* errichten, die in einem Garten steht. Ihre Kiblawand ist mit sehr schönen İznik-Kacheln ausgelegt. Die Külliye der Moschee ist heute ein Museum mit antiken Funden, kostbaren alten Waffen, Metallgerät und alten Möbeln.

Das Sipylos-Gebirge galt in der griechischen Sage als die Heimat des Tantalos, eines sterblichen Sohns des Göttervaters Zeus. Als dieser in seinem Übermut den Göttern seinen Sohn Pelops zum Mahl vorsetzte, wurde er zu den »tantalischen Qualen« verurteilt: Er mußte im Wasser stehen, aber wenn er durstig danach lechzte, wich es zurück, und wenn er nach den Früchten über seinem Kopf langte, wehte der Wind sie fort. Niobe, seine Tochter, heiratete den König von Theben, Amphion. Sie war auf ihre sieben Söhne und sieben Töchter so stolz, daß sie in ihrem vom Vater geerbten Übermut Leto, die Mutter des Apollon und der Artemis, verspottete. Apollo tötete daraufhin mit Pfeilen die sieben Söhne, und Artemis richtete ihre tödlichen Geschosse auf die Töchter. Amphion beging Selbstmord, Niobe kehrte in ihre Heimat zurück, wo sie in einen tränenvergießenden Felsen verwandelt wurde. Man sieht unmittelbar über der Stadt Manisa einen seltsam geformten Felsklotz, den die örtliche Überlieferung als das Haupt der Niobe bezeichnet. Reste einer uralten Siedlung oberhalb eines Taş Suret (»Steinbildnis«) genannten hethitischen Reliefs, die von Humann entdeckt wurden, brachte man mit der Burg des Tantalus in Verbindung.

Die uralte Siedlung Magnesia war in römischer und byzantinischer Zeit eine blühende Großstadt, heute ist Manisa eine lebendige Provinzhauptstadt mit rund 100000 Einwohnern.

Sardes ist nach dem griechischen Geschichtsschreiber Herodot die Stadt, in der das Geld erfunden wurde. Es war Hauptstadt der Lyder, eines Volks mit indogermanischer Sprache, das im 7. Jahrhundert v. Chr. den Westen Kleinasiens beherrschte. Das Reich der Lyderkönige reichte im Norden bis zum Hellespont, im Osten bis zum Fluß Halys, dem heutigen Kızılırmak, der östlich von Ankara dem Schwarzen Meer zustrebt, und im Westen waren ihm auch die Griechenstädte an der Ägäis untertan. Hinter dieser Macht stand großer Reichtum: Der Fluß Paktolos, der durch Sardes fließt, führte Gold mit sich, das man mit Schaffellen aus dem Wasser wusch. Später grub man nach goldhaltigen Mineralien.

Unter ihrem König Alyattes kamen die Lyder auf die Idee, statt der als Tauschmittel verwendeten Klumpen und Barren aus Edelmetall handliche, genau abgewogene Stücke mit einem staatlichen Garantiestempel zu versehen: die ersten Münzen. Zuerst wurden sie aus Elektron, einer Gold-Silber-Legierung, geprägt, dann aus reinem Gold oder Silber. Erst 1968 haben Archäologen am Paktolos etwa 300 Schmelzgruben entdeckt, in denen im frühen 6. Jahrhundert

Gold und Silber gewonnen wurden. Die Fama vom Reichtum Lydiens hat sich über dreitausend Jahre lang gehalten, denn man nennt noch heute einen reichen Menschen »Krösus«, nach dem letzten Lyderkönig.

Herodot berichtet, daß dieser Krösus oder Kroisos beim Orakel von Delphi anfragen ließ, ob es einen Sinn habe, gegen die seine Ostgrenze bedrohenden Perser Krieg zu führen. Die Antwort war, er würde »ein großes Reich zerstören«, wenn er den Halys überschreite. Der Präventivkrieg des Kroisos endete mit einer Niederlage, der König hatte sein eigenes Reich zerstört, Lydien wurde persisch.

Nach dem Asiensturm Alexanders wurde aus Sardes eine hellenistische Stadt. Trotz Erdbeben und Zerstörungen durch die sassanidischen Perser blühte hier städtisches Leben, bis es im Jahr 1401 die Reiterscharen des Mongolen Timur endgültig in einen Ruinenhaufen verwandelten. Erst im 20. Jahrhundert ließen sich hier wieder Menschen nieder, sie nannten ihr Dorf Sart.

Sardes liegt unterhalb des Tmolos-Gebirges in einer hügeligen Landschaft, die von seltsam erodierten Formationen durchsetzt ist. Eines dieser Gebilde ist der rötliche *Akropolishügel*, der sich über grünen Wiesen auftürmt. Darunter ragen zwei riesige, unkannelierte ionische Säulen empor, die Reste eines der größten Tempel Kleinasiens: Der *Artemistempel*, der auf den Fundamenten eines von den Griechen zerstörten lydischen Kybele-Heiligtums steht und von Alexander begonnen wurde, ist nie fertig geworden. Amerikanische Archäologen haben die riesige Anlage eines *Gymnasions* teilweise rekonstruiert, die in der Römerzeit als eine Art »Freizeitzentrum« entstanden ist. Sie enthielt Sportanlagen und Bäder, und um das Jahr 200 baute die jüdische Gemeinde von Sardes einen Trakt in eine prachtvolle Synagoge um.

In der Nähe liegen Hunderte von Grabhügeln. Der größte – er ist 70 Meter hoch – ist die *Grabstätte des Alyattes,* der um 600 v. Chr. Smyrna eroberte.

İzmir war noch vor einigen Jahrzehnten nur unter dem griechischen Namen Smyrna bekannt, und Smyrna-Feigen und Smyrna-Teppiche waren berühmt. Smyrna hatte nämlich nicht das Schicksal der anderen Griechenstädte an der ägäischen Küste Kleinasiens teilen müssen, die durch Verlandung der Häfen, durch Kriege, durch Erdbeben schon in antiker Zeit oder im Mittelalter ihre Bedeutung verloren, verlassen oder zerstört wurden. Zwar wüteten auch in Smyrna Eroberer, Erdbeben und Brände, sein Hafen war in Gefahr vom Meer abgeschnitten zu werden, aber die Stadt entstand immer wieder aus Asche und Ruinen, und während die Konkurrentinnen in der Macchia oder in Malaria-Sümpfen der Vergessenheit anheimfielen, zog die geschützte Bucht mit den offenen Wegen ins Hinterland immer wieder unternehmungslustige Kaufleute, wagemutige Seefahrer und geschickte Handwerker und Künstler an.

Daß İzmir noch heute – und das seit fast fünftausend Jahren – voll prallen Lebens ist, verdankt es einer Operation, die der europäische Ingenieure im Jahr 1886 ausführten: Sie verlegten den Lauf des Gediz nach Norden, weil die ungeheuren Mengen von Kies, Geröll und Sand, die der Fluß seit Jahrtausenden vor sich herschob, die Hafenbucht zuzuschütten drohten.

Heute ist İzmir nach İstanbul der bedeutendste Hafenplatz der Türkei, man lebt hier wie seit jeher vor allem vom Handel zur See und mit dem Hinterland, aber auch die Industrie hat sich stark entwickelt. Obwohl es die drittgrößte Stadt der Türkei ist und obwohl hier über eine halbe Million Menschen wohnen, gibt es in İzmir weniger Elendsviertel als in İstanbul, in Ankara oder in einer der anderen türkischen Großstädte, in die die Bevölkerung des anatolischen Hinterlandes strömt.

Im Norden der Bucht von İzmir, beim heutigen Bayraklı, gründeten im 11. Jahrhundert v. Chr. äolische Griechen an der Stelle einer schon damals uralten Siedlung eine Stadt, die im 7. Jahrhundert von Ioniern überrannt wurde. Die neuen Bewohner machten aus der ideal gelegenen Hafenstadt einen blühenden Mittelpunkt für Handel und Gewerbe. In

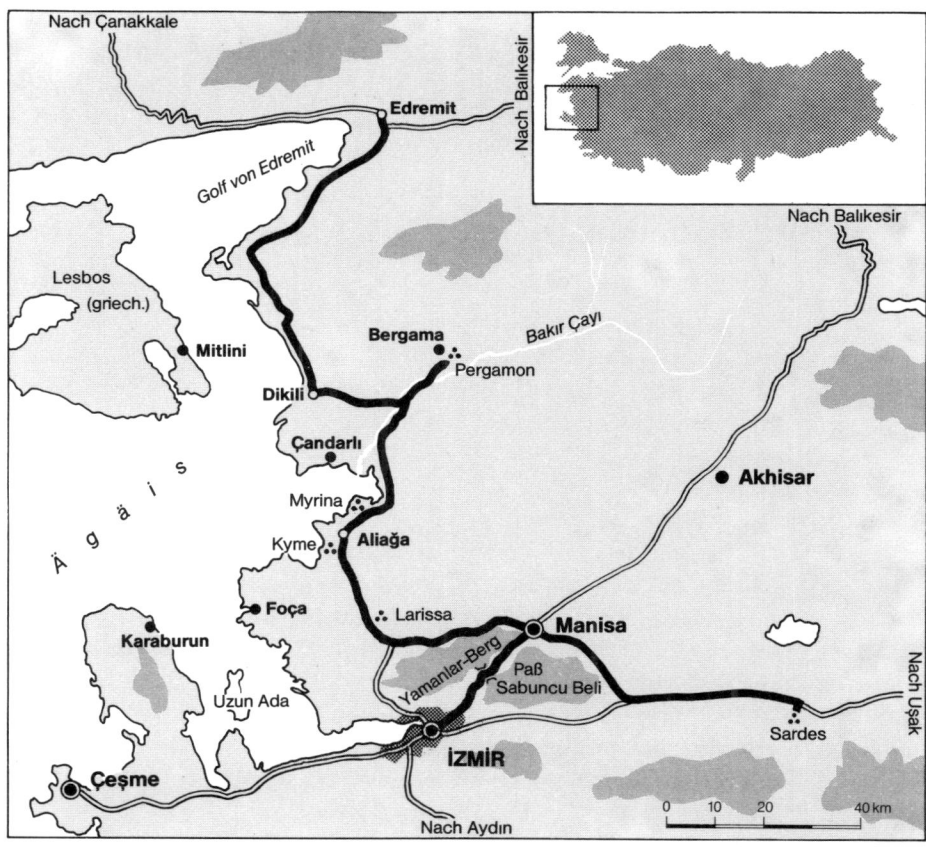

dieser Zeit soll hier Homer geboren worden sein. Zwar stritten sich einige griechische Städte um den Ruhm, die Heimat des Dichters der Ilias und der Odyssee zu sein, doch spricht vieles dafür, daß die sagenhafte oder reale Gestalt des blinden Sängers aus Smyrna stammte: Die Sprache der homerischen Epen ist das Ionische, aber mit einem Einschlag des Äolischen, so, wie es die alteingesessene Bevölkerung Smyrnas sprach.

Dem Lyderkönig Alyattes II. wurde die reiche Stadt am Rand seines Reiches bald zu mächtig, er zerstörte sie im Jahr 600. Alexander d. Gr. gab dann über dreihundert Jahre später den Anstoß zur Neugründung von Smyrna, und sein Nachfolger Lysimachos ließ unter dem Pagos-Hügel eine neue Stadt bauen. Sie blühte rasch auf, und als Ephesus wegen der Verlandung seinen Hafen verlor, profitierten die Smyrnioten davon – ihre Stadt wurde zur wichtigsten Metropole der kleinasiatischen Westküste. Nach arabischen Einfällen erfüllte eine Kolonie genuesischer Handelsherren Smyrna mit neuem Leben.

Im 19. Jahrhundert war İzmir der wichtigste Hafen für den europäischen Levantehandel. Englische, französische, italienische, österreichische und deutsche Handelshäuser hatten hier ihre Niederlassungen. Der osmanische Staat hatte europäischen Mächten seit dem 16. Jahrhundert überaus günstige Zollsätze für den Handel eingeräumt, und später erhielten die Kaufleute aus London, Marseille, Genua, Triest und Bremen großzügige Privilegien. Bald war ein großer Teil des Ausfuhrhandels im Osmanischen Reich in den Händen von Ausländern, billige Ware aus dem Westen überschwemmte die Märkte. Die Folge war, daß Handel und Gewerbe dahinsiechten und die türkische Währung einen Inflationsschub nach dem anderen erlebte. Die Länder des Sultans waren gegen Ende des 19. Jahrhunderts Halbkolonien der westlichen Industrie- und Handelsmächte.

İzmir war Umschlagplatz für Baumwolle, Rosinen, Wein, Feigen, Teppiche und wertvolle Erze, die nach Europa verfrachtet wurden; dafür brachten die Schiffe aus dem Westen Textilerzeugnisse, billigen Industrietand und Luxuswaren hierher. Man nannte die Stadt damals das »New York des Ostens«, weil hier mehr Griechen, Armenier, spanische Juden, Europäer und Levantiner als Türken lebten.

Nach orientalischer Sitte waren die einzelnen Bevölkerungsteile in getrennten Stadtvierteln zu Hause: Im

Süden und an den Abhängen des Pagosberges war die Türkenstadt, die auch das Judenviertel einschloß, nördlich davon lagen die Quartiere der Armenier, noch weiter im Norden war das ausgedehnte Griechenviertel, und in den schönsten und gesündesten Lagen, nämlich entlang der Bucht, hatten Europäer und Levantiner ihre Wohnsitze. Man hörte in Smyrna am häufigsten Griechisch, die am meisten benutzte Verkehrssprache war das Französische, daneben das Italienische.

Wo einst das Armenier- und Griechenviertel war, dehnt sich heute der »Kulturpark« mit dem Messegelände, mit Grünanlagen, Spielplätzen und Gartenlokalen aus. Ringsum sind moderne Geschäftsviertel mit breiten, palmengesäumten Avenuen entstanden. Der Platz für das moderne İzmir wurde am 11. September 1922 geschaffen, als dieser Teil der Stadt nach der Flucht der Griechen vor den einrückenden Truppen Kemal Paşas in Flammen aufging. Das war der Zeitpunkt, an dem Smyrna zu İzmir wurde.

Die Griechen konnten vorher vor allem in ihren alten Siedlungsgebieten in Kleinasien mehr oder weniger unbehelligt leben. Als nach jahrhundertelanger Türkenherrschaft drüben im Mutterland ein Griechenstaat entstanden war, und als das junge Königreich in den Balkankriegen und im Ersten Weltkrieg gegen die mit Deutschland, Österreich-Ungarn und Bulgarien verbündete Türkei Siege errungen hatte, setzte sich in den Köpfen der griechischen Führungsschicht die »Megali Idea« fest. Diese »große Idee« hatte die Wiederaufrichtung des Kreuzes auf der Hagia Sophia zum Ziel, also ein neues Kaiserreich der Griechen mit der Hauptstadt Konstantinopel. Im Siegestaumel stießen griechische Truppen weit nach Kleinasien vor, ins Herz des durch Niederlage und Zerfall des Osmanischen Reichs erschütterten Türkenlands. Es gelang Mustafa Kemal, die Griechen zu schlagen. Auf die nationalistische Euphorie folgte nun unsägliches Leid, Flucht und Ausweisung der Griechen aus den kleinasiatischen Gebieten.

İzmir ist auch heute noch eine lebhafte Stadt. Vom *Pagosberg* mit der Zitadelle überblickt man Stadt, Hafen und Bucht. Unter den wenigen erhaltenen antiken Denkmälern ist die *Agora* am sehenswertesten. Am Kai entlang führt ein breiter Boulevard zum *Konakplatz* mit seinem bizarren Uhrturm. In der Nähe ist das neue *Archäologische Museum* mit interessanten Sammlungen.

5 Von İzmir nach Ephesus

Westlich und südlich vom alten Smyrna erstreckte sich das Gebiet der ionischen Städte, und wie man das griechische Siedlungsgebiet nördlich davon Äolien nannte, bekam der ganze Landstrich bis hinunter zum heutigen Golf von Mandalya den Namen Ionien. Nach Herodot sind hier »der Himmel und die Jahreszeit am schönsten«. Wenn man seinem Bericht weiter glaubt, wurden die Ionier von den Achäern aus dem Norden der Peloponnes vertrieben, sie wanderten nach Kleinasien aus. Wahrscheinlich gab es aber schon in mykenischer Zeit griechische Ansiedlungen am Ostufer der Ägäis.

Man zählte zwölf ionische Städte, obwohl mehr griechische Städte auf kleinasiatischem Boden Pflanzstätten von Ioniern waren. Die bedeutendsten waren Milet und Ephesus sowie die Hauptorte der Inseln Chios und Samos. Die ionischen Griechen waren gerissene Händler, wagemutige Seeleute und skeptische Beobachter, sie hatten enge Beziehungen zu den orientalischen Kulturen, und ihre reichen Städte waren Umschlagplätze auch für Erkenntnisse und Ideen, und damit für Künste und Wissenschaften Vermittler zwischen Ost und West. Im 6. Jahrhundert waren die Ionier in wirtschaftlicher und geistiger Hinsicht die fortschrittlichsten Griechen, und in ihren Städten entwickelten sich Geographie, Geschichtsschreibung und Naturphilosophie.

Auf der großen, weit ausladenden Halbinsel von Çeşme westlich von İzmir lagen nur die weniger bekannten ionischen Städte, und von ihnen blieben nur spärliche Ruinen übrig. Dafür bietet diese Halbinsel aber wunderschöne Küstenlandschaften, und bei der Stadt Çeşme zieht sich eine Kette von vielbesuchten Strandbädern hin. Wenn man von İzmir kommt, trifft man an der Straße nach Çeşme zuerst die Agamemnon-Bäder, deren heiße Quellen schon in der Antike wegen ihrer heilsamen Wirkung bei Nierenleiden und Rheumatismus besucht wurden. Nördlich von Urla lag auf einer Halbinsel und auf einer kleinen, durch einen Damm zugänglich gemachten Insel davor die Stadt Klazomenai. Die hier gefertigten bemalten Tonsärge hat man an vielen Orten der Westküste gefunden. Klazomenai ist der Geburtsort des Philosophen Anaxagoras, der 30 Jahre lang in Athen lehrte und dort das Nachdenken über die Natur einführte. Er war mit dem Staatsmann Perikles befreundet, mußte aber im Jahr 430 v. Chr. die Stadt verlassen. Man hatte ihn wegen Gottlosigkeit angeklagt, weil er lehrte, daß die Sonne nur eine glühende Steinmasse sei.

Am westlichen Ende der Halbinsel liegt das Städtchen Çeşme mit seinen Badestränden. Vor Çeşme wurde im Jahr 1770 von den Russen die türkische Flotte vernichtet; dieser Sieg war eines der Signale für den Aufstand der Griechen auf der anderen Seite der Ägäis. Von hier aus verkehrt eine Autofähre hinüber zu der nur acht Kilometer entfernten griechischen Insel Chios. Auf türkisch heißt sie Sakız Adası, die Harzinsel, denn sie ist bekannt durch das Mastikharz, das hier von der Mastix-Pistazie gewonnen wird und aus dem man Likör, Gebäck und einen beliebten Vorgänger des von den Amerikanern eingeführten Kaugummis macht. Die Insel war im Mittelalter lang in genuesischem Besitz, erst 1566 wurde sie dem Osmanenreich einverleibt. 1822 beteiligte sich die Inselbevölkerung im Verlauf des griechischen Freiheitskampfes an einem Aufstand, der von den Türken blutig niedergeschlagen wurde. Aus Protest gegen das brutale Vorgehen der osmanischen Truppen erwuchsen im Westen Sympathie und Unterstützung für die Griechen, der französische Maler Eugène Delacroix schuf als Anklage gegen das Gemetzel sein berühmtes Bild »Das Massaker von Chios«. Die Insel kam wie andere ostägäische Inseln erst nach dem Balkankrieg von 1912 zu Griechenland.

30 *Durch das Städtchen Selçuk in der Nähe der Ruinen von Ephesus verläuft ein Aquädukt, der die antike Weltstadt mit Wasser versorgte. Heute dienen die Ruinen Störchen als Nistplatz.*

31 *Kopien aus römischer Zeit sind auch die beiden im Rathaus von Ephesus gefundenen Kultstatuen der Artemis mit den vielen Brüsten. Hier die sogenannte »schöne Artemis«; die beiden Hirschkühe an ihrer Seite sind Attribute einer »Herrin der Tiere«.*

32 *Im archäologischen Museum von Selçuk ist dieser Fund aus Ephesus zu sehen, ein Kopf aus dem 2. Jahrhundert n. Chr., wahrscheinlich eine Kopie des Eros als Bogenspanner, einer Bronzefigur des klassischen griechischen Bildhauers Lysippos.*

33 *Eines der prächtigsten Gebäude von Ephesus ist die im Jahr 135 n. Chr. fertiggestellte Celsus-Bibliothek. Der Büchersaal war 17 Meter lang und elf Meter breit, in ihm waren etwa 12 000 Bände aufbewahrt. Österreichische Archäologen haben die Fassade wieder in ihrer alten Schönheit aufgebaut.*

34 *In einem abgelegenen Hochtal des karischen Berglandes hat man die Ruinen der Stadt Aphrodisias ausgegraben, mit einer Agora, Thermen, einem Theater, einem Odeon, einem Stadion und einer mächtigen Stadtmauer. Vom Aphroditetempel stehen heute noch vierzehn ionische Säulen.*

35 *Das antike Hierapolis, die »heilige Stadt«, verdankte seinen Wohlstand teilweise dem Kurbetrieb, den die hier sprudelnden heißen Quellen ermöglichten. Das heilkräftige Wasser enthält Mineralien, die in Jahrtausenden Terrassen und Tröge aus Sintergestein aufgebaut haben. Pamukkale – so heißt der Ort heute – gehört zu den großen Sehenswürdigkeiten der westlichen Türkei.*

An der Südküste der Halbinsel von Çeşme liegt das idyllische Dorf Sığacık mit einer mächtigen Genueserfestung aus dem 15. Jahrhundert. Unweit davon findet man zwischen dem Gesträuch der Macchia die einsamen Ruinen von Teos, deren Bürger durch Handel reich wurden, als Smyrna nach der Zerstörung durch den Lyderkönig Alyattes nur noch ein Dorf war. Teos war die Heimat des Lyrikers Anakreon, der in anmutigen Versen die Liebe und das fröhliche Gelage besang. Hier breitet sich auch ein Sandstrand aus, dem Touristikmanager den Namen Altınkum, »Goldener Sand«, gegeben haben.

Weiter im Osten, schon an der Bucht von Kuşadası, findet man die Reste der ionischen Stadt Notion, wo die Ruinen eines Athenaheiligtums in eine byzantinische Festung eingebaut sind. Notion war der Hafen von Klaros und Kolophon. Nach Kolophon, dessen spärliche Ruinen bei der Ortschaft Değirmendere (»Mühltal«) zu sehen sind und das vom Pilgerverkehr nach Klaros, vom Handel und von der Pferdezucht lebte, ist das Geigenharz Kolophonium benannt. Die Stadt wurde von Lysimachos zerstört, die Bewohner siedelte er im nahen Ephesus an.

Zu Kolophon gehörte das Apolloheiligtum von Klaros, eine der bekanntesten Orakelstätten der Antike. Hierher kam Germanicus, der Adoptivsohn des Kaisers Tiberius, und das Orakel sagte dem gegen die Germanen siegreichen Feldherrn den baldigen Tod voraus – kurze Zeit später erkrankte er und starb in dem Wahn, vergiftet worden zu sein. Die Orakelpriester von Klaros bekamen ihre Eingebungen vom Quellwasser, das in den Kellergewölben des Apollotempels entsprang, und ein eigens dazu bestellter Verseschmied brachte die Orakelsprüche in die gehörige Form. Vom Apollotempel sind noch eine ganze Reihe von dorischen Säulen erhalten, sie stürzten bei einem Erdbeben ein und liegen wie Gurkenscheiben nebeneinander auf dem Erdboden. Die Küstenlandschaft ist hier flach und von Macchia bewachsen, hinter den Stränden und dem kaum bebauten Land ziehen sich unter Wolkenstreifen die blauen Berge der Halbinsel dahin.

Die Fahrt von İzmir nach Selçuk geht zuerst durch Hügelland, dann durch eine weite, fruchtbare Ebene und am Rand des Küstengebirges hinunter in die Mündungsebene des Küçük Menderes, des antiken Kaystros, den die Türken den »kleinen Mäander« nennen. Beim Dörfchen Belevi kann man ein Mausoleum sehen, dessen Unterbau aus dem Felsen gehauen ist; die eigentliche, von korinthischen Säulen umgebene Grabkammer und ein stufenförmiger Aufbau erinnert an das Weltwunder von Halikarnassos.

Über der Stadt Selçuk ist schon von weitem das byzantinische Kastell sichtbar, und zwischen den Häusern steht der alte Aquädukt, der einst Ephesus mit Wasser aus den Bergen versorgte. Auf dem Weg zu den großartigen Ruinen der antiken Weltstadt kommt man am Museum vorüber, in dem die Grabungsfunde ausgestellt sind, darunter die römische Kopie des berühmten Kultbilds der Artemis mit den unzähligen Brüsten – andere Interpreten sprechen von Hoden der Opferstiere, mit denen man das heilige Bild behängt hat.

Die Straße nach Kuşadası geht am Ruinengelände von Ephesus, das heute Efes heißt, vorbei, dann verläuft sie oberhalb der Küste, bis das auf einem Vorgebirge liegende Hotel Tusan sichtbar wird und dann der Badeort Kuşadası selbst. Vor der Bucht schwimmt die griechische Insel Samos, das die Türken Sisam nennen; sie ist an der engsten Stelle nur knapp zwei Kilometer vom kleinasiatischen Festland entfernt. Auf Samos herrschte im 6. Jahrhundert v. Chr. der durch Schillers Ballade bekannte Tyrann Polykrates. Im 19. Jahrhundert war die Insel ein christliches Fürstentum unter der Oberherrschaft des Sultans. Den Hauptort Samos kann man von Kuşadası aus mit Ausflugsschiffen erreichen.

Selçuk ist auch Ausgangsort für den Besuch der im Tal des Büyük Menderes gelegenen großen Sehenswürdigkeiten. Am Rand der Flußebene kommt man nach Aydın, einer von Baumwollfeldern umgebenen Provinzhauptstadt. Von dem alten Tralleis, das über der modernen Stadt lag, ist kaum etwas erhalten, es gehörte schon zu Karien und wurde in hellenistischer Zeit von Griechen besiedelt. Beim Dorf Sultanhisar sind das Theater, die Reste einer Bibliothek und eines Senatsgebäudes der Stadt Nyssa zu sehen. Hinter Nazilli zweigt die Straße zu den großartigen Ruinen von Aphrodisias ab. Auf der Hauptstraße durch das Tal des Büyük Menderes erreicht man Denizli, das wahrscheinlich im 14. Jahrhundert von den Bewohnern des nahen Laodikeia, die der verfallenden Stadt den Rücken kehrten, gegründet wurde. Laodikeia am Lykos war eine Gründung des Seleukiden Antiochus II.; es hatte eine bedeutende jüdische Kolonie, aus der eine der ersten christlichen Gemeinden Kleinasiens hervorging. Hinter Denizli geht eine Nebenstraße hinauf nach Pamukkale, einem der großen Naturwunder der Türkei.

36 *Aus Bruchsteinen, aber auch aus Hausteinen, die von antiken Bauwerken stammen, ist dieses typische ägäische Bauernhaus errichtet. Im Erdgeschoß sind Stall und Wirtschafträume, darüber befinden sich eine überdachte Terrasse und die Wohnräume der Familie.*

Reiselexikon

Çeşme ist eine kleine Stadt am äußersten Ende der nach ihr benannten Halbinsel. Sie ist von schönen Stränden umgeben, von denen man eine weite Aussicht hat, vor allem auf die Insel Chios, die zu Griechenland gehört. Seit einigen Jahren ist Çeşme Mittelpunkt eines vielbesuchten Urlaubsgebietes. Die Hafenstadt selbst hat sich um eine genuesische Burg aus dem 15. Jahrhundert herum entwickelt, die Festung wurde von den Osmanen zu einem mächtigen Verteidigungswerk ausgebaut. Çeşme heißt »Quelle«, denn hier und im nahen Ilıca – das wiederum bedeutet »Thermalbad« – gibt es Schwefelthermen, die vor allem von Rheumakranken aufgesucht werden. An den Stränden von Çeşme haben die wohlhabenden Bürger von İzmir ihre Villen. Badeurlauber finden in Ilıca eine Ferienanlage, eine andere ist in Altın Yunus (»Goldener Delphin«) entstanden.

Ephesus war eine der Weltstädte des Altertums. Hier lebten Griechen und Fremde aus Asien, Europa und Afrika, trieben Handel, gingen einem Gewerbe nach oder widmeten sich der Verwaltung eines Gemeinwesens mit etwa einer halben Million Einwohner. Wer heute nach Ephesus kommt, wird in die prunkliebende kleinasiatische Spätantike zurückversetzt, er kann in den Straßen und auf den Plätzen der antiken Großstadt wandeln, auf antikem Pflaster Marktplätze, Tempel, Theater und die Standbilder verdienter Bürger bestaunen. Die Ruinen sind teilweise noch gut erhalten, teilweise aber auch von den Archäologen so geschickt restauriert, daß der Besucher glauben könnte, er müsse irgendwo abseits der fotografierenden Touristenscharen dem Silberschmied Demetrios oder dem Konsul Tiberius Julius Celsus begegnen.

In der Nähe der Mündung des Flusses Kaystros, des heutigen Küçük Menderes, siedelten oberhalb einer günstigen Hafenbucht an einem Hügel Karer und Leleger, Angehörige zweier Völker, die von den Griechen für die Ureinwohner nicht nur des westlichen Kleinasiens, sondern auch von Teilen des Mutterlandes gehalten wurden. Im 11. Jahrhundert kamen ionische Griechen dazu; sie verlegten sich vor allem auf den Handel, weil hier ein Karawanenweg aus dem Inneren Kleinasiens an die Küste stieß, ein ausbaufähi-

ger Hafen vorhanden und das Umland fruchtbar war. Ephesus und seine Bewohner wurden schnell reich, es spielte eine wichtige Rolle unter den zwölf ionischen Städten. Diese Bedeutung sollte es bis in die römische Kaiserzeit und bis in die Epoche des Byzantinischen Reichs hinein behalten.

Zum Handel kam die kultische Bedeutung der Stadt: Die Griechen hatten von den Altansässigen die Verehrung der asiatischen Mutter- und Fruchtbarkeitsgöttin Kybele übernommen und sie der Artemis gleichgesetzt. Die Artemis von Ephesus wachte über Fruchtbarkeit und Reichtum, ihr Ruf ging weit über den Umkreis der Stadt hinaus, sie lockte Pilger und Mäzene an.

Schon im 6. Jahrhundert v. Chr. konnten die Epheser eines der ehrgeizigsten Bauprojekte der vorklassischen Epoche verwirklichen. Sie ließen zwei fähige Architekten aus Kreta kommen, Chersiphron und Metagenes, die den riesigen Tempel für die Schutzgöttin der Stadt entwarfen. Auf einer Grundfläche von 115 m Länge und 55 m Breite türmten sie einen Wald von 19 m hohen Säulen auf. Mauern, Gebälk und Säulen waren aus Marmor, Ausmaße, Ausstattung und Schmuck übertrafen alles bisher von Griechen Geschaffene. Der Bau galt bald an allen Mittelmeerufern als ein Weltwunder.

Der berühmteste Epheser war der Philosoph Heraklit, der wegen der schweren Verständlichkeit seiner Aussagen der »Dunkle« genannt wurde. Er lebte von etwa 550 bis 480 v. Chr. Der bekannteste und einflußreichste Satz seiner Lehren besagt, daß die Welt ein Prozeß sei (»Panta rhei – alles fließt«). Heraklit war ein skeptischer Denker, er hatte für die Spekulationen der ionischen Naturphilosophen nichts übrig und verachtete den Aberglauben und das oberflächliche Leben seiner Zeitgenossen. Seine Mitbürger, die ihm nur für Reichtum und Genuß zu leben schienen, bedachte er mit dem Spruch: »Möge euer Wohlstand erhalten bleiben, o Epheser, damit an den Tag komme, wie verdorben ihr seid.«

Im Jahr 365 v. Chr. zündete der ruhmsüchtige Herostratos den Tempel an – er wollte als größter Verbrecher in die Geschichtsbücher eingehen. Die Nacht des Brandes soll dieselbe gewesen sein, in der Alexander d. Gr. geboren wurde, berichteten später wundergläubige Leute, und weil Artemis ja auch die Göttin der Geburtshilfe war, am makedonischen Königshof weilen mußte, habe sie ihren Tempel nicht beschützen können. Die Epheser gingen sogleich an den Wiederaufbau. Sie konnten sich das leisten, denn in der westlichsten Handelsstadt des Perserreichs, die sich nicht am dem großen Aufstand der ionischen Griechen gegen den Großkönig beteiligt hatte, waren Macht und Reichtum trotz unruhiger Zeiten und der Katastrophe ungebrochen. Der Wiederaufbau dauerte zwar rund hundert Jahre, dafür wuchs aber aus dem Brandschutt ein noch viel schönerer Tempel. Über den gleichen Grundriß führte man einen höheren Bau auf, die Säulen wurden schlanker und Schmuck noch prächtiger.

Der Diadoche Lysimachos, der nach Alexanders Tod in Kleinasien herrschte, ließ Ephesus mit einer 9 km langen Mauer umgeben, innerhalb derer sich die Stadt weiter ausdehnen konnte. In hellenistischer Zeit gewann sie erneut an Macht und Bedeutung, gehörte zusammen mit Alexandrien und Antiochien zu den wichtigsten Städten des östlichen Mittelmeerraums. Seine höchste Blüte erlebte Ephesus in der römischen Kaiserzeit, doch schon kündigte sich der Niedergang an: Der Hafen drohte zu versanden. Damals konnte die Gefahr noch einmal durch Ausbaggern hinausgeschoben werden.

In der Kaiserzeit wurde das Stadtbild so gestaltet, wie es sich noch heute darbietet. Im Mittelpunkt lag die *Agora*, ein von Säulenhallen umgebener Marktplatz, gegenüber das *Große Theater*, das 16000 Zuschauern Platz bot. Eines der schönsten Gebäude war die von Caius Julius Aquila gestiftete *Bibliothek*, die den Namen seines Vaters Celsus trägt. Dieser war aus Sardes gebürtig und verwaltete für Rom die Provinz Asia. Die Bauteile der Bibliothek waren so gut erhalten, daß österreichische Archäologen sie weitgehend restaurieren konnten. Zu sehen sind noch einige mit

Fresken geschmückte Wohnhäuser, eindrucksvoll ist der *Hadrianstempel*.

Eine steile Straße führt an den *Thermen* vorbei, die im 4. Jahrhundert von der reichen Christin Scholastika wieder instand gesetzt wurden, und vorüber am *Odeon* mit 23 Sitzreihen für rund 1500 Besucher hinauf zum *Staatsmarkt*, dem politischen Mittelpunkt der Stadt. Zum Hafen hin zog sich seit der Zeit um 400 n. Chr. die von Säulen eingefaßte Prunkstraße, die nach ihrem Stifter Kaiser Arkadius »Arkadiana« genannt wurde. Vom weltberühmten *Artemistempel* aber steht nur noch eine Säule, die nach mühevollem Suchen nach der Stätte des Weltwunders und schwierigen Ausgrabungsarbeiten auf versumpftem Gelände aufgerichtet wurde.

Auf einem Hügel unweit von hier sind die Reste des christlichen Ephesus zu sehen, nämlich die riesige *Johannesbasilika*, die Kaiser Justinian im 6. Jahrhundert über dem Grab des Apostels Johannes d. Ev. erbauen ließ. Johannes wurde der »Theologos« genannt, und nach dem heiligen Theologen nannte man in türkischem Mund die Stätte noch in seldschukischer Zeit »ayasoluk« – die kleine Stadt Selçuk am Rand des Ruinengeländes leitet ihren Namen davon ab.

In der Geschichte des Christentums taucht Ephesus schon früh auf. Der Apostel Paulus verkündete hier seine Botschaft von Jesus Christus zwei Jahre lang, bis »eine nicht geringe Unruhe über die neue Lehre« entstand. Dahinter standen Geschäftsinteressen: Die Zunft der Silberschmiede verdiente gut am Verkauf von Souvenirs für die Ephesus-Pilger, silbernen Nachbildungen des Artemistempels, und ihr Sprecher Demetrios fürchtete, der neue, noch bildlose Glaube könnte sein Gewerbe beeinträchtigen. Auf einer ins Große Theater einberufenen Volksversammlung gelang es Demetrios, die Stimmung gegen die Christen so sehr anzuheizen, daß die Menge zwei Stunden lang sich lauthals die stadterhaltende Parole »Groß ist die Artemis der Epheser« einhämmerte. Erst ein besonnener, von den Römern eingesetzter Beamter beruhigte die Versammlung – Paulus und seine Jünger konnten unbehelligt die Stadt verlassen. Ephesus soll auch die letzte Wohnstätte der Mutter Jesu gewesen sein. Nach der Überlieferung soll der Apostel Johannes sie von Jerusalem hierher mitgenommen haben. Etwas außerhalb steht das *Marienhaus*, das nach einer vom deutschen Romantiker Clemens von Brentano aufgezeichneten Vision der stigmatisierten Katharina von Emmerich aufgefunden wurde. Seit Papst Paul VI. im Jahr 1967 hier gebetet hat, ist die Stätte ein Wallfahrtsort vor allem von katholischen Christen.

In Ephesus, wo seit Urzeiten eine weibliche Gottheit verehrt wurde, hat ein ökumenisches Konzil auch die Grundlagen für die Marienverehrung gelegt: Im Jahr 435 entschloß sich die Mehrheit der versammelten 195 Bischöfe dafür, daß Christus gottmenschlicher Natur gewesen sei und daß damit die Jungfrau Maria als Gottesgebärerin Anspruch auf besondere Verehrung habe.

Die Zeit der Blüte von Ephesus war endgültig vorbei, als der Hafen immer unbrauchbarer wurde, durch die Sümpfe sich die Malaria ausbreitete und im 7. und 8. Jahrhundert arabische Überfälle den gut gehenden Geschäften der Epheser die letzte Grundlage entzogen. Im 14. Jahrhundert gab es hier noch eine von der Seldschukendynastie der Aydınoğlu gegründete Stadt, und İsa Bey ließ 1375 die große Moschee unterhalb des Hügels mit der Johannesbasilika und den byzantinischen Befestigungen bauen.

Kuşadası ist nach Bodrum der bekannteste und lebhafteste Badeort der türkischen Ägäisküste. Den Namen hat er von einer Felsenklippe, auf der eine Burg aus dem 15. Jahrhundert steht, der »Vogelinsel«. Das Restaurant und die Diskothek in der Festung auf dieser Insel sind heute über einen Damm zu erreichen. Hafen und Stadt Kuşadası sind älter als die Festung, sie wurden im 13. Jahrhundert von italienischen Kaufleuten gegründet. Diese nannten den Ort »Skala nuova«, die neue Anlegestelle – der alte Hafen des nahen Ephesus war ja längst versandet. Noch zu Beginn unseres Jahrhunderts hieß das Städtchen so, nur die

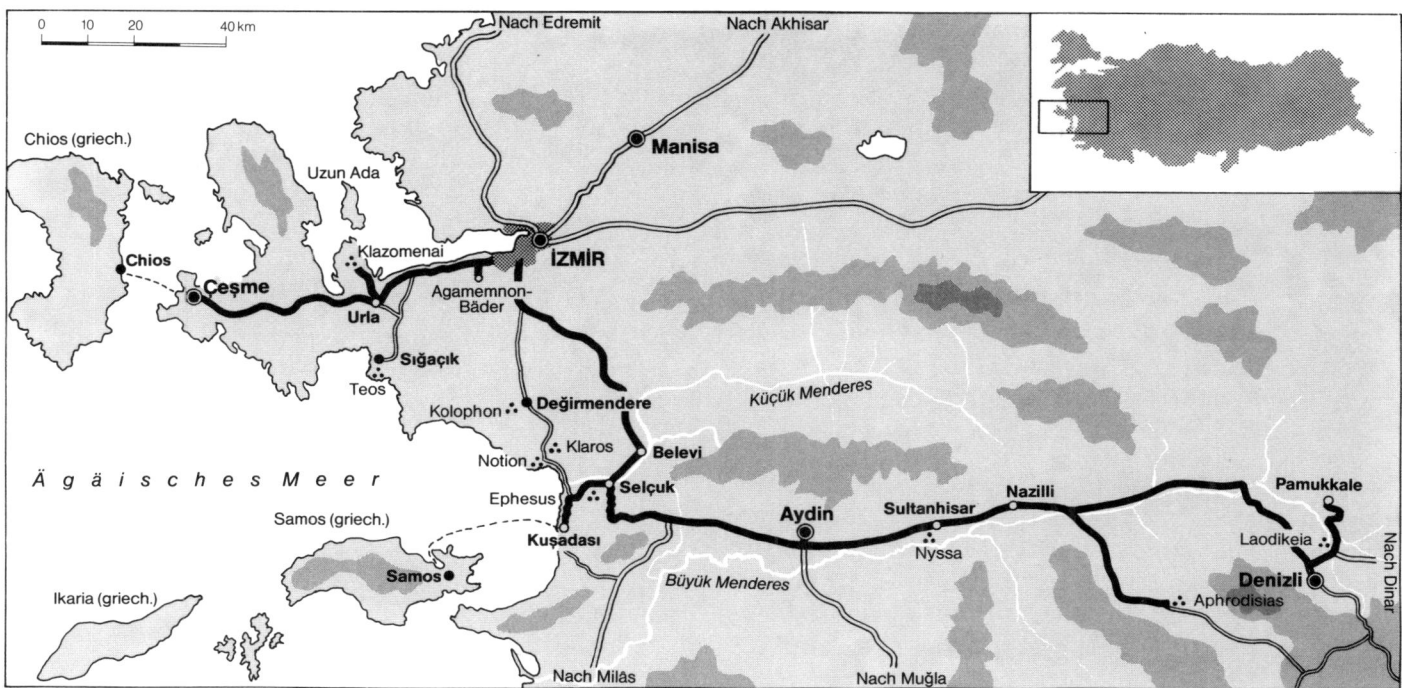

Griechen hatten einen eigenen Namen dafür: »Neapolis«, die Neustadt von Ephesus.

Daß Stadt und Hafen auch in osmanischer Zeit noch
Umschlagplatz für den Handel zwischen dem Binnenland und den Inseln waren, sieht man am Öküz
Mehmet Paşa Hanı, einer großen befestigten Karawanserei, die in der Ära des Tourismus zu einem ex-
klusiven Hotel ausgebaut wurde. Die Unterstadt von
Kuşadası ist ganz auf den Fremdenverkehr einge-
stellt. Hier findet man Restaurants, Boutiquen und
Souvenirläden, in denen Teppiche, Lederwaren, Va-
sen, Schalen und Krüge aus Onyx angeboten werden,
es gibt einen Jachthafen, Ausflugsboote und ein
Fährschiff bringen die Urlauber hinüber zur griechischen Insel Samos. Die Oberstadt hat noch schöne
alte türkische Fachwerkhäuser.

Aphrodisias, eine der schönsten antiken Ruinenstätten der Türkei, liegt weit abseits im karischen Bergland, in einem Nebental des Küçük Menderes, unterhalb des 2308 m hohen Baba Dağı (»Vaterberg«). Inmitten grünbrauner Hügel, umgeben von üppigen
Feldern und Gärten, stehen hinter Gruppen schlanker
Pappeln die 14 ionischen Säulen des *Aphrodite-
tempels,* die kein Erdbeben umzuwerfen vermocht
hat.

Wahrscheinlich wurde in diesem abgelegenen Hochtal schon in uralten Zeiten die vorderasiatische Lie-
bes- und Fruchtbarkeitsgöttin verehrt, und als die
Griechen den Weg von der Küste hierher fanden,
setzten sie die fromme Tradition fort. Wohl im 2. Jahrhundert v. Chr. bauten sie den großen Tempel, zu
dem Pilger von nah und fern kamen, um opfernd den
Segen der Göttin zu erflehen.

Der Tempel war der Mittelpunkt der Stadt. In seinem
Umkreis legten die Archäologen eine *Agora* frei, zu
der ein *Torgebäude* mit spiralförmig kannelierten Säulen gehört; sie fanden außerdem *Thermen* aus dem 2.
Jahrhundert n. Chr., die durch ihre gewaltigen Ausmaße beeindrucken, ein großes *Theater* und einen der
am besten erhaltenen Musiksäle des Altertums, das
Odeion. Am Rand der Stadt ist das ebenfalls sehr gut
erhaltene *Stadion* zu sehen, das 20000 bis 30000 Zuschauer faßte. Die Stadtmauer stammt erst aus dem 4.
Jahrhundert n. Chr., als zur Zeit Konstantins auch
Städte mit weithin bekannten Heiligtümern nicht
mehr sicher vor Raubzügen der Barbaren waren. Es
sind drei Tore erhalten, und eine Inschrift im Nordtor
bezeugt, daß in christlicher Zeit der nun untragbar gewordene heidnische Name der Stadt abgeschafft
wurde: Aphrodisias hieß nun Stavropolis, die Stadt
des Kreuzes. Die andere Bezeichnung der Stadt, die
sie als Hauptort des römischen Verwaltungsbezirks
Caria erhalten hatte, lebt noch heute im Namen des

Dorfes Geyre fort. Diese Ansiedlung wurde im Jahr
1956 von einem Erdbeben schwer beschädigt, man
baute deshalb außerhalb des alten Stadtbereichs ein
neues Dorf auf. Die Archäologen haben seither freie
Hand und konnten einen großen Teil der Stadt freilegen und einige der Gebäude restaurieren.

Bei den Arbeiten fanden die Ausgräber ungewöhn-
lich viele Marmorskulpturen. In der Umgebung von
Aphrodisias gab es nämlich reiche Marmorbrüche,
und der edle Stein zog die Künstler an. Die Bildhauer-
schule von Aphrodisias war im Römerreich berühmt,
ihre Werke wurden weithin verschickt, zum Teil als
Halbfabrikat, wie bei Sarkophagen, bei denen den roh
ausgehauenen Köpfen am Bestimmungsort noch die
individuellen Züge der Verstorbenen eingemeißelt
werden mußten. Es wurde sogar eine Bildhauerwerk-
stätte mit fertigen und unvollendeten Statuen gefunden, mit Reliefs, Dekorationen und Ornamenten für
Bauteile. In einem kleinen Museum sind diese Funde
und andere Bildwerke zu besichtigen: Figuren von
Göttern und Göttinnen, Heroen und Feldherren, Philosophen und verdienten Beamten, von Dichtern und
sogar das Bildnis eines Boxers mit gebrochenem
Nasenbein und verstümmelten Ohren.

Unter den vielen Inschriften, die man auf den Bauten
der Stadt entdeckte, waren auch zwei Bruchstücke,
die zwischen anderen Steinen eingemauert waren. Sie
enthalten Teile der Höchstpreisverordnung für Waren und Dienstleistungen, die Kaiser Diokletian im
Jahr 301 für das gesamte römische Reich erließ. Diokletian, der durch harte Maßnahmen die politische
und wirtschaftliche Krise seiner Zeit in die Hand be-
kommen wollte, versuchte durch Einfrieren der Prei-
se die Inflation und den Verfall des römischen Wäh-
rungssystems aufzuhalten.

Pamukkale nennt man heute die Stätte hoch über der
Stadt Denizli und dem Tal des Mäandernebenflusses
Çürüksu mit einem faszinierenden Naturwunder, mit
eindrucksvollen Resten einer reichen antiken Indu-
strie- und Kurstadt und mit einer großartigen Nekropole. Noch bis ins 20. Jahrhundert hinein hießen die
Kalksinterterrassen und damit die ganze Stätte Tam-
buk Kalesi, die »Festung der Tröge«. Im Zeitalter des
Tourismus suchte man einen werbewirksameren Namen und fand ihn: Pamukkale kommt vom türkischen Pamuk, das heißt Baumwolle, aber auch Watte,
und dazu auch noch kale, die Festung – man könnte den
Namen dieser einzigartigen Sehenswürdigkeit also
mit »watteweiße Festung« übersetzen.

Weiß sind die Terrassen und Tröge, durch und über
die heißes, kalziumbikarbonathaltiges Wasser fließt.
Die Becken hat das Wasser sich selbst aufgebaut, indem sich die gelösten Mineralien am Boden und an

sich ihm entgegenstellenden Hindernissen ablager-
ten. So fließt heute das Wasser von Schale zu Schale
wie in einem riesigen natürlichen und von Stalaktiten
besetzten Brunnen hinunter, den das in Jahrtausenden aus unbekannten Quellen sprudelnde Wasser geschaffen hat.

Schon im Altertum hat man dieses heilkräftige Wasser genutzt, und einen großen Teil ihres Reichtums
verdankt die Stadt Hierapolis dem Kurbetrieb, der in
hellenistischer Zeit eingerichtet wurde. Aber die
Wirtschaft von Hierapolis stand nicht nur auf einem
Bein. Die andere Quelle des Wohlstandes war ebenfalls dem heißen Mineralwasser zu verdanken: Weil
man damit Wollgewebe sehr leicht zu dichtem Tuch
walken konnte, und weil dieses beim Färben der Wolle farbintensivierend wirkte, blühten hier die Gewerbe von Wollspinnern, Webern, Walkern und Färbern,
und im umliegenden Land häuften auch die Besitzer
von Schafherden Drachmen, Denare und Talente an.
Die Erzeugnisse von Hierapolis wurden sogar in Italien verkauft – in seiner Grabinschrift berichtet so ein
Textilkaufmann, er sei 72mal mit einer Ladung von
Wolltuch dorthin gesegelt.

Die Ruinen von Hierapolis liegen unterhalb der Sin-
terterrassen. Gewaltig sind die Reste der *Großen Thermen* mit ihren bis zu 16 m hohen Gewölben. Diese
Badeanlage muß sehr prunkvoll ausgestattet gewesen
sein, denn ihre Mauern aus Ziegeln waren mit Marmor verkleidet. Heute ist hier ein Museum untergebracht. Eine 13 m breite und 1200 m lange, von Säulenhallen eingefaßte Prachtstraße zog sich durch die
Stadt von Norden nach Süden, an ihr liegen die Ruinen des *Apollotempels* und ein Motel, in dessen
Quellbecken die Gäste baden können.

Jenseits der Straße sind die Reste des *Theaters* zu sehen. Vor dem Südtor ist eine große Gräberstätte, die
größere und interessantere jedoch findet man vor
dem Nordtor, die nach Meinung von Archäologen eine der besterhaltenen *Nekropolen aus römischer Zeit*
ist. Da fassen Rundgräber einen Erdhügel ein, auf hohen Postamenten stehen steinerne Sarkophage, es
gibt Grabtempel mit Giebeln, die im Inneren Bänke
hatten, auf die man die Toten legte. Viele dieser letzten Ruhestätten tragen den Namen und den Stand der
Toten eingemeißelt, und diese Inschriften berichten
vom Leben der Bewohner von Hierapolis. An manchen Gräbern sind auch kräftige Verwünschungen für
denjenigen zu lesen, der die Ruhe der hier Liegenden
stört. Da heißt es zum Beispiel, daß die Frevler keine
Lebensfreude finden und keine Kinder haben sollen,
daß sie jede Pein erleiden und nach dem Tod vom
Zorn und der Rache der Unterweltsgötter getroffen
werden sollen.

6 Von Ephesus nach Marmaris

Zwischen Ephesus an der Bucht von Kuşadası und der weit ausgreifenden Halbinsel, an deren Anfang der Badeort Marmaris liegt, spannt sich der Bogen der südlichen Ägäis. Noch einmal öffnet sich hier der kleinasiatische Kontinent in den von Osten nach Westen ziehenden Flußtälern dem Meer – östlich von Marmaris schließt sich die spröde Landschaft Anatoliens mit hohen, steil aufragenden Bergen von der See ab. In diesem Landstrich spannt sich auch ein Bogen alter Städte, darunter einige der glänzendsten und historisch bedeutsamsten der Antike; sie gehören trotz der Zerstörungen durch Erdbeben, Krieg und den Zahn der Zeit zu den sehenswertesten Ruinenstätten der Türkei.

Am Rand des Bergs Durmuş kommt man von Selçuk aus in die Ebene des Büyük Menderes, des Mäander. Am Berghang sieht man die Stätte von Magnesia am Mäander. Es war keine große und keine reiche Stadt, bis der Überlieferung nach eines Tages die Göttin Artemis den Magnesiern erschien. Ein Spruch des Orakels von Delphi erklärte daraufhin die Stadt und ihre Umgebung zu heiligem Boden. Die Stadtväter machten nach diesem denkwürdigen Wunder im Jahr 220 v.Chr. den Fremdenverkehr zu einer wichtigen Einnahmequelle ihres Gemeinwesens. Sie richteten alle vier Jahre ein großes Fest aus, und siebzig Städte schickten von nun an ganze Scharen nach Magnesia. Man baute einen großen Artemistempel, daneben prächtige Säulenhallen, eine Agora und andere Tempel. Von den Gebäuden ist kaum mehr etwas zu sehen, die Ausgrabungen sind wieder verschüttet.

In der Mäanderebene blickt man über weite Baumwollfelder, unterbrochen von Pappelhainen. Obstgärten liegen neben kleinen Dörfern mit dem stereotypen weißen, spitzen Minarett, man sieht schwarze Büffel in den Gräben neben der Straße, kleine Schafherden, im Hintergrund blaue Berge. Auf den Wegen und Straßen begegnet man Pferdefuhrwerken mit bunt bemalten Wagen, Traktoren und Kinderscharen. Wenn man von Kuşadası der Mäanderebene zustrebt, kommt man in ein grünes Tal voller Olivenbäume, an einem römischen Aquädukt vorbei und an einem Hügel, der die Ruine der byzantinischen, von den Seldschuken umgebauten Burg Kadıkalesi trägt. Am Hang des Samsun Dağı könnte man zur Küste hin abzweigen, wo bei Güzelçamlı einst das Panionion lag, der kultische Mittelpunkt des Bundes der ionischen Städte. Jedes Jahr trafen sich hier ihre Abgesandten – doch die Städte stellten ihre eigenen Interessen viel zu sehr in den Vordergrund, als daß Bund und Versammlung größere politische Bedeutung gehabt hätten.

Vor der Ebene des Mäander kommt der Reisende durch die Stadt Söke, eine seldschukische Gründung. Die Landstadt ist immer voll Leben, auch wenn man sie nicht gerade an einem Markttag erlebt. Die Bauern aus der Umgebung verkaufen hier ihre Produkte, Äpfel, Auberginen, Okraschoten und anderes köstliches Gemüse, und im Herbst sind die Stände rund um den Marktplatz voll von prallen, riesigen Weintrauben und leuchtenden Granatäpfeln. In den Gassen daneben liegen Magazine und Geschäfte, in denen Werkzeuge, Geräte und Maschinen für die Landwirtschaft angeboten werden, dazwischen gibt es Teestuben und kleine Kebapstände, wo man sich erfrischen und seine Geschäfte zu einem bedächtigen Abschluß bringen kann.

Gleich hinter Söke sieht man am Hügel unter dem Samsun Dağı, dem alten Mykale, die Ruinen von Priene, das Muster einer nach Plan angelegten hellenistischen Stadt. Wenn man die Mündungsebene des Mäander nach Süden durchquert, fährt man durch eine Landschaft, die vor dreitausend Jahren ganz anders ausgesehen hat. Das Meer reichte damals bis zu den Städten Priene und Milet und noch weiter nach Osten hinein, bis Myos und Herakleia am Latmosgebirge. Die Städte lebten von den Häfen, bis sich die Mündung des Mäander durch die Anschwemmung von Geröll und Sand weit nach Osten verschob und die Städte von ihrer Lebensader abge-

37 *Über die von einem Erdbeben umgestürzten Säulen des Athenatempels von Priene hinweg sieht man hinaus auf die Ebene des Mäanderflusses, der Hafen und Unterstadt in spätantiker Zeit und im Mittelalter mit Geröll und Schlamm bedeckt hat.*

38 *25 000 Zuschauer hatten im Theater der Stadt Milet Platz, das über einer älteren Anlage im 2. Jahrhundert n.Chr. erbaut wurde. Die zwei Säulen ganz nahe der Szene trugen wahrscheinlich einen Logen-Baldachin.*

39 *An der Orakelstätte des Apollo zu Didyma wurde fünf Jahrhunderte lang gebaut. Die monumentale Anlage wurde in der Seleukidenzeit begonnen, und erst als das Christentum seinen Siegeszug begann, stellte man die Bauarbeiten ein.*

40 *Im Johanniterkastell von Bodrum hat man ein Museum der Unterwasserarchäologie eingerichtet. In einem Hof der Burg sind Amphoren ausgestellt, die von Tauchern aus dem Meer heraufgeholt wurden.*

41 *Wenn man sich von Osten her dem Seebad Bodrum nähert, hat man einen überwältigenden Blick auf das Meer, die Burg St. Peter und die weiße Stadt. Hinter der Yerme-Bucht sieht man in der Ferne die griechische Insel Kos.*

schnitten wurden, weil die Häfen unbrauchbar wurden. Die Ruinen von Milet, das man die Königin der Ägäis nannte, liegen gegenüber von Priene am heutigen Lauf des Mäander. Im Hügelland südlich der Mäanderebene geht von Akköy aus eine Straße weiter zum großen Orakelheiligtum des Apollon in Didyma.

Unter dem gezackten Massiv des Beşparmak Dağı – er heißt wegen seiner Silhouette »Fünffingerberg«, die Griechen nannten ihn Latmos – dehnt sich im Osten der Bafa-See aus, einstmals eine weit ins Land hineinreichende Meeresbucht. Am jenseitigen Ufer sieht man am Hang die Ruinen von Herakleia am Latmos – es gab so viele nach Herakles benannte Städte, daß man sie nach ihrer Lage durch Beinamen unterscheiden mußte. Im Gebirge und auf den Inseln im See fanden im 8. und 9. Jahrhundert fromme Christen einsame Stätten, wo sie sich dem Gebet und der Meditation hingeben konnten. Zahlreich sind hier die Einsiedlerhöhlen und die Reste kleiner Klöster.

Südöstlich des Sees kommt man in einem öden Bergland an den korinthischen Säulen des Zeustempels von Euromos vorüber, die noch Teile des Gebälks tragen. An den Säulen sind auf Schildern die Namen der Stifter eingemeißelt, aber dennoch scheint nicht genug Geld für die Fertigstellung des Baus zusammengekommen zu sein: Einige Säulen haben glatte Schäfte, sie konnten nicht mehr kanneliert werden.

Weit oben im Beşparmak-Gebirge liegen die Ruinen von Labranda, eines Heiligtums des Zeus Labrandeus, einer der Erscheinungsformen des karischen Göttervaters. Die Gegend war in vorchristlicher Zeit das Kernland der Karer, eines bäuerlichen Volks mit indogermanischer Sprache, dessen überschüssige männliche Jugend sich weithin als Söldner verdingte (man fand ihre karischen Namen eingeritzt in alten ägyptischen Denkmälern). Vor der griechischen Kolonisation gab es in Karien kaum Städte, wohl aber bedeutende Heiligtümer als kultische und politische Zentren. Eines davon war Mylasa, heute Milâs, das später Hauptstadt eines karischen Königreichs unter persischer Oberhoheit war. In der heute sehr lebhaften Stadt ist ein Stadttor aus hellenistischer Zeit erhalten, das mit dem Zeichen des Zeus Labrandeus, einer Doppelaxt, geschmückt ist. Aus späterer Zeit stammt ein Grabmal, dessen Säulen eine Dachpyramide tragen.

Von Milâs aus ist es nicht weit nach Bodrum. Man fährt zu diesem Badeort nach Südwesten, vorbei an dem kleinen Hafen Güllük (»Rosenplatz«), in dessen Nähe die Ruinen von Iasos zu finden sind. Die Bewohner der einst auf einer Insel gelegenen Stadt lebten hauptsächlich vom Export eingesalzener Fische. Zur Zeit Alexanders des Großen soll hier ein Delphin einen badenden Knaben auf seinem Rücken an Land gebracht haben – eine der vielen Geschichten aus der Antike, die von der Freundschaft der seltsamen Meeressäuger zu Menschen erzählen.

Weiter im Südwesten findet man neben weiten Stränden dichte Föhrenwälder – hier beginnt die Halbinsel von Bodrum. In der alten Hafenstadt stand eines der Sieben Weltwunder der Antike, das Mausoleum von Halikarnassos. Heute ist Bodrum ein mondäner Jachthafen mit vielen Hotels und Pensionen, umgeben von schönen Stränden. Auf der Halbinsel, die weit nach Westen vorstößt, reiht sich Strand an Strand, und um die kleinen Dörfer herum sind in den letzten Jahren Badeorte entstanden.

Vor der Halbinsel liegen die nördlicheren Inseln des griechischen Dodekanes aufgereiht. Man sieht Leros und Kalimnos und das größere Kos. Auf Kos wurde der Arzt Hippokrates geboren, und hier stand das Asklepieion, das Heiligtum des heilenden Gottes Asklepios, das zugleich Wallfahrtsort und Kuranstalt gewesen ist – wie Epidaurus auf der Peloponnes und Pergamon. Kos war im Mittelalter Besitz der Johanniterritter von Rhodos. Sie mußten 1523 den Türken weichen, 1912 zogen die Italiener hier ein, und erst 1947 wurde die Insel griechisch. Von Bodrum aus geht ein Schiff hinüber nach Kos.

Zwischen Milâs und dem Braunkohlerevier von Yatağan erstrecken sich große Föhrenwälder unter den Massiven des Kurukümes und des Akdağ. Beim Dorf Turgut sind die Reste der Stadt Stratonikeia zu sehen, die der Syrerkönig Antiochus I. Soter gründete und nach seiner Frau benannte. Durch eine schöne bewaldete Gebirgslandschaft kommt man dann nach Muğla mit den Ruinen des alten Mobolla und Moscheen aus der Seldschukenzeit. Wenn man den »blumenreichen« Paß Çiçeklibeli hinter sich hat, fährt man hinunter nach Gökova im innersten Winkel des langgestreckten Golfs von Kerme zwischen dem Festland und der langen und zerrissenen Halbinsel von Reşadiye, und nach dem nächsten Paß, dem Cetiveli, tut sich der kleine, seeähnliche Golf von Marmaris vor uns auf, dahinter rechts die große Insel Rhodos und links das offene Meer. In der Mittagssonne glänzt und gleißt das sonst tiefblaue Wasser so sehr, daß man versteht, warum die Türken das Mittelmeer »Akdeniz« nennen: ak heißt weiß, hell, leuchtend – das leuchtende Meer.

42 *Der Golf von Marmaris gleicht einem See, zwei kleine Halbinseln schließen ihn vom offenen Meer ab, und im Westen ist er zusätzlich von einem Vorsprung der großen Halbinsel von Knidos abgeriegelt.*

Priene muß für den antiken Seefahrer einen großartigen Anblick geboten haben: Wenn das Schiff am Eingang zum Latmischen Meerbusen in den Hafen Naulochos einfuhr, türmte sich links am Hang des Mykale-Berges die Stadt auf. Zuunterst sah man ein großes Gymnasion und das weite Stadion, auf der nächsten Terrasse die Gebäude, die den Markt umstanden, darüber den Athenatempel. Weiter oben war in den Hang hineingebaut das Theater, noch höher stand das Heiligtum der Demeter, dann über einer steilen Felswand der aus Marmor bestehende, 371 m hoch aufragende Akropolisberg.

Ehe der Perserkönig Dareios I. im Jahr 494 Priene wegen der Teilnahme am Aufstand der ionischen Städte zerstören ließ, befand sich die Stadt tiefer im Tal, näher dem damals weit in die heutige Mäanderebene reichenden Meer. Die Reste des alten Priene hat man nicht gefunden, der Mäander hat seither allzu gründlich die Gegend mit Kies, Sand, Schlamm und Erde zugedeckt. Um die Mitte des 4. Jahrhunderts betrieb man den Wiederaufbau. Man fand dafür den geeigneten Platz am Mykale-Hang unterhalb eines für die Akropolis wie geschaffenen großen Felsens. Die Stadt wurde nach den modernsten Erkenntnissen angelegt, nämlich nach dem Rastersystem des Architekten Hippodamos: Alle Straßen verliefen von Norden nach Süden und von Osten nach Westen, sie schnitten sich im rechten Winkel und bildeten gleich große, rechteckige Häuserblöcke. Die öffentlichen Gebäude wurden in der Stadtmitte errichtet, rundum lagen die Wohnviertel.

Dank dieses Systems und da nach dem Verfall des hellenistischen Priene das Gelände nicht mehr bebaut wurde, konnten die Archäologen es so vollständig wie keine andere Griechenstadt ausgraben. Besonders im Viertel zwischen dem Westtor und der Agora wurden viele Wohnhäuser freigelegt, die Ruinen und die Funde lassen wichtige Schlüsse auf das alltägliche Leben der Bürger Prienes zu. Es war eine Provinzstadt mit etwa fünftausend wahlberechtigten Bürgern, also freien Männern. In der langen Friedenszeit der Römerherrschaft wurde sie wohlhabend, in byzantinischer Zeit entstanden Kirchen und ein Kastell zur Abwehr arabischer und seldschukischer Angriffe. Dann versank Priene in Vergessenheit.

Vom klassisch-ionischen *Athenatempel* sind einige Säulen wieder aufgerichtet worden, und an der *Agora* sind die eindrucksvollen Reste des Buleuterions zu sehen, des *Ratssaales,* dessen dreizehn Sitzreihen mit einem hölzernen Dachstuhl geschützt waren. Die Stadt hatte zwei *Gymnasien* zur körperlichen und geistigen Ausbildung ihrer Jugend; im unteren fand man Inschriften der Schüler im weichen Stein, wie man sie heute auf Schulbänken lesen kann – in diesen Inschriften erheben die Schüler Demetrios, Apolonios oder Poseidonios Anspruch auf einen bestimmten Platz.

Milet war in archaischer Zeit die größte und reichste Griechenstadt, die Mutter vieler anderer Städte und die Heimat von Männern, deren Gedanken über Natur und Mensch noch lange unsere Kultur beeinflussen sollten. In Milet hat man Funde aus minoischer und mykenischer Zeit gemacht, und wohl im 11. Jahrhundert kamen Ionier und gründeten auf der kleinen Halbinsel am Südrand des Latmischen Meerbusens eine Handelsstadt. Der Aufstieg Milets begann im 8. Jahrhundert. Die Handelsherren führten auf ihren Schiffen Webwaren und Getreide aus, sie trieben Handel mit allen Städten des östlichen Mittelmeeres. Bald gründete Milet Kolonien am Marmarameer und am Schwarzen Meer, an der heute türkischen Südküste, auf der Krim und an der heute rumänischen Seite – einige der milesischen Gründungen sind noch heute bedeutende Städte. Der Handel mit den Tochterstädten vermehrte den Reichtum der Mutterstadt und ihren Einfluß auf die griechische Welt.

Als weltoffene Handelsstadt brachte Milet vorurteilslos denkende Forscher hervor, darunter Thales, Anaximenes und Anaximander, die Gründer unserer Naturwissenschaften und Philosophie. Bei Griechen, die unter härteren Bedingungen ihr Leben fristen mußten, galten die Milesier als verweichlicht, wenn nicht gar als verderbt.

Auch unter persischer Herrschaft ging es Milet gut. Als die Konkurrenz der phönizischen und ägyptischen Häfen zu spüren war, kam in den ionischen Städten jedoch antipersische Stimmung auf, ein Aufstand brach los, die Gouverneure des Großkönigs wurden verjagt. Die Rebellion war jedoch zu planlos und chaotisch, so daß das persische Weltreich sie innerhalb von sechs Jahren niederschlagen konnte. Die entscheidende Seeschlacht fand just bei der Insel Lade statt, unmittelbar vor Milet. Wie seine Verbündeten wurde Milet verwüstet, die Einwohner in die Sklaverei verkauft.

Nach dem griechischen Sieg über die Perser bei Platää im Jahr 479 konnte Milet wieder aufgebaut werden. Nach dem System des Hippodamas entstand eine rational geplante Stadt, die rasch wieder aufblühte. Unter den Römern war Milet reich und prächtig. Noch unter den Seldschuken war es ein lebhafter Handelsplatz, aber in osmanischer Zeit wurde der Hafen endgültig unbrauchbar, die Stadt war zum Sterben verurteilt.

Das am besten erhaltene Bauwerk ist das *Theater,* das sich über dem nördlichen der vier Hafenbecken erhob. Haupthafen war die *Löwenbucht,* die von zwei großen Löwenfiguren aus Marmor bewacht war. Die südliche *Agora* ist der größte Marktplatz einer griechischen Stadt, zu ihr führte ein prunkvolles, 19 m breites Tor aus zwei Stockwerken und mit drei Durchgängen; es ist heute im Berliner Pergamonmuseum aufgestellt. Großartig sind auch die Ruinen der *Faustina-Thermen,* die im 2. Jahrhundert n. Chr. von der Frau des Kaisers Antoninus Pius gestiftet wurden.

Didyma, das große Orakelheiligtum der Milesier, war schon in vorgriechischer Zeit eine Kult- und Wahrsagestätte. Die Legende erzählt, daß hier Zeus mit Leto die Götterzwillinge Apollo und Artemis gezeugt habe. Das eigentliche Heiligtum bestand aus einer Quelle mit heiligem Wasser, das den Wahrsagepriester inspirierte, und dem heiligen Lorbeerbaum des Apollo. Im 6. Jahrhundert v. Chr. bauten die Milesier einen ersten Tempel um die Orakelstätte, den die Perser zerstörten. Gegen Ende des 4. Jahrhunderts begann man mit dem Bau eines neuen Tempels, der der größte Tempel der griechischen Welt werden sollte; er wurde jedoch nie vollendet. Zwar spendeten sogar noch die Römerkaiser Trajan und Hadrian Mittel zum Weiterbau, und auch noch Julian, Kaiser Konstantins heidnischer Nachfolger, ließ Bauarbeiter aufmarschieren. Bald darauf schickte aber der Bischof von Milet Maurer und Steinmetzen, die eine Kirche in die riesige Anlage hineinbauten.

Der 118 m lange und 60 m breite Tempel erhob sich auf einem siebenstufigen Sockel. Eine doppelte Säulenreihe umgab den Innenbau, das den Laien nicht zugängliche Adyton. Jede der 122 ionischen Säulen war 19,7 m hoch. Im großen Innenhof stand ein kleiner Tempel, in dem unter freiem Himmel die heilige Quelle sprudelte und das Orakel gesprochen wurde. Didyma war als Orakelstätte in der antiken Welt weithin berühmt, nur Delphi war noch angesehener. Zum Apoll von Didyma schickten der Lyderkönig Krösus und der ägyptische Pharao Necho ihre Boten, und zum Dank für Spruch und Rat sandten sie kostbare Geschenke.

Im 15. Jahrhundert zerstörte ein Erdbeben das zu einer Festung ausgebaute und als Wohn- und Lagerräume genutzte Heiligtum, nur drei Säulen blieben stehen. Nach Engländern und Franzosen begannen 1905 deutsche Archäologen mit den Ausgrabungsarbeiten, die 1962 vom Deutschen Archäologischen Institut wieder aufgenommen wurden. Man fand auf den Innenwänden des Adytons Bauzeichnungen, die auf einer Rötelschicht eingeritzt wurden. Seit 1982 werden auch Stücke der Heiligen Straße freigelegt, die einst vom Südtor von Milet zum kleinen Hafen Panormus, wo die zu Schiff kommenden Pilger an Land gingen, und dann weiter bis Didyma zog.

Herakleia am Latmos gehört nach dem Urteil eines alten Reiseführers »zu den romantischsten Punkten im westlichen Kleinasien«. So ist es noch heute: Die Ruinenstätte liegt zu Füßen des wilden Beşparmak-Gebirges, des antiken Latmos, inmitten von Olivenhainen an dem stillen, heute vom Meer abgeschnittenen

Bafa-See, einst das äußerste Ende des Latmischen Meerbusens. In den See hinein ragt eine Halbinsel, die eine griechische, später von den Byzantinern ausgebaute *Festung* trägt; auf einem hohen Felsen steht weithin sichtbar die Cella des *Athenatempels*. Neben den Mauern der *Agora* haben sich zwischen den Ruinen die Häuser des Dorfs Kapıkırı eingenistet. Die Stadt ist heute noch von mächtigen Mauern mit Türmen umgürtet, sie sind 6,5 m lang und aus Gneis. Unten am See findet man ein kleines *Endymion-Heiligtum,* halb in den Felsen hineingebaut, mit dorischen Säulen am Eingang: Es war einem schönen jungen Jäger geweiht, der sich hier am Hang des Latmos auszuruhen pflegte. Die Mondgöttin Selene kam jedesmal zu ihm, und sie gebar ihm fünfzig Töchter. Zeus gab Endymion später auf seine Bitte Unsterblichkeit und Jugend, verbunden mit ewigem Schlaf.

Labranda, das karische Zeusheiligtum 700 m hoch oben im Latmosgebirge, erreichte man im Altertum auf einer gepflasterten Heiligen Straße von der Stadt Mylasa aus. Heute führt ein mühsamer, nur mit dem Jeep befahrbarer Weg von Milâs hinauf in die Bergwälder, wo auf vier Terrassen die Ruinen zu sehen sind. Die *Kultstätte des Zeus Labrandeus* bestand schon, ehe die Karerherrscher Mausolos und sein Bruder Idrieus die Anlage schufen. Die Besonderheit dieser heiligen Orte sind die sogenannten Männerhäuser, von denen es drei gibt, alle aus mächtigen Quadern des hier anstehenden Gneis errichtet: wahrscheinlich kultische Versammlungsstätten für Männer, die dem Göttervater Verehrung zollten. Vielleicht wurden auch Bankette zu Ehren des Zeus darin abgehalten. Der Zeustempel mit seinen ionischen Säulen wurde um einen älteren Tempel herumgebaut. Oberhalb der Tempelterrasse ist inmitten der Felsen ein Grabbau zu finden, der fünf Sarkophage enthielt, ein riesiger Fels ist zu einer Grabkammer ausgehöhlt.

Bodrum hat man das türkische Saint-Tropez genannt, weil der Hafen voll ist von luxuriösen Jachten und weil sich in den Bars und Restaurants ausländische Touristen und Angehörige der türkischen »Sosyete« amüsieren. Die Strände in der Umgebung sind mit modernen Hotels bestückt, in der Stadt gibt es viele kleine Pensionen, und im Marktviertel findet man fast nur noch Souvenirläden und Boutiquen. Am Abend läßt man sich beim Korso sehen oder sitzt vor den Cafés gleich hinter der Parade der Segel- und Motorjachten. Die Häuser in der Altstadt sind wie auf den griechischen Inseln weiß gekalkt, sie haben Terrassen und üppigen Blumenschmuck.

Die Stadt wird von der wuchtigen Festung St. Peter beherrscht, an deren Stelle die erste griechische Ansiedlung bestand. Als Mausolos, der von 377 – 353 v. Chr. unter persischer Oberherrschaft über Karien regierte, seine Hauptstadt von Mylasa (Milâs) hierher verlegte, ließ er sie amphitheatralisch über die Bucht westlich der alten Siedlung hinaufbauen. Er machte Halikarnassos, wie die Stadt nun hieß, zu einem bedeutenden Hafen. Für sich und seine Frau und Schwester Artemisia ließ er ein prunkvolles Grabmal bauen, das erst nach seinem Tod von der Witwe vollendet wurde. Das Bauwerk zählten die antiken Geographen zu den Sieben Weltwundern, und nach ihm heißen alle monumentalen Grabmäler Mausoleen. Wenn man durch die Gassen zwischen den Gärten oberhalb des Hafens geht, kommt man zu einer großen, umzäunten Grube. Hier sind die von dänischen Archäologen ausgegrabenen Fundamente des Mausoleums zu sehen, dazu noch die Reste einer Opferstätte aus der Zeit vor Mausolos. In einem kleinen Museum ist ein Reliefbruchstück vom Mausoleum ausgestellt, außerdem die Rekonstruktionsversuche, die zeigen, wie das architektonische Wunderwerk wohl einmal ausgesehen haben mag: Auf einem hohen Sockel, in dessen Inneren die Grabkammer des Fürsten und seiner Frau war, erhob sich eine Halle mit 36 ionischen Säulen, darüber stieg eine Stufenpyramide aus 24 Absätzen empor, und als Abschluß war ganz oben eine Quadriga aufgestellt. Das Bauwerk war etwa 35 m hoch. An ihm arbeiteten die bekanntesten Bildhauer jener Zeit, Skopas, Timotheos, Bryaxis und Leochares. Es war noch im 12. Jahrhundert

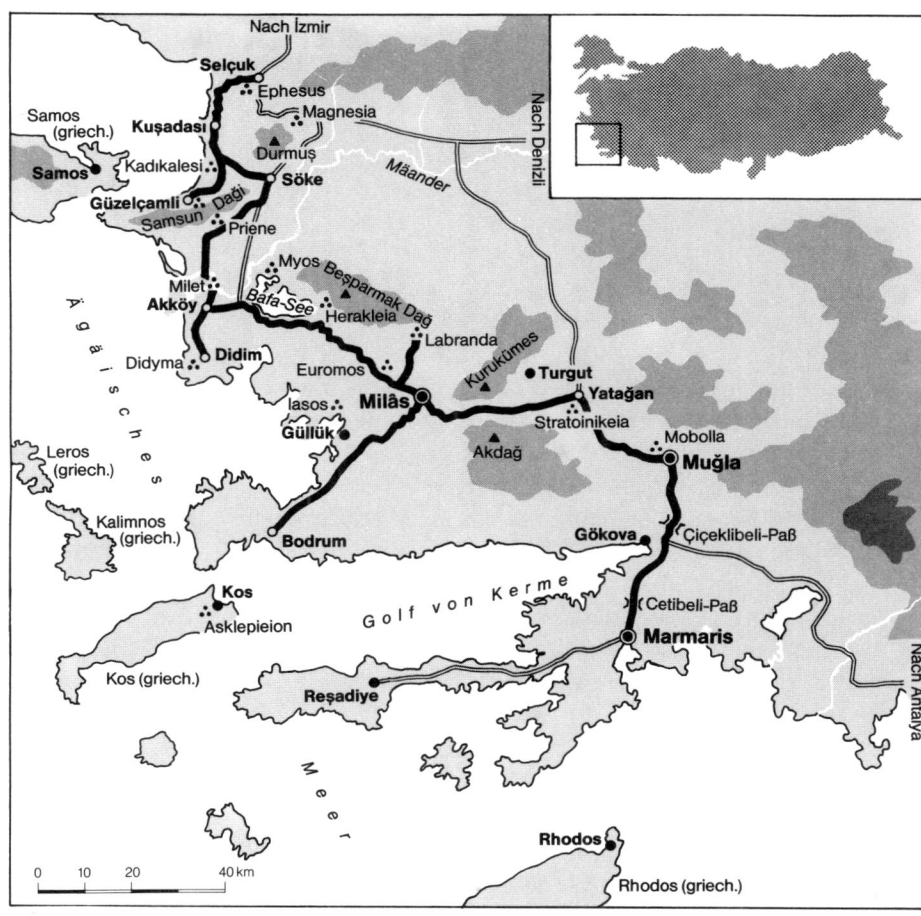

ganz gut erhalten, dann zerstörte es ein Erdbeben. Aus den Steinen des Mausoleums bauten die Johanniterritter aus Rhodos zwischen 1415 und 1437 das Wahrzeichen des heutigen Bodrum. Es ist zwar kein Weltwunder, aber eine der großartigsten Burgen aus der Zeit, als sich die christlichen Mächte Europas und die islamischen Staaten um die Beherrschung des Mittelmeeres stritten. Der Orden wurde im eroberten Jerusalem gegründet, um das Heilige Land gegen die Muslime zu verteidigen. Als Palästina verlorenging, bauten die Johanniter die Insel Rhodos zu einer starken Festung aus und errichteten auf dem kleinasiatischen Festland Stützpunkte, darunter im ehemaligen Halikarnassos. Der Name Bodrum bedeutet zwar im türkischen »Keller«, er kommt aber von der Festung St. Peter. Erst 1522 gelang es Sultan Süleyman, die Ritter aus Rhodos und Bodrum zu vertreiben. Sie fanden Zuflucht auf der Insel Malta, der noch heute existierende Ritterorden heißt deshalb seitdem Malteserorden.

Die Burg wurde in den letzten Jahren renoviert, sie enthält auch ein Museum der Unterwasserarchäologie mit sorgsam restaurierten Überbleibseln von Schiffen und ihrer Ladung, die in der Bronzezeit, in byzantinischer und islamischer Epoche an der kleinasiatischen Küste gesunken waren.

Auf der Halbinsel von Bodrum liegen mehrere Badeorte mit Hotels, Campingplätzen und Sportgelegenheiten. Einer davon heißt Turgutreis, es ist der Geburtsort von Kapitän (Reis) Turgut, einem der größten Seehelden des Osmanischen Reiches. Vom Seeräuber, der in christlicher Gefangenschaft als Rudersklave diente, stieg er zum Admiral der Flotte des Sultans auf. Er führte den Seekrieg gegen die Spanier an allen Küsten des Mittelmeeres und fiel bei der Belagerung des von den Johannitern verteidigten Malta im Jahr 1565.

Marmaris, der Badeort und Jachthafen südlich von Muğla, ist der Zugang zur langgestreckten und zerrissenen Halbinsel von Knidos, die zusammen mit den

griechischen Inseln Rhodos und Karpathos die Ägäis vom östlichen Mittelmeer abschließt. Die Bucht von Marmaris ist von Pinienwäldern umgeben und durch eine schmale Wasserstraße vom Meer getrennt. Auf einer schmalen Halbinsel in der Bucht drängen sich die weißen, mit roten Ziegeln gedeckten Häuser der Stadt zusammen, und fast an der Spitze ragt aus ihnen ein Kastell aus dem Mittelalter hervor. Vom alten Physkos, das zum Reich der Rhodier gehörte, sind nur noch geringe Reste einer Befestigungsmauer zu sehen. Von Marmaris aus verkehrt ein Schiff nach Rhodos.

Nach Süden zu zeigt die Halbinsel Daraçya nach Rhodos hin, westlich von ihr liegen die griechischen Inseln Nimos und Simi. Der längere Ausläufer, die Halbinsel von Knidos, heute Halbinsel von Reşadiye, zieht sich noch rund 70 km weit nach Westen. An ihrem Südrand liegt Datça, ein ehemaliges Fischerdorf, jetzt ein immer mehr besuchter Badeort.

Knidos, die dorische Stadt an der äußersten Südwestspitze Kleinasiens, lag teils auf einer kleinen Insel, die längst landfest geworden ist, teils auf dem gegenüberliegenden Festland. Eine kleinere Bucht im Nordwesten war der Kriegshafen, eine große im Südosten Handelshafen. Die Stadt blühte dank ihrer Handelsbeziehungen besonders im 7. und 6. Jahrhundert v. Chr., erst mit den Perserkriegen verlor sie an Bedeutung. Erst im 4. Jahrhundert kam wieder Leben in Hafen und Stadt, man baute auf dem Festland die Neustadt nach hippodamischem Muster, die Hauptstraßen verliefen den Hangterrassen entlang, im rechten Winkel von Treppengassen geschnitten. Bei der Einfahrt in beide Häfen war schon von weitem der Rundtempel der Aphrodite Euploia zu sehen, der Beschützerin der Seeleute. Darin stand das berühmte überlebensgroße Standbild der Göttin, das Praxiteles um 350 v. Chr. geschaffen hat. Knidos war auch lange Zeit durch die weithin exportierten Erzeugnisse seiner Keramikindustrie bekannt, vor allem durch Amphoren, die bis nach Rom und ins Donaugebiet verkauft wurden.

7 Von Marmaris nach Antalya

Die weitausgreifende Halbinsel, die beim Seebad Marmaris beginnt, und die zu Griechenland gehörenden Inseln Rhodos, Karpathos und das große Kreta schließen wie eine Kette, mit der in alten Zeiten ein Hafen vor feindlichen Schiffen geschützt wurde, die inselreiche Ägäis samt ihrer nach Westen offenen kleinasiatischen Küste vom Becken des östlichen Mittelmeeres ab. Wenn man der türkischen Südküste entlang weiter nach Osten fährt, kehrt man der lieblichen ägäischen Welt der. Rükken, es beginnt die heroische Landschaft des lykischen Berglands, dessen karstigweiße, grün umrandete Masse sich zwischen den Buchten von Fethiye und Antalya ins Blau des Meeres vorschiebt.

Das Innere des alten Lykien war schon immer schwer zugänglich, und noch vor wenigen Jahren konnte man die Städte und Dörfer seiner Küste nur zu Schiff erreichen. Jetzt gibt es eine gut ausgebaute Straße, auf der man die aus dem Meer aufsteigenden Ketten des Westlichen Taurus umfährt. Die Berge fallen hier so steil ab, daß die Straße kaum unten am Ufer Platz findet, und bei dem scheinbar endlosen Bergauf und Bergab berührt sie nur selten die schmale Küste. Über lange Strecken windet sie sich durch eine hauptsächlich von Kiefernwäldern bedeckte Bergwelt, sie geht Flußtäler entlang, und wenn sie sich dann wieder einmal der Küste nähert, bieten sich großartige Ausblicke aufs Meer, auf den zerrissenen Ufersaum und auf die kleinen Inseln davor.

Diese abgelegene Landschaft hat ihren Namen von den Lykiern, einem Volk, das den Geschichtswissenschaftlern noch viele Rätsel aufgibt. Man weiß zwar, daß die Lykier eine indogermanische Sprache hatten, daß sie als »Lukka« in den Berichten der alten Ägypter und der Hethiter genannt werden. Herodot berichtet, daß Lykien von Kreta aus besiedelt wurde und daß die Lykier der lydischen Herrschaft widerstehen konnten, sich aber der persischen beugen mußten. Lykien stand unter dem kulturellen Einfluß der griechischen Siedler, es wurde nach der Eroberung durch Alexander den Großen gänzlich hellenisiert. Seine Städte waren bis in die Spätantike hinein wichtige Stützpunkte für den Seehandel zwischen Syrien und Ägypten im Osten und Griechenland und Italien im Westen. Lange Zeit standen sie unter der erdrückenden Herrschaft von Rhodos, bis sie sich nach Rom um Hilfe wandten. Ein Schiedsspruch des Senats am fernen Tiber erklärte daraufhin die 23 Städte des Lykischen Bundes für frei. Erst in der Kaiserzeit wurde das Gebiet römische Provinz, und den Städten ging es gut, bis die arabischen Raubzüge begannen. Nach ihrem nun einsetzenden Verfall gab es an dieser Küste lange Zeit nur noch bescheidene Dörfer.

Lykien ist das Land der Kiefernwälder und der undurchdringlichen Macchia, der unzähligen kleinen Felsbuchten, der üppigen Gärten in den Flußtälern. Es ist auch das Land der in den Felsen gehauenen Gräber und der steinernen Sarkophage, die man in ganzen Totenstädten, den Nekropolen, findet, aber auch einzeln irgendwo an der Küste oder mitten in einem Dorf. Gräber und Sarkophage sind im Verlauf der Jahrtausende aufgebrochen worden oder ihrer Deckel beraubt. In Lykien sind mehr Überreste alter Begräbnisstätten als Ruinen alter Städte zu sehen, und das Reich der Toten füllt ganze Felswände; es erstreckt sich vom Meeresufer bis in die Berge hinein, inmitten des lebendigsten Grüns. Die Toten der Lykier waren aufgehoben in einem Zwischenreich hoch in den Felsen oder erhöht auf einem Sockel, und die Vogeldämonen, mit deren Bildern viele Grabmäler verziert sind, brachten von hier die Seelen in die höheren Sphären der Unsterblichkeit.

Vom Kerme-Golf, der tief in die ägäische Küste einschneidet, geht es auf der Rückseite des Ardıç Dağ zum Köyceğiz Gölü. Der Berg hat seinen Namen von dem hier wachsenden Wacholder, und der See wird von einigen kleinen Flüssen gespeist; er ist durch einen schmalen Kanal mit dem Meer verbunden. Hier entsteht ein Touristenzentrum, das einmal eines der größten an der Südküste werden soll. Auf der Ostseite des Kanals graben Archäologen seit 1967 nach den Überresten der Stadt Kaunos. Es ist ein Theater zu sehen und ein Nymphäum – eine den Nymphen ge-

43 *Ölü Deniz, das »tote Meer«, heißt eine weit ins Land hineinreichende Bucht bei Fethiye, die in den letzten Jahren zu einem der großen Magneten des Bade- und Bootstourismus an der türkischen Südküste geworden ist.*

44 *In den Gassen von Fethiye fällt auf, daß die Frauen nicht die sonst üblichen bunten, sondern weiße Kopftücher tragen. In der ganzen Türkei wird die Schafwolle meistens noch mit der Handspindel gesponnen.*

45 *Schnappschuß an der Straße zwischen Kaş und Demre: Zwei Lastwagenfahrer, die in einer Lokanta Pause machen, werden von einem Tamburinspieler zu einem Tänzchen animiert.*

46 *An der Südküste sieht man viele Zisternen, die das spärliche Regenwasser speichern, um Mensch, Tier und die Fruchtgärten mit dem lebensnotwendigen Naß zu versorgen.*

47 *Lykien ist das Land der unzähligen Felsgräber und Sarkophage. Bei der idyllischen kleinen Hafenstadt Kaş steht eines dieser Grabdenkmäler unmittelbar am Meer. Im Hintergrund sieht man die zu Griechenland gehörende Insel Kastelorizo.*

48 *Im alten Myra, dem heutigen Demre, gibt es gleich zwei Felswände mit lykischen Gräbern, eine sogenannte Flußnekropole und eine Seenekropole.*

weihte Brunnenanlage aus römischer Zeit –, das Hafenbecken und an einer Felswand etwa 150 in den Stein gehauene Gräber in zwei Reihen übereinander. Die Bewohner von Kaunos, das ein ungesundes Klima gehabt haben soll, lebten hauptsächlich vom Export eingesalzener Fische, außerdem verkauften sie Früchte und Sklaven.

In der Ebene vor der Mündung des Flusses Dalaman stehen Palmen, auf den Feldern gedeihen Baumwollsträucher und Sesamstauden, in der Macchia oben auf den Hängen leuchten im Herbst die Granatäpfel, darüber klettern die immergrünen Wälder die Berge hinauf. Dalaman heißt auch der jüngste Flughafen der Türkei, der hier entstanden ist und auf dem vor allem die Charterflugzeuge mit Touristen aus Europa landen. Östlich von Dalaman fährt man den Göçek-Paß hinauf, und von der Straße aus überblickt man den Golf von Fethiye mit seinen vielen kleinen Inseln. Auf der Westseite des Golfs reihen sich die Ruinen antiker Siedlungen aneinander: Kalimache, Krya, Arymasa und Lydae. Von einem Vorgebirge geschützt liegt an der Westseite die Stadt Fethiye selbst, Erzhafen und Mittelpunkt eines ausgedehnten Badegebiets.

Hinter Fethiye muß die Straße die Ausläufer des Baba Dağ überwinden. Am Rand der Wälder stehen entlang der Straße endlose Reihen von Bienenkästen, und zur Zeit der Honigernte haben die Imker gleich daneben ihre Zelte aufgestellt. Drüben im Tal des Xanthos-Flusses, der heute Koca Çayı oder Esen Çayı heißt, geht es vorüber an kleinen Dörfern und durch fruchtbares Land wieder dem Meer entgegen. Über dem Tal, auf der linken Seite, kann man beim Dorf Zeyve unterhalb des 3024 Meter hohen Ak Dağ die Ruinen von Tlos besichtigen. Die Stadt wird schon in hethitischen Quellen des 14. Jahrhunderts erwähnt, in der römischen Kaiserzeit führte sie den Titel »glänzende Metropole des lykischen Volkes«. Außer einer Nekropole ist wenig erhalten, und auf der Akropolis baute sich im 19. Jahrhundert der örtliche Feudalherr Ali Ağa, den man den Blutigen nannte, seine Residenz und eine Unterkunft für seine Söldner.

Auf der anderen Seite des Xanthos liegen unter den Abhängen des Baba Dağ die Ruinen von Pinara. Wenn man von der Hauptstraße aus nach Westen fährt, sieht man eine Felswand vor sich, die sich über dem Tal aufbaut. Sie ist von Hunderten von Felsgräbern durchlöchert, die wohl mit Hilfe von langen Leitern und Stricken in den Stein geschlagen wurden. Der römische Naturgeschichtler Plinius fand für diese schwierige Arbeit keine andere Erklärung als diese, Vogelmenschen hätten die Löcher in die Felswand gehauen.

Weiter im Tal nach Süden kommt man zu den Ruinen der alten Hauptstadt Lykiens, Xanthos, von deren Nekropole besonders viele freistehende Grabmonumente erhalten sind. Der Hafen der Stadt, Patara, wurde durch den vom Südwind herbeigewehten Sand vom Meer abgeschnitten, ein großer Getreidespeicher, Tempel, ein Theater und Thermen sind teilweise in den Dünen vergraben.

Einer der schönsten Abschnitte der lykischen Straße ist der zwischen Kalkan und Kaş. Hoch über dem Meer geht es nach Osten, unten sieht man viele kleine und winzige Inseln. Einige davon gehören zu Griechenland, darunter Kastellorizo, die nach dem mittelalterlichen Kastell auf einem roten Felsen über dem Hauptort benannt ist. Bei den Türken heißt sie Meis Adası, vom griechischen Megiste, die Größte – nämlich die größte Insel dieses kleinen Archipels. Eine steile Stichstraße windet sich hinunter zum wunderschön gelegenen Hafenstädtchen Kaş, dem alten Antiphellos. Wenn man wieder in die Berge hineinfährt, hat man großartige Ausblicke auf die Bucht von Kaş und die Inseln. Bei der Fahrt durch die hellgrünen Föhrenwälder trifft man immer wieder Herden kleiner schwarzer Ziegen. Von dem kleinen Ort Yavu aus ist es nicht weit zur lykischen Stadt Kyaneai, von der noch ein Theater zu sehen ist, Überreste einer Bibliothek und viele Sarkophage.

Weiter oberhalb der Straße sind bei Gölbaşı die Ruinen von Trysa. Hier fanden österreichische Archäologen ein großes Grabdenkmal, das Heroon, dessen prachtvollen Fries sie ins Wiener Kunsthistorische Museum brachten. Unten an der Küste gelangt man nach Demre, dem alten Myra, mit der Nikolauskirche und vielen lykischen Felsgräbern. Die nächste Stadt, Finike, ist umgeben von Orangenplantagen, und hinter der Mündungsebene des Alakır Çayı, in der der Marktflecken Kumluca liegt, schneidet die Straße das einst von den Seefahrern gefürchtete Kap Gelidonya mit den vorgelagerten Chelidonischen Inseln ab. Oben im Gebirge machen jetzt die Föhren weithin den Platanen Platz, und in der wilden Bergwelt des bis zu 3086 Meter hohen Bey Dağları gibt es noch Zedern. Die Berge stürzen hier steil in die weite Bucht von Antalya ab, voraus türmt sich Gipfel hinter Gipfel auf. Vorbei an den Ruinen von Phaselis und den Stränden von Kemer nähert man sich der Großstadt Antalya.

49 *Unweit der Seenekropole von Myra ist auch das griechisch-römische Theater der Stadt zu sehen. Erhalten sind die Maskenfriese von der dem Zuschauerraum zugewandten Seite des Bühnenhauses.*

Mitten in der Stadt erhebt sich gleich neben dem Rathaus ein hoher *lykischer Sarkophag,* der vor 150 Jahren noch im Wasser stand - seit der Antike hat sich hier der Meeresspiegel gesenkt, das Land hat sich gehoben. Bei dem Erdbeben von 1958 geschah dem Grabmal übrigens nichts, nur sein Deckel verschob sich um einige Zentimeter.

Die schöne Lage am Golf und die Strände der Umgebung haben Fethiye zu einem Badeort gemacht, der immer mehr Urlauber anzieht. Besonders beliebt und bekannt ist eine vom Meer fast ganz abgeschlossene Lagune, die Ölü Deniz, das »Tote Meer«, heißt. Nordöstlich von Fethiye gibt es in über 500 m Höhe das schöne Dorf Üzümlü, das seinen Namen von den umliegenden Weingärten hat. Darüber sind auf einem weiteren 500 Meter höher gelegenen Felsen die Ruinen der Stadt Kadyanda zu sehen.

Xanthos hat man als Hauptstadt der ältesten Republik der Welt bezeichnet, denn hier war der Sitz des Parlaments und des Präsidenten des Lykischen Bundes, der nach der Befreiung von den Rhodiern im Jahr 169 v. Chr. bis zum Jahr 43 n. Chr. bestand. Es war aber auch schon lange vorher die wichtigste Siedlung der Lykier, und erst in der Spätantike verlor es seine Bedeutung. Heute ist Xanthos ein Trümmerhaufen zwischen zwei Hügeln, zwischen der lykischen und der römischen Akropolis. Herodot erzählt vom Kampf der Lykier gegen die Perser, von der Belagerung von Xanthos durch den persischen Feldherrn Harpagos im Jahr 545 v. Chr., bei der die verzweifelten Bürger der Stadt ihre Frauen, Kinder und Sklaven in der Burg verbrannten und dann selbst im Kampf umkamen. Doch auch unter persischer Herrschaft war Xanthos bald wieder eine blühende Stadt. Im Jahr 42 v. Chr. wurde sie ein Opfer des Römers Brutus, der sie plünderte, weil er für seinen Kampf gegen Octavian, den späteren Kaiser Augustus, Geld brauchte.

Auf der lykischen Akropolis stand einst ein Palast, neben dem sich eine Nekropole ausdehnte. Unter den erhaltenen Grabmonumenten ragt das sogenannte *Harpyengrab* heraus, ein 5 m hoher Monolith, dessen Fries sich im Britischen Museum in London befindet - mit einem Gipsabguß hat man versucht, den alten Zustand wiederherzustellen. Im Britischen Museum ist auch das Nereidenmonument zu sehen, ein tempelähnlicher Grabbau aus dem späten 5. Jahrhundert v. Chr.

Jenseits des Xanthos-Flusses hat man das Bundesheiligtum der Lykier entdeckt. Es war der Leto und ihren Kindern Apollon und Artemis geweiht und bestand aus dem ionischen Letotempel und dem dorischen Tempel des Apollon und der Artemis. In der Römerzeit entstanden hier ein Theater und ein Nymphäum.

Kaş war noch vor wenigen Jahren ein gemütliches kleines Hafen- und Fischerstädtchen, in das die begüterten Bürger von Fethiye an Sonntagen fuhren, um in einer der Lokantas am Kai gemächlich ein vielgängiges Mahl einzunehmen und den Genuß mit der Betrachtung der schaukelnden Boote im Hafen und der Inseln vor der Bucht zu krönen. In der Touristensaison ist es jetzt in Kaş nicht mehr so weit her mit der Beschaulichkeit, aber wer früh genug im Jahr oder spät im Herbst hier einkehrt, kann den schönen Ort samt antiken Denkmälern noch richtig genießen.

Oberhalb von Kaş liegen die Ruinen von *Phellos,* das von seinem Hafen *Antiphellos* in hellenistischer Zeit an Bedeutung überrundet wurde (Kaş hieß noch vor einigen Jahrzehnten Andifli, vom antiken Antiphellos). In der Römerzeit blühte hier der Handel mit den aus dem Meer heraufgeholten Schwämmen und mit dem Holz aus den Taurusbergen.

Von Antiphellos sind noch die Reste eines kleinen Theaters aus hellenistischer Zeit erhalten, die Reste eines Tempels und ein Grabhaus, das freistehend aus einem Felsen gehauen ist und einen Fries mit Tänzerinnen trägt. Grabdenkmäler gibt es auch hier noch genügend, darunter mitten im Ort Kaş einen hohen Sarkophag mit vier Löwenköpfen auf dem Spitzgiebeldach.

Kekova wurde wegen seiner landschaftlichen Reize in den letzten Jahren für den Fremdenverkehr entdeckt. Die Insel ist zu Schiff von Kaş oder von Demre aus zu erreichen, eine schmale Straße führt oberhalb von Kaş hinunter zum Hafen Üçağız, vorbei an den Ruinen von Apollonia bei Sıcak. Üçağız bedeutet »drei Mündungen«, früher nannte es sich griechisch Tristomo, was das gleiche bedeutet. Von der alten Siedlung Theimiussa sind Überreste einer Mauer und Gräber erhalten; das älteste Grab ist laut der lykischen Inschrift die letzte Ruhestätte des Kluwanimi.

Von Sıcak aus setzt man mit dem Boot zur Insel über. Der Hauptort Kale hat seinen Namen von dem Kastell, das die Johanniter von Rhodos im Mittelalter hier bauten. In der Burg ist das kleine antike Theater der Stadt Simena mit sieben aus dem Felsen gehauenen Sitzreihen zu sehen, daneben stehen die Häuser des Dorfes Kale. Unterhalb der einstigen Akropolis ist die *Nekropole* mit einem lykischen Felsgrab und Sarkophagen aus der Römerzeit. Mitten in der Hafenbucht steht im Wasser ein Sarkophag - hier hat sich seit dem Altertum die Küste gesenkt. Einige Ruinen finden sich deshalb auch unter Wasser - in Reiseprospekten ist deshalb von einer »versunkenen Stadt« die Rede. In einer Bucht westlich von Kekova erheben sich die Reste der Stadtmauer von Aperlai, einer alten lykischen Stadt. Auch hier sind viele interessante Grabbauten zu sehen.

Demre ist ein größeres Dorf südlich des kleineren Ortes Kale, das an der lykischen Küstenstraße liegt. Hier, in der Mündungsebene des Demre-Flusses, haben sich die Bauern auf den Anbau von Tomaten spezialisiert, und zur Erntezeit leuchten die roten Punkte im Grün der langgefurchten Felder. Demre liegt an der Stelle des antiken *Myra,* das seinen Namen wohl dem dort wachsenden Balsambaumgewächs verdankt - Tomaten waren damals noch unbekannt. Die Stadt wird zwar erst in Quellen des 1. Jahrhunderts v. Chr. erwähnt, doch die Archäologen glauben sichere Beweise dafür zu haben, daß einige Überreste von Bauwerken schon aus dem 5. Jahrhundert stammen.

Das alte Myra spielt in der Verkehrsgeschichte eine nicht unbedeutende Rolle: Aus Inschriften geht hervor, daß es von hier aus in der Kaiserzeit einen fahrplanmäßigen Fährdienst mit dem Hafen der benachbarten Stadt Limyra gab; die beiden Städte hatten den Betrieb dieser Schiffahrtslinie an private Unternehmer verpachtet.

Myra ist auch eine der Stätten des frühen Christentums, denn hier machte Paulus, der in Jerusalem wegen Unruhestiftung angeklagt war und als römischer Bürger sich nur vor dem Kaiser verantworten wollte, auf dem Weg nach Rom Station. In der Apostelgeschichte liest man: »Dort fand der Hauptmann ein alexandrinisches Schiff, das nach Italien fuhr, und er brachte uns an Bord.«

Mehr Ruhm als der kurze Aufenthalt des Apostels brachte dem alten Myra einer seiner Bischöfe, der heilige Nikolaus. Von ihm wird erzählt, er habe die drei Töchter eines in Not geratenen Bürgers der Stadt, die mangels standesgemäßer Aussteuer keine Ehemänner finden konnten, dadurch vor dem Verkauf ins Bordell gerettet, daß er heimlich nachts für jede einen Beutel mit Goldstücken durch das Kammerfenster warf. So wurde der Bischof zum Beschützer der Jungfrauen und Kinder, und noch heute bringt er ihnen im Bischofsgewand am Vorabend seines überlieferten Todestages, dem 6. Dezember, den Kleinen Gaben. Der um das Jahr 350 verstorbene Nikolaus war der Schutzheilige der Seeleute und der Kaufleute; das Zarenreich Rußland, die Königreiche Griechenland und Neapel wählten sich ihn zum Patron. Die Gläubigen verehrten seine Gebeine in der *Bischofskirche* von Myra, bis eines Tages im Jahr 1087 Kaufleute aus dem unteritalienischen Bari in den wegen arabischer Überfälle verlassenen Ort kamen und die Reliquien des Heiligen mitnahmen. Seither ruhen sie in der prächtigen Basilika San Nicola zu Bari, und die Verehrung des volkstümlichen Heiligen breitete sich auch in den Ländern der lateinischen Kirche aus. Später stellten die Myrioten einen antiken Sarkophag - es gab in der Gegend genug davon - in ihre Bischofskirche und erklärten ihn zum authentischen Grab des heiligen Nikolaus: der Wallfahrtsbetrieb konnte weitergehen. Im Lauf der Jahrhunderte versank die Kirche immer mehr im Sand und Geröll des Demre-

---

Fethiye ist eine kleine Stadt von großer wirtschaftlicher Bedeutung: Hier wird das in den Taurus-Bergen unter Tag abgebaute Chromerz auf Schiffe verladen. Die Stadt wurde im Jahr 1958 von einem Erdbeben fast gänzlich zerstört, und deshalb ist wenig vom alten Fethiye erhalten. Mit dem Schutt der Katastrophe schuf man die neuen Hafenanlagen und eine schöne, breite Uferpromenade.

Das alte *Telmessos,* wie der Ort in der Antike hieß, muß wohl eine der ältesten Städte Lykiens gewesen sein. Hier hielt sich bis in die Zeit Alexanders d. Gr. die Tradition weithin berühmter Wahrsager, die von Krösus und von dem makedonischen Welteroberer konsultiert wurden. Die Stadt wechselte einige Male die Namen: in byzantinischer Zeit wurde Telmessos zu Ehren des Kaisers Anastasios II. in Anastasiopolis umbenannt, dann trug sie bis in unser Jahrhundert den griechischen Namen Makri, »die Lange«, und seit der Vertreibung der griechischen Bevölkerung heißt sie »die Eroberte«.

Über der Stadt ragt eine steile Felswand empor, in die *Gräber* eingehauen sind. Die ältesten und kleineren, die aus der Zeit von etwa 550 - 300 v. Chr. stammen, sind rein lykisch, drei größere sind wie griechische Antentempel ionischen Stils gestaltet. Wenn man über Treppen zu den Gräbern hinaufsteigt, sieht man hinunter auf die roten Dächer der Stadt, das Meer mit den grünen Inseln und auf die Berge des Lykischen Taurus.

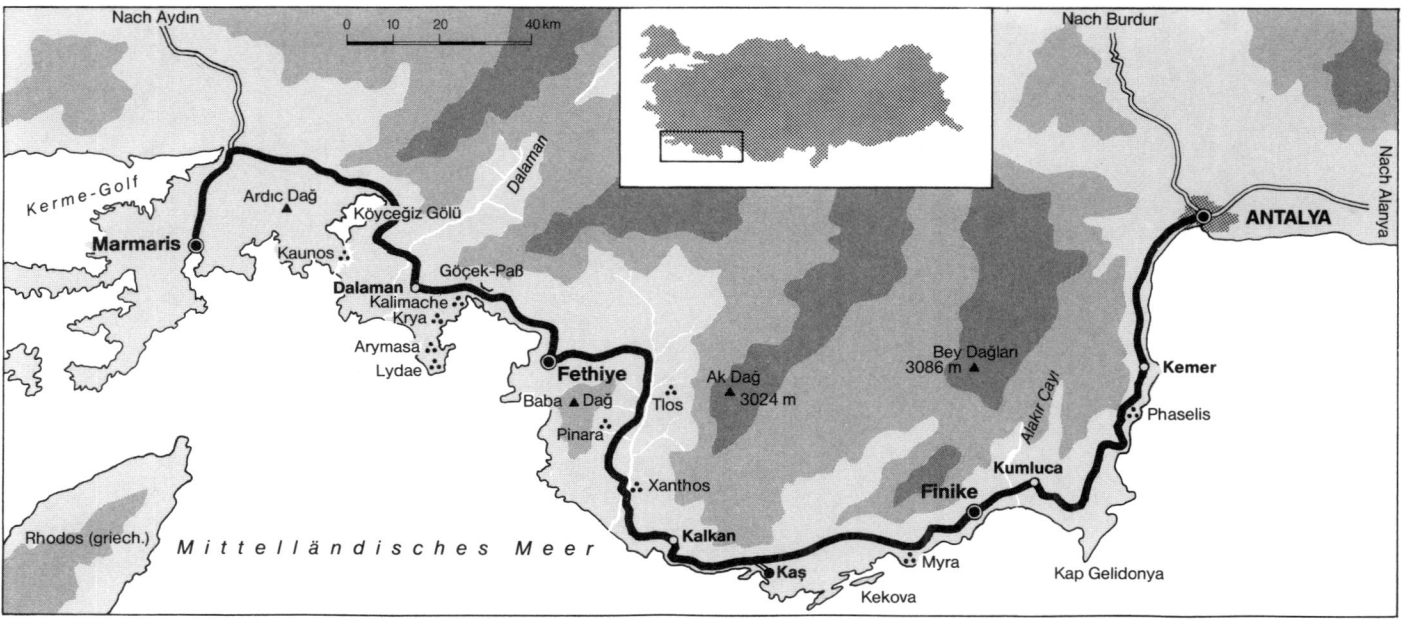

Nach Aydın · Kerme-Golf · 0 10 20 40 km · Nach Burdur · Nach Alanya · Ardıç Dağ ▲ · Köyceğiz Gölü · Dalaman · ANTALYA · Marmaris · Kaunos · Göçek-Paß · Dalaman · Kalimache · Krya · Arymasa · Lydae · Fethiye · Ak Dağ ▲ 3024 m · Bey Dağları 3086 m ▲ · Kemer · Baba ▲ Dağ · Tlos · Phaselis · Pinara · Alakır Çayı · Kumluca · Xanthos · Finike · Rhodos (griech.) · Mittelländisches Meer · Kalkan · Kaş · Myra · Kap Gelidonya · Kekova

Flusses. 1862 ließ der russische Zar Nikolaus I. das Heiligtum seines Namenspatrons restaurieren. Heute sieht man die Kirche ungefähr in dem Zustand, wie sie gegen Ende des 13. Jahrhunderts ausgesehen haben mag.

Aus der Antike ist noch ein großes *Theater* zu sehen, das in römischer Zeit entstanden ist, außerdem die Reste römischer *Thermen.* Die *Felsgräber* von Myra gehören zu den interessantesten der lykischen Küste. Da gibt es eine Gruppe von Grabstätten über dem Flußbett des Demre, aus denen eines mit der Fassade eines ionischen Tempels herausragt, und eine Gruppe beim Theater, die sogenannte Seenekropole, die dem Meer näher liegt. Eines dieser Gräber hat reichen Reliefschmuck, dargestellt sind unter anderem der aufgebahrte Besitzer des Grabes und seine Familie beim Totenmahl.

Andriake, der Hafen von Myra, hatte in der Kaiserzeit große Bedeutung. Kaiser Hadrian ließ hier einen großen Getreidespeicher, ein *Granarium,* errichten, das noch ausgezeichnet erhalten ist. Hier wurde das Getreide aus dem Binnenland und aus Ägypten gesammelt, das zur Versorgung der Armee und der Hauptstadt Rom diente. Ganz in der Nähe des Granariums war ein von Säulen umgebener Marktplatz.

Finike hat einen schönen langen Sandstrand und deshalb ein paar Hotels und einen Jachthafen. Das Städtchen strahlt mediterranen Reiz aus, und in der Umgebung findet man noch idyllische Plätze. Obwohl der Name der Stadt vom griechischen Phoinix, der Dattelpalme, kommen soll, herrschen in der Nähe die in langen Zeilen angepflanzten Orangenbäumchen und das dunkelgrüne Dickicht der Bananenplantagen vor. Fruchtbar war das Land hier auch schon in der Antike, und seit dem 2. Jahrhundert n. Chr. war Phoinike der Ausfuhrhafen für die landwirtschaftlichen Produkte, die im Tal des Arykandos gediehen.

Der Hauptort des Gebiets aber lag weiter oben im Gebirge, unter dem heute Toçat Dağı genannten Bergzug. Er hieß Limyra, und hier wollte ein König namens Perikles in der Perserzeit einen Städtebund gründen, der die Eigenständigkeit Lykiens gegenüber den Machtansprüchen des persischen Satrapen Mausolos von Karien behaupten sollte. Dem Perikles war auch das hervorragendste Bauwerk Limyras gewidmet, das *Heroon* genannte Grabmonument. Auf dem Westfries des Gebäudes, von dem Teile erhalten sind, sieht man Perser, Griechen und Einheimische im Leichenzug des Königs schreiten. Fragmente des Heroon sind im Archäologischen Museum von Antalya aufbewahrt.

Von den Fundamenten des Heroons unter dem Burgberg von Limyra aus hat man einen herrlichen Blick über die Ruinenstätte mit dem Theater, den Nekropolen, der römischen und der byzantinischen Stadtanlage unten im Tal. Man sieht von hier aus die Küsten-

ebene und das Meer und nach Südosten bis zum Kap Chelidonia (heute Gelidonya), das wegen der dort häufig von Osten her wütenden Stürme gefürchtet war – das Wrack des phönikischen Schiffs aus der Bronzezeit, das in Bodrum ausgestellt ist, wurde hier von Unterwasserarchäologen geborgen.

Olympos hießen im Altertum viele Berge und danach benannte Örtlichkeiten, nicht nur der Göttersitz in Thessalien und das Zeusheiligtum auf der Peleponnes, von dem noch heute etwas mitklingt, wenn von »olympischen Stätten« etwa in Los Angeles oder Sarajevo gesprochen wird. Die einst östlichste lykische Stadt Olympos lag schon in der Bucht von Antalya – sie war im 1. Jahrhundert v. Chr. ein berüchtigtes Seeräubernest. Heute heißt nach dieser Stadt der Nationalpark »Olympos-Bey Dağları«, eine wunderschöne Landschaft unter den bis zu 2500 m steil aus dem Meer aufragenden Bey Dağları. In der Nähe liegen die Felsen von Çıralı, wo in der Römerzeit der Schmiedegott Hephaistos verehrt wurde: Hier züngelt noch heute eine von Erdgas gespeiste Flamme aus dem Boden, als ob sie aus der unterirdischen Werkstätte des kunstreichen Gemahls der Liebesgöttin Aphrodite komme.

Die Örtlichkeit nannte man auch Chimaira, da hier das gleichnamige feuerspeiende Ungeheuer, vorn ein Löwe, in der Mitte eine Ziege und hinten eine Schlange, gewütet haben soll. Die Sage erzählt, daß Bellerophon, der Enkel des Sisyphos, am Hof des Königs von Argos den Verführungskünsten der aus Lykien stammenden Königin ausgesetzt war, aber wie der biblische Josef standhaft blieb. Die Verschmähte verleumdete den Jüngling, er wurde mit einem Brief zum Lykerkönig Iobates geschickt – in dem Schreiben war die Bitte enthalten, den Überbringer zu töten. Also stellte Iobates Bellerophon Aufgaben, die ihn eigentlich das Leben hätten kosten sollen. Doch mit Hilfe des geflügelten Pferdes Pegasos tötete er die Chimaira und besiegte auch noch das benachbarte Bergvolk der Solymer und sogar das kriegerische Frauenvolk der Amazonen.

Kemer entwickelt sich aus einem Fischerdorf allmählich zu einem mondänen Badeort. Hier ist ein großes Feriendorf entstanden, die Strände ziehen sich von hier aus bis nach Antalya hin. Etwas südlich von Kemer sind in einer vom Wald umgebenen Bucht die Ruinen von *Phaselis* zu finden. Die Stadt wurde um 700 v. Chr. von Siedlern aus Rhodos gegründet, und weil das gebirgige Hinterland keine Lebensgrundlage bot, ernährten sich die Bewohner vor allem vom Seehandel und von der Schiffahrt. Die Ruinen von Phaselis sind heute in einem dichten Föhrenwald verborgen und schwer zu erkennen.

Termessos ist die wohl ungewöhnlichste der antiken Ruinenstätten an der türkischen Südküste, denn es liegt über 1000 m hoch in den Ausläufern des Lyki-

schen Taurus, des Bey Dağları, rund 30 km nordwestlich von Antalya, gut geschützt in einem Sattel zwischen zwei Bergen. Zwar heißt die Stätte heute Güllükdağı, also »Rosengartenberg«, aber zwischen den Ruinen wuchern Wald und Macchia, und man muß auf schmalen Pfaden von Bauwerk zu Bauwerk wandern. Daß es sich aber dennoch lohnt, die Mühe der Anfahrt und die beschwerlichen Wege auf sich zu nehmen, weiß der Besucher spätestens, wenn er das kleine Theater betreten hat, das nur etwa 4000 Menschen Platz bot – er hat von hier aus einen einzigartigen Blick über Berge, Wälder und Täler, auf die Ebene hinaus und den Golf von Antalya.

Termessos und seine nächste Umgebung sind wegen der eindrucksvollen Ruinen, seiner landschaftlichen Lage, seiner reichen Fauna und Flora zum Nationalpark erklärt worden. Hier gibt es noch Bären, Damwild, Luchse, Schakale und Bezoarziegen mit den halbkreisförmig geschwungenen mächtigen Hörnern, von denen wohl die europäischen Hausziegen abstammen.

Termessos gehört nicht mehr zu Lykien, sondern zur Landschaft Pisidien, und es war keine griechische Stadt. Die Griechen legten ihre Kolonien nie so weit vom Meer mitten im Gebirge an – es waren einheimische »Barbaren« vom pisidischen Stamm der Solymer, die sich hier angesiedelt hatten. Die eigenbrötlerischen Bergler lebten hier gut von den Produkten der Wälder, Weiden und Felder des Taurus, sie wurden reich durch die Zucht von Pferden und Rindern. Die Solymer lernten andererseits die Kultur der Küstenbewohner kennen und schätzen, ließen sich im Lauf der Zeit hellenisieren und schmückten ihre Stadt mit prachtvollen Tempeln, einer Arkadenstraße, mit Theater und Odeon, mit Gymnasion und Stadion, mit Thermen und einer Agora. Termessos blühte noch in römischer Zeit, doch wahrscheinlich schon im 3. Jahrhundert begann der Verfall. Irgendwann in byzantinischer Zeit hat dann wahrscheinlich ein Erdbeben die Stadt zerstört.

In den Geschichtsbüchern taucht Termessos erst zur Zeit des Alexanderzuges auf. Der Makedone wich hier vor den termessischen Truppen zurück, die in der wilden Bergwelt in strategisch günstigen Stellungen den Zugang zu ihrer Stadt sperrten.

Großartig ist die *Nekropole,* die in der Nähe der Bergstadt im Dickicht verborgen liegt. Man sieht Felsgräber und viele Sarkophage, die vom Erdbeben umgeworfen wurden, und an manchen bemerkt man Spuren von Grabräubern. An einer Felswand ist überlebensgroß ein Reiter eingemeißelt: man vermutet, daß hier die Grabstätte eines der Generäle Alexanders, des Alketas, war. Dieser wurde nach dem Tod seines Königs in Termessos aufgenommen, und als der Diadoche Antigonos seine Auslieferung verlangte, tötete er sich selbst.

8 Von Antalya nach Silifke

Schon vor Antalya, wo den Seefahrern seit der Seldschukenzeit das aus acht Säulen gebündelte Minarett den Weg in den Hafen wies, sind die felsigen, steilen Küsten mit den kleinen Buchten weiten Stränden gewichen, hinter denen sich fruchtbares Land ausdehnt. Hier beginnt der Küstenabschnitt, den die Fremdenverkehrsprospekte »Türkische Riviera« nennen, weil hier unter blauem Himmel vor der Kulisse blauer Berge am blauen Meer sich Strand an Strand reiht. Im Altertum hieß die Landschaft am Golf von Antalya Pamphylien, und wo das Gebirge wieder ganz nah ans Ufer herankommt, war das »Rauhe Kilikien«, das hinter Silifke, etwa bei Mersin, ins »Ebene Kilikien« übergeht.

Fährt man von Antalya aus nach Osten, bleiben die letzten Gipfel der zum Lykischen Taurus gehörenden Bey Dağları im Dunst zurück. Die Straße durchschneidet den Nordrand der Schwemmlandebene, sie verläuft entlang der Hügel, die zum Kilikischen Taurus hin ansteigen. Die Flüsse haben hier die Ebene geschaffen, sie haben in Hunderttausenden von Jahren fruchtbares Schwemmgut vom Gebirge herabgeschleppt, das seit Jahrtausenden die hier wohnenden Menschen ernährt.

Die Sage berichtet, nach dem Trojanischen Krieg sei ein Seher aus Griechenland an die kleinasiatische Südküste gekommen, und dieser Seher namens Mopsos habe Pamphylien kolonisiert. Ein ähnlicher Name ist in phönikischer und hethitischer Form als Gründer der Stadt Aspendos überliefert. In diesem »Land aller Stämme« – das bedeutet der Name Pamphylien – lebte man von der Landwirtschaft, vom Holz des Taurusgebirges, das in die Länder des östlichen Mittelmeergebietes ausgeführt wurde, vom Seehandel und nicht zuletzt von der Seeräuberei.

Die meisten Städte lagen weitab von der gefährdeten Küste, am Rand des Gebirges, mit dem Meer durch die weit hinauf schiffbaren Flüsse verbunden. Hier konnte man gut geschützt die Reichtümer anhäufen, die in harter Sklavenarbeit der Ebene, dem Gebirge und dem Meer abgewonnen wurden, man konnte schöne Marktplätze, Tempel und Theater bauen und den jeweiligen Herren des Hinterlandes, sogar den gefürchteten Persern, die kalte Schulter zeigen. Alexanders Siegeszug überstanden die Städte glimpflich, und unter seinen Nachfolgern blühten sie weiter auf. Ein Teil der Küstenbevölkerung verlegte sich dann aber allzusehr auf das uralte und einträgliche »Handwerk« der Seeräuberei, so daß die inzwischen hier das Regiment führenden Römer einschreiten mußten. Aber erst nach über dreißig Jahren, als Pompejus vom Senat Sondervollmachten erhielt, gelang es, mit der Piraterie aufzuräumen. Der römische Feldherr und Gegner Caesars siedelte am Ende alle der Seeräuberei Verdächtigen ins Innere Anatoliens oder in verlassene Städte um. Unter der Römerherrschaft stieg dann der Wohlstand wieder weiter an, neue Prachtbauten kündeten von Reichtum und Luxus.

Doch dieselben Flüsse, denen die Fruchtbarkeit der Ebene und der Zugang zum Meer und damit zu fernen Küsten zu verdanken waren, ließen diese Städte auch wieder veröden: In byzantinischer Zeit versandeten Flußbetten und Häfen, Schiffahrt war kaum mehr möglich. Die Städte verarmten, waren den Angriffen der Araber ausgesetzt und wurden von Erdbeben heimgesucht. Von den letzten Bewohnern verlassen, wurden die Tempel, die Agoren, die von Säulen eingefaßten Prachtstraßen und die reich geschmückten Wohnhäuser von der Macchia überwuchert.

Auf der Fahrt von Antalya kommt man bald an den Fluß Aksu, das »schäumende Wasser«. Es ist der alte Kestros, den einst die Handelsschiffe hinauffuhren, die aus Zypern, aus Ägypten, von der phönikischen oder der libyschen Küste und von der

57 *Zur Befestigung des Hafens von Alanya bauten die Seldschuken in der Unterstadt den Roten Turm, achteckig und rund 35 Meter hoch.*

58 *Armenier, Seeräuber, Kreuzritter und Venezianer haben an der Festung von Anamur gebaut. Sie hatte 36 Türme und galt als uneinnehmbar, bis dann doch Gewalt oder List die starken Mauern brachen.*

59 *Melonen gehören zu den Nationalspeisen der Türken. Wenn die Früchte reif sind, werden sie von den Bauern wagenweise zu den Märkten gefahren.*

ägäischen Inselwelt Waren brachten und mit Holz beladen sich wieder zum Meer hinuntertreiben ließen. Über diesem Fluß, unterhalb des alten Burghügels, liegen die Ruinen von Perge, der Stadt der Artemis Pergeia.

Die nächste Griechenstadt kann man besuchen, wenn man wieder von der Europastraße 24 nach links zum Gebirge hin abzweigt. Sillyon wurde etwa gleichzeitig mit Perge und der nächsten Ansiedlung, Aspendos, gegründet. Die Ruinen sind allerdings noch nicht ausgegraben, außer der schönen Landschaft ist nicht viel zu sehen. Dafür bietet Aspendos mehr. Diese einst bedeutendste Stadt Pamphyliens lag auf einem 50 Meter hohen Hügel über dem Tal des Eurymedon. In der Unterstadt ragt die gewaltige Fassade des römischen Theaters empor, einer der besterhaltenen Theaterbauten der Antike. Wenn man nicht auf demselben Weg zur Hauptstraße zurückkehrt, überschreitet man den Eurymedon auf einer alten seldschukischen Brücke, die wegen der starken Strömungen im Frühjahr den Fluß nicht in gerader Linie, sondern mit einem Knick überquert. Von dieser Brücke hat der Fluß seinen modernen Namen Köprü Çayı, das heißt »Brückenbach«

Auf der Weiterfahrt nach Osten durch die Ebene sind das Meer und die Strandseen an der Küste über weite Strecken hin hinter Baumwollfeldern, Gärten, Plantagen mit Zitronen- und Mandarinenbäumen, hinter Gehöften und Dörfern verborgen. Wenn die Baumwolle blüht, liegt über der Ebene ein gelber Schimmer, und im Herbst meint man, Millionen kleiner Schneebälle auf den Feldern liegen zu sehen. Es sind die Samenhaare des Baumwollstrauchs, sie quellen aus den Früchten in Büscheln hervor, weiß und weich, und sie werden von Frauen gepflückt – Erntemaschinen sind hier noch selten. Gegen Abend kann man Traktoren mit Anhängern beobachten, die durch die Felder fahren und die Pflückerinnen heimholen: Knäuel bunter Kopftücher scheinen sie dann geladen zu haben. Vor den Baumwollmühlen warten im Herbst lange Kolonnen von Wagen mit Ballen der kostbaren Ernte, die hier von den Samenkernen gereinigt wird, ehe man die Haare zu Garn verspinnen kann.

Wo die Ebene langsam ausläuft und die Berge näher rücken, stößt eine felsige Halbinsel ins Meer vor. Hier liegt das Dorf Selimiye, gegründet von türkischen Flüchtlingen, die um die Jahrhundertwende aus dem griechisch gewordenen Kreta gekommen sind. Heute ist das Dorf wegen seiner vielen schönen Strände ein vielbesuchter Badeort. Die Häuser von Selimiye sind von imposanten Ruinen umgeben, denn dies war die antike Stadt Side, die einst das größte Theater Pamphyliens besaß. Unweit der Ruinenstätten von Side kann man im Frühjahr einen Ausflug von der Ortschaft Manavgat hinauf zu den gleichnamigen Wasserfällen des alten Melas, des »schwarzen Flusses«, machen. Inmitten einer grünen Gartenlandschaft rauscht das Wasser über eine Felsbarriere, man kann auf den Inseln des Stroms unter Weidenbäumen Tee trinken, frisch gefangene Forellen vom Grill essen und in der Kühle sitzend auf die Ruinen jenseits des Katarakts hinüberschauen.

Die Ebene wird nun immer schmaler, man kommt an zwei seldschukischen Herbergen für Kaufleute und andere Reisende vorüber, dem Alara Han und dem Şarapsa Han, beide aus dem 13. Jahrhundert. Dann taucht zwischen den Bergen und dem Meer Alanya auf, eine der schönsten Küstenstädte der Türkei und heute dank der langen Sandstrände Seebad Nummer eins am Ostende der Bucht von Antalya.

Beim Fischerdorf Gazipaşa wird die Küste steiler, die Straße windet sich wieder bergauf durch Kiefernwälder, dann wieder hinunter zum Meer, oft unter steilen Felswänden an jähen Abstürzen vorbei. Unten glänzt das Meer, und nach vielem Auf und Ab über Serpentinen ist der südlichste Punkt der kleinasiatischen Halbinsel erreicht, das Kap Anamur. Hier sieht man noch Reste der antiken Stadt Anamurion, oben auf dem Taurusabhang steht das Landstädtchen Anamur mit einem der üppigsten Obst- und Gemüsemärkte der Südküste, und etwas weiter östlich ragen am Ufer die mächtigen, von Zinnen gekrönten Mauern der Festung Anamur empor. Wer hier an einem der schönen Strände das Badeleben genießt, hat die mächtige Burg stets vor Augen.

Jetzt beginnt das »Rauhe Kilikien«, ein Küstenstrich, in dem das Taurusgebirge mit seinen Wäldern so nahe ans Meer reicht, daß kaum Platz für Felder und Gärten bleibt. Heute ist diese einst unwegsame Gegend durch eine der schönsten Panoramastraßen des Mittelmeerufers erschlossen. Sie führt fast immer hoch über dem Meer dahin, hat oft zwölf bis vierzehn Prozent Steigung und geht durch Wälder von Kiefern, Platanen, Eichen und Oleander. Man sieht hinunter auf die blaue Meeresfläche, hie und da auf eine kleine Insel und immer wieder auf eine der winzigen, kleinen oder größeren Buchten, bis man zum flachen Mündungsgebiet des Göksu kommt, wo die Seleukidenstadt Silifke steht, an einem der wichtigsten Tore zum Innern Anatoliens.

Antalya hat als Wahrzeichen das aus acht Säulen gebündelte Minarett. Es liegt unter den letzten Gipfeln des Lykischen Taurus in der geschütztesten Ecke des weiten, nach der Stadt benannten Golfs. Als Mittelpunkt eines fruchtbaren Küstenstrichs ist Antalya ein wichtiger Markt für die landwirtschaftlichen Produkte der Umgebung. Seit den sechziger Jahren ist es weit über seine alten Grenzen hinaus gewachsen, und in den letzten zehn Jahren hat sich die Bevölkerungszahl verdoppelt – die neuen Bewohner kamen aus den Dörfern im Gebirge und aus der Küstenebene, wo landwirtschaftliche Arbeiter durch die zunehmende Mechanisierung immer weniger Beschäftigung finden. Im Westen der Stadt entsteht eine Industriezone, daneben wird der neue Hafen weiter ausgebaut.

Der alte Stadtkern umschließt den alten Hafen, unterhalb eines 20 m hohen Steilufers. Attalos II. von Pergamon hatte hier eine Stadt gegründet, um seine Macht auch an der Südküste Kleinasiens auszudehnen. Er nannte sie nach sich Attaleia. Hier gingen der Apostel Paulus und seine Gefährten Barnabas und Markus an Land, um nach dem damaligen Ikonion im Landesinneren weiterzureisen. Die Byzantiner bauten eine starke Befestigung gegen die Araber, die in immer neuen Wellen die griechischen Städte plünderten und verheerten. Als die westliche Christenheit daranging, das Heilige Land zurückzuerobern, setzten sich hier fränkische Ritter fest, die die jetzt Sadalia genannte Stadt als Stützpunkt für den Verkehr mit den Ländern im Osten ausbaute. Die Seldschuken eroberten schließlich im Jahr 1207 den wichtigen Hafen.

Unter dem Sultan Alaettin Kaykobat I., der von 1219 bis 1236 regierte, mauerten geschickte Handwerker das berühmte *Yivli Minare,* das »gefurchte Minarett«,

Ziegel für Ziegel auf und schmückten es mit blauen Fayenceplatten. Es gehörte zu einer Moschee, die ursprünglich eine byzantinische Kirche gewesen war. Den Seefahrern diente es als Landmarke, es wies den Weg in den sicheren Hafen. Unterhalb dieses seldschukischen Bezirks, zum Hafen hin, erstreckt sich ein Viertel mit schönen alten Häusern, die sorgfältig renoviert worden sind.

Weiter oben, in der alten Stadtmauer, steht das *Hadrianstor,* ein prachtvoller Bau mit Marmorsäulen, der anläßlich eines Besuchs des immer wieder seine Provinzen inspizierenden Römerkaisers errichtet wurde. Ein Teil der Mauer ist noch zu sehen. Antalya hat auch einige schöne alte Moscheen.

In einer der Straßen am Rand der Altstadt reiht sich Lokanta an Lokanta, deren Besitzer mit lauten Rufen Gäste anwerben. Hat man sich an einem der Tische niedergelassen, bringen die dem Kindesalter noch nicht entwachsenen Kellner im Laufschritt Kebap und Pilaw.

Das *Archäologische Museum* am westlichen Stadtrand besitzt Schätze von Ausgrabungen in der Umgebung, in der ethnographischen Abteilung ist interessante Volkskunst ausgestellt.

Östlich der Stadt und des Lara-Strands kommt der Fluß Düden aus dem Gebirge; er stürzt zuerst über eine Felsbarriere in die Ebene hinab, dann rauschen die Fluten über einen unteren Wasserfall direkt ins Meer.

Perge war wie Ephesus die Stadt der Göttin Artemis. Auch die Artemis von Perge hatte wenig mit der jungfräulichen Jägerin und Schwester des hellnüchternen Apollon gemeinsam, sie war asiatischer Herkunft, eine wandernde Mondgöttin aus dem an mächtigen Weibern reichen anatolischen Götterhimmel, von dem ihr Kultbild einst auf einem Meteor herabgefallen sein soll. Ihr berühmter Tempel konnte bisher noch nicht aufgefunden werden.

Die Stadt wurde wohl von Griechen aus der Argolis um das Jahr 1000 gegründet, auf einem gegen Überfälle gesicherten Hügel hinter dem Schwemmland, mit dem Meer durch den schiffbaren Kestros verbunden. Perge brachte ein mathematisches Genie hervor, Apollonios, der bis 190 nach Christus lebte und sich in seinen teils griechisch, teils in arabischer Übersetzung erhaltenen Werken mit den Kegelschnitten und den Planetenbahnen beschäftigt hat.

Stoff für die Skandalchronik der Römer lieferte Perge um das Jahr 80 v. Chr., als der Gouverneur Verres den Artemistempel plünderte und die geraubten Skulpturen in seine römische Villa bringen ließ. Er wurde deshalb und wegen seiner mafiosen Verwaltungspraktiken in anderen kleinasiatischen Städten und auf Sizilien von Cicero angeklagt – die meisterhaften Reden seines Anklägers sind noch heute erhalten.

Seine Blütezeit erlebte Perge im 2. Jahrhundert n. Chr.; fast alle bedeutenden Bauten stammen aus dieser Zeit. Warum die Stadt in der byzantinischen Epoche dahinsiechte und was an ihrem Untergang schuld war, wissen wir heute nicht.

Außerhalb der Stadtmauern ist in einen Berghang das *Theater* hineingebaut. Es hatte Platz für ungefähr 15000 Zuschauer, auf 40 Rängen. Im Jahr 1835 fand es der französische Reisende Charles Texier noch in ausgezeichnetem Zustand vor, dann aber wurde es von den Einwohnern des Dorfes Murtana als Steinbruch benutzt. Das *Stadion* hatte riesige Ausmaße von 234 x 34 m und konnte auf den 12 Sitzstufen 27000 Zuschauer aufnehmen. In den Gewölben, die die Sitzreihen trugen, hatten Händler und Handwerker ihre Läden und Werkstätten.

Vom Tor der römischen Mauer im Süden, die um die zu eng gewordene hellenistische Stadtbefestigung herum errichtet wurde, kommt man zum alten *Südtor,* dessen zwei mächtige Rundtürme als einziges Zeugnis der ersten Umwallung stehengelassen wurden. Von hier aus erstreckt sich eine prachtvolle *Arkadenstraße,* deren Säulen man wieder aufgerichtet hat, nach Norden bis zur Akropolis. Neben der Prachtstraße war eine große, von Säulenhallen und Läden umgebene quadratische *Agora.* Gut erhalten sind die Reste eines *Nymphäums,* also einer Brunnenanlage, mit der liegenden Figur des Flußgottes Kestros, und

die Ruinen des *Gymnasions.* Man sieht auch noch die Ruinen von Thermen und von einer christlichen Basilika. Oben auf der Akropolis suchen türkische Archäologen noch immer nach den Resten des Artemistempels.

Aspendos lag wie die meisten Städte des südlichen Kleinasien an einem schiffbaren Fluß, geschützt auf einer Anhöhe, umgeben von fruchtbaren Ebenen. Besonders ergiebige Salinen lieferten reichlich Meersalz, das ausgeführt wurde und viel zum Wohlstand der Bürger beitrug. Am besten ging es den Aspendiern in der römischen Kaiserzeit, doch als in der Spätantike auch ihr Hafen versandete, verfiel die Stadt bald.

Aus Aspendos berichtet Flavius Philostratus aus Lemnos, der zum Gelehrtenzirkel der Kaiserin Julia Domna (gest. 217) gehörte und über die Sophisten schrieb, eine eigenartige Geschichte. Danach kam der neupythagoreische Wundertäter Apollonios von Tyana in Kappadokien nach Aspendos, als die Stadt gerade in hellem Aufruhr war. Die Großgrundbesitzer hatten Getreide gehortet, um es teuer an auswärtige Händler zu verkaufen, während das Volk hungerte. Die aufgebrachte Masse griff gerade den Bürgermeister an, der sich als unfähig erwiesen hatte. Obwohl Apollonios zu dieser Zeit unter einem fünfjährigen Schweigegelübde stand, gelang es ihm, die Großgrundbesitzer dazu zu bringen, daß sie das Korn zu reellen Preisen auf dem Markt der Stadt verkauften. Der wandernde Wundermann hatte folgende Rede auf eine Tafel geschrieben: »Die Erde ist die Mutter aller Menschen, ihr aber habt euch strafbar gemacht, indem ihr sie als eure eigene Mutter beansprucht. Wenn ihr die Armen hungern laßt, werde ich es euch nicht mehr erlauben, auf dieser Erde zu leben.«

Das Prunkstück von Aspendos ist das *Theater:* Man sieht das hohe Bühnenhaus schon von fern, wenn man von der Hauptstraße aus ins Tal des Köprü Çayı hinauffährt. Es ist das am besten erhaltene antike Theater, erbaut wurde es im 2. Jahrhundert n. Chr. von dem einheimischen Architekten Zenon als Stiftung der Brüder Curtius Crispinus Arruntianus und Curtius Auspicatus Tritinnianus. Der Zuschauerraum ist zwar in den Abhang des Tafelberges, auf dem die Oberstadt von Aspendos liegt, hineingebaut, er bildet jedoch mit dem davorgebauten Bühnenhaus eine architektonische Einheit – das Charakteristische für ein Theater römischen Typs. Hier hatten an die 20000 Zuschauer Platz auf 40 Sitzreihen. Der Zuschauerraum wird durch eine Arkadengalerie abgeschlossen, über ihm konnte man Sonnensegel aufspannen. Ein über der Bühne aufgehängtes Dach diente der besseren Akustik.

Der gute Erhaltungszustand ist nicht zuletzt den Seldschuken zu verdanken. Diese benützten das Gebäude als Karawanserei und besserten deshalb kleine Erdbebenschäden aus. Im Bühnengebäude hatte Sultan Alaettin Kaykobat, der in Konya hofhielt, das Yivli Minare in Antalya errichtet hat und Alanya zur Seefestung ausbauen ließ, einen Sommersitz: An einigen Wänden sind noch schöne seldschukische Kacheln erhalten geblieben.

40 Meter über der Szene des Theaters und über der Eurymedon-Ebene liegen die Ruinen der *Oberstadt* von Aspendos mit Toren, Thermen, einem Marktplatz und einem Stadion, einer Markthalle, einer Basilika, einem Rathaus, dem 16 m hohen Nymphäum und Resten anderer Bauten. Der *Aquädukt* ist einer der eindrucksvollsten und am besten erhaltenen in der Türkei. Von der Oberstadt aus bietet sich ein schöner Ausblick über die Ebene bis hin zum Meer.

Side lebte einst vom Sklavenhandel, heute lebt es vom Tourismus. Die schönen Strände besaß es wohl schon seit jeher, doch im Altertum hatte es auch einen sicheren Hafen, an der Spitze des 800 m weit ins Meer vorstoßenden Vorgebirges, auf dem die alte Stadt und das heutige Dorf Selimiye liegen. Die Kaufleute von Side führten Öl und in Salz eingelegte Fische aus, und zur Blütezeit der Stadt zwischen dem 2. Jahrhundert v. Chr. und dem 2. Jahrhundert n. Chr. kamen Händler von weither, um hier Sklaven aus Asien, Afrika und Nordeuropa anzubieten oder zu kaufen. Wegen ihrer Kaufmanns- und Piratenmen-

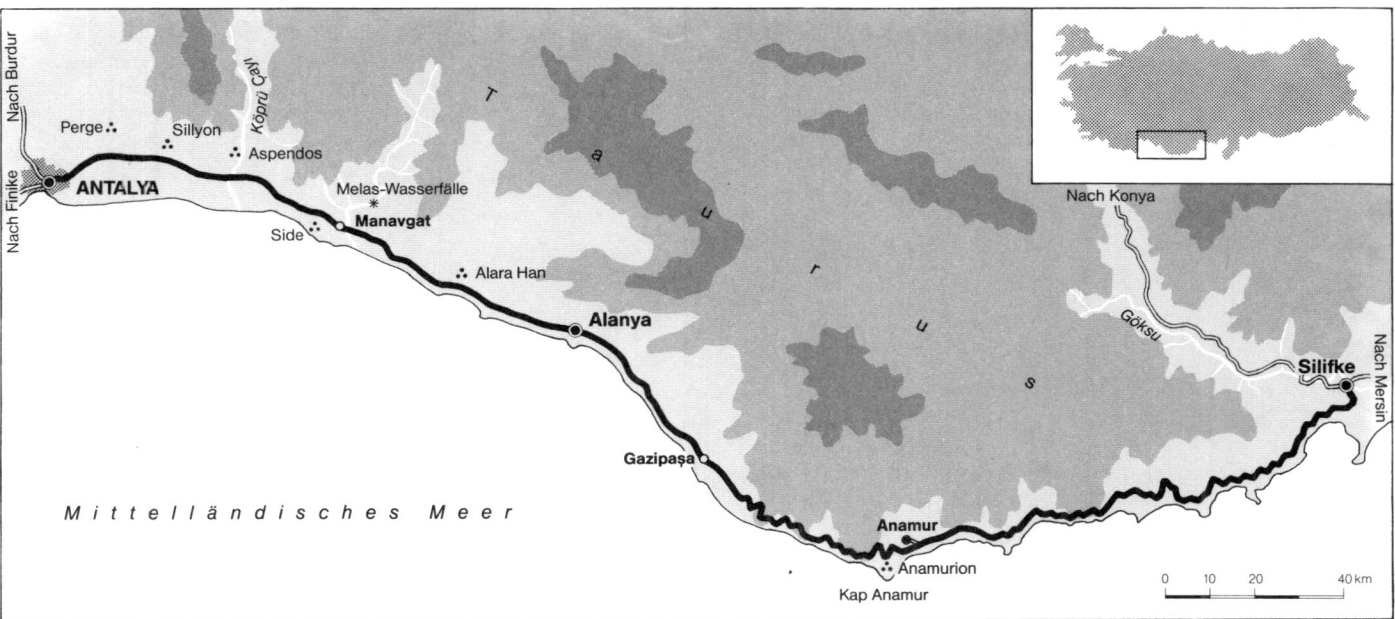

talität scheinen die Bewohner von Side keinen guten Ruf gehabt zu haben, wenn man dem Liedermacher und Satiriker Stratonikos aus Athen glauben darf – er hielt sie nämlich für die größten Schurken der Welt. Der Überlieferung nach wurde Side von Kolonisten aus der Äolerstadt Kyme gegründet, die hier die Sprache der Altansässigen annahmen und ihr Griechisch vergaßen. Auch der Name der Stadt ist vorgriechischen Ursprungs, er bedeutet Granatapfel – dieses Fruchtbarkeitssymbol ist auf den Münzen Sides als Wappenbild zu sehen. In hellenistischer Zeit scheint die sidetische Sprache dem Griechischen gewichen zu sein.

Nach der großen Blütezeit kam für Side eine Epoche des Niedergangs, aber im 5. Jahrhundert gewann es wieder an Bedeutung. Dann versandete der Hafen, arabische Überfälle verunsicherten den Handel, der Rest der städtischen Bevölkerung zog ins sichere Attaleia – das verlassene Side wurde deshalb noch lange Zeit Eski Antalya, Alt-Antalya, genannt. Das heutige Dorf Selimiye, dessen Häuser sich zwischen den Ruinen eingenistet haben, besteht erst seit der Jahrhundertwende, als sich muslimische Flüchtlinge aus Kreta hier ansiedelten.

Seit 1947 wird das alte Side von türkischen Archäologen ausgegraben, und in den restaurierten römischen *Thermen* haben sie ein sehenswertes *Museum* mit Funden aus der Stadt und der Umgebung eingerichtet. Neben Kopien klassischer Skulpturen aus der Römerzeit stehen unter anderem auch zwei besonders schöne Sarkophage: Der eines Kindes zeigt an den Ecken Siegesgöttinnen, und auf einer Seite spitzt ein kleiner Hund aus einer geöffneten Tür hervor; der sogenannte Erotensarkophag, der in Athen entstanden ist, trägt einen Fries mit musizierenden, tanzenden und trinkenden Eroten – ein Meisterwerk phantasievoller und anmutiger Genrekunst der Spätantike.

Das *Theater* von Side war das größte von Pamphylien. Da es nicht an einen Berghang gebaut werden konnte, haben seine Unterbauten gewaltige Ausmaße. Von den obersten Sitzreihen aus blickt man über eine weite Ruinenlandschaft, die sich zwischen der Macchia, den Lorbeerbäumen und Myrtenbüschen, zwischen den Häusern des Dorfes, den Sanddünen und Meer erstreckt. Wo einst der Hafen war, neben den Überbleibseln der beiden Tempel der Athena und des Apollon, liegen jetzt die Urlauber im Sand.

Alanya hieß bei den Byzantinern Kalonoros, der schöne Berg. Der 250 m hohe Felsen aus Marmor, auf dem sich Burg und Altstadt erheben, bietet auch noch heute einen schönen Anblick, wenn man sich von Antalya her entlang der weißen Strände der Stadt nähert oder wenn man vom südöstlichen, großen Strand aus bei Sonnenuntergang die von Mauerzinnen und Türmen eingefaßte Silhouette betrachtet. Mit seinen Stränden, mit der malerischen, ganz orientalischen

Altstadt, mit seinen Hotels, Fischrestaurants und Teegärten am Ufer ist Alanya eines der großen Tourstenziele der Südküste geworden, und in der Hochsaison wimmelt es hier von Badegästen und durchreisenden Türkeifahrern.

Einst war Alanya einer der gefürchtetsten Piratenstützpunkte des östlichen Mittelmeers. Im 2. Jahrhundert v. Chr. baute der Seeräuber Diodoros Triphon (der zweite Name bedeutet der »Schwelgerische« oder der »Prunkliebende«) auf dem in die See hinausragenden steilen Felsen eine Burg, die Pompejus auf seinem Feldzug gegen die Korsaren zerstörte. Antonius, der Gegenspieler von Octavian, dem späteren Kaiser Augustus, schenkte die Stadt Korakesion seiner Geliebten, der ägyptischen Königin Kleopatra, denn hier wurde das Holz der Tauruswälder nach dem holzlosen Nilland verschifft. Im Mittelalter war hier der Sitz eines armenischen Fürsten, der 1221 dem Seldschukensultan Alaettin Kaykobat I. weichen mußte. Von dem in Konya residierenden mächtigen Fürsten hat Alanya auch seinen Namen. Kaykobat ließ die Festung ausbauen und machte die Stadt zur Herrin des Seehandels im östlichen Mittelmeer. Er gründete eine Werft, deren Hallen aus dem Felsen herausgehauen wurden – in dieser »Tersane« genannten Anlage liegt noch heute zuweilen ein neues Fischerboot auf Kiel. Zu Kaykobats Zeiten baute man hier schnelle Kriegsschiffe, die den Handel mit Zypern, mit Syrien und vor allem mit Ägypten sicherten. Nach Alanya kamen venezianische und genuesische Kaufleute, um hauptsächlich Gewürze und Seide einzukaufen. Seide ist übrigens noch heute eine Spezialität von Alanya: Oben in der Festung bieten Frauen und Kinder den Touristen schöne, mit gehäkelten Spitzen eingefaßte Seidentücher an.

Anamur ist ein Städtchen nahe des südlichsten Punkts der kleinasiatischen Halbinsel, des Kaps Anamur. Hier, im »Rauhen Kilikien«, ist das Ufer unterhalb der Taurusberge zwar sehr steil, und zuweilen reichen die Wälder mit Kiefern, Eichen, Platanen und Oleander bis zu den Felsabstürzen über dem Meer, aber es gibt überall genug Strände und Badebuchten.

Fast 2 km vom Meer entfernt liegt, den Hang hinaufgebaut, die moderne Anamur. Darunter haben Archäologen aus Kanada das alte Anemurion ausgegraben. Die Stadt hat ihren Namen vom griechischen Wort für Wind, Anemos, denn das gleichnamige Kap ist noch heute starken Winden ausgesetzt. Aus den prachtvollen Fresken und Mosaiken, die man hier gefunden hat, kann man schließen, daß die Bürger von Anemurion reich waren: der Reichtum stammte vom Handel mit dem nahen Zypern.

Es gab hier ein großes Theater, ein Odeon und Thermen, die mit großem Luxus ausgestattet waren. In der Spätantike litt die Stadt unter den Einfällen der im Taurus lebenden Isaurier, später erholte sie sich wie-

der, bis unter dem Ansturm der Araber die Umgebung unbewohnbar wurde.

Die große Sehenswürdigkeit von Anamur ist die unmittelbar am Meer stehende Burg mit ihren 36 Türmen. Ursprünglich von den Armeniern errichtet, war sie eine Zeitlang Schlupfwinkel von Seeräubern, bis Kreuzfahrer und Venezianer sie zu Anfang des 12. Jahrhunderts zu einer starken Festung ausbauten. Die Emire von Karaman haben ein Jahrhundert später die Befestigungswerke restauriert und eine Moschee hinzugefügt.

Silifke verdankt sein Entstehen und seinen Namen dem Diadochen Seleukos I. Nikator, König von Syrien, der um das Jahr 281 an der Mündung des Kalykadnos, der heute Göksu heißt, eine feste Stadt gegen die Einfälle der Taurusstämme gründete. Außer dem kilikischen Seleukeia ließ er zu seinem Ruhm noch eine Stadt gleichen Namens am Tigris in Mesopotamien gründen, dann Seleukeia Pieria, den Hafen von Antiochien.

In der Antike hatte die Stadt einen sehr guten Hafen, und von hier aus konnte man die Landverbindung mit dem anatolischen Hochland nach Ikonion, dem heutigen Konya, sowie den Seeweg entlang der Küste nach Syrien kontrollieren. Von der alten Stadt ist kaum etwas erhalten, außer *Nekropolen* aus heidnischer und christlicher Zeit. Die christliche Totenstadt befindet sich auf einer Anhöhe südlich von Silifke: In einer der Höhlen soll die heilige Thekla gelebt haben, eine Jüngerin des unweit von hier, in Tarsus, geborenen Apostels Paulus.

Über der Stadt erhebt sich die gewaltige *Burg,* an der Byzantiner, Armenier und die Johanniterritter aus Rhodos gebaut haben. Das heutige Silifke ist von einer fruchtbaren Ebene umgeben, die der Göksu angeschwemmt hat; es ist wie in der Antike auch noch heute ein wichtiger Verkehrsknotenpunkt. Von Taşucu aus, dem Hafen von Silifke, kann man nach Zypern übersetzen.

In über 1000 m Höhe liegen 30 km nördlich von Silifke die Ruinen von *Olba Diokaisareia.* Die Teukriden, die Zeuspriester von Olba, herrschten seit dem 3. Jahrhundert v. Chr. bis ins 1. Jahrhundert n. Chr. über weite Gebiete des westlichen Kilikiens. Vom Tempel des Wettergottes Zeus Olbios stehen noch 24 Säulen, vom Tempel der Schicksalsgöttin Tyche noch fünf korinthische Granitsäulen – ursprünglich besaß die Frontseite des Heiligtums sechs. Gewaltig ist das dreibogige Stadttor aus römischer Zeit, und an der Stadtmauer steht ein 22 m hoher Turm mit einer Stufenpyramide, das Grabmal eines wohl um 200 v. Chr. verstorbenen Priesterfürsten. Von diesem Turm hat das Dorf neben den Ruinen seinen Namen: Uzuncaburç bedeutet »hoher Turm«. Die Stadt Olba selbst lag etwas weiter östlich, von ihr sind nur wenige Überreste erhalten.

9 Von Silifke nach Antakya

Hinter Silifke, wo das »Rauhe Kilikien« unter den steilen und bewaldeten Abhängen des Taurus endet, durchfährt man im letzten Abschnitt der türkischen Mittelmeerküste drei verschiedene Landschaften: Zuerst ist im »Ebenen Kilikien« der Küstenstreifen noch schmal, aber dann öffnet er sich immer weiter, bis er in die heute Çukurova genannte fruchtbare Schwemmlandebene der beiden Flüsse Seyhan und Ceyhan übergeht. Wo die kleinasiatische Halbinsel an die vorderasiatische Landmasse angewachsen ist, im innersten Winkel des östlichen Mittelmeeres, dem Golf von İskenderun, beginnt hinter den Küstengebirgen das syrische Steppengebiet. Nach dem Mündungsdelta des Göksu bei Silifke biegt das Taurusgebirge und damit die Küste nach Nordosten ab. Hier, unter den Bergen des Taurusbogens, reiht sich wieder eine Ruinenstätte an die andere, und eine Badebucht folgt der anderen. Da ist zuerst Korasion, eine erst in der Spätantike gegründete Stadt, deren Ruinen noch nicht erforscht sind. Nicht weit oberhalb der Küstenstraße gibt es zwei etwas unheimliche, aber interessante Sehenswürdigkeiten: die Korykischen Grotten, die heute Cennet ve Cehennem heißen, zu deutsch »Himmel und Hölle«. Diese Karsthöhlen hat das durch den porösen Kalk sickernde Regenwasser ausgewaschen, das sich in unterirdischen Flüssen sammelt. Wo der vom Wasser gelöste Kalk sich wieder setzt, wird Kohlensäuregas frei, das an den Höhleneingängen in die Höhe steigt – in antiker Zeit ließen sich Wahrsagepriester von den betäubenden Dünsten in Trance versetzen. Hier war der Sage nach einer der Eingänge in die Unterwelt, und hier wohnte das schlangenähnliche Ungeheuer Typhon, Vater des Höllenhundes Kerberos. In christlicher Zeit versuchte man die heidnischen bösen Geister dadurch zu bannen, daß man am Eingang der später »Himmelsgrotte« genannten Höhle eine Marienkapelle baute. Heute noch glaubt die einheimische Bevölkerung daran, daß hier Geister wohnen, denn man findet an Büschen und Sträuchern angebundene Stoffetzen, die – wie mancherorts in der Türkei – die Geister dazu bewegen sollen, dem Bittsteller einen dringenden Wunsch zu erfüllen. Nicht weit von den Grotten sprudelt die schon im Altertum und auch heute noch wegen ihres köstlichen Wassers gerühmte Quelle Narlıkuyu (»Granatapfelbrunnen«), die einst ein Bad speiste, von dem noch ein schönes Mosaik, die drei Grazien darstellend, erhalten ist.

Neben der großen Ruinenstätte von Korykos steht seit dem Mittelalter die mächtige Armenierburg, der gegenüber auf einer kleinen Insel die Festung Kız kalesi im blauen Meer zu schwimmen scheint. Wenn man Zeit hat, kann man sich in der Nähe die Nekropolen von Korykos, von Elaiussa Sebaste und von Kanyetellis anschauen, wo man auf den Grabmälern und Sarkophagen Symbole der alten griechisch-römischen, der jüdischen und der christlichen Religionen findet; manche Inschrift gibt den Beruf des Verstorbenen an.

Beim Fluß Lamas geht die steile Küstenlandschaft ins »Ebene Kilikien« über. Der Küstenstreifen wird breiter, es ist Platz für Plantagen und Felder, auf denen Orangen, Zitronen, Bananen und Baumwolle gedeihen. In der Nähe von Viranşehir stehen die spärlichen Ruinen von Solio, einer um 700 v.Chr. gegründeten Griechenstadt, in der Pompejus nach dem Sieg über die Seeräuber seine Gefangenen ansiedelte; sie wurde seither Pompeiopolis genannt.

Bei der Industrie- und Hafenstadt Mersin beginnt die Çukurova, das »tiefe Feld«, eine der fruchtbarsten Gegenden der Türkei. Die von den Flüssen Seyhan und Ceyhan geschaffene Ebene trägt kleine Dörfer und weite Felder, auf denen vor allem Baumwolle angebaut wird. Die Çukurova ist der Schauplatz von »Mehmed mein Falke« und anderer Romane von Yaşar Kemal, der das mühsame Leben der Bauern und Nomaden beschreibt, ihre Abhängigkeit von den Großgrundbesitzern, die landhungrig und profitgierig unter dem Schutz korrupter Beamter Macht und

60   *Ein Wasserverkäufer mit seinen schönen blankgeputzten Gefäßen belebt das Straßenbild.*

61   *Im Archäologischen Museum von Antakya, dem alten Antiochien, sieht man eine große Sammlung von Mosaiken aus römischer Zeit. Die meisten stammen aus dem Villen- und Badevorort Daphne. Gut erhalten ist diese Darstellung des Liebesgottes Eros.*

62   *Hinter dieser Fassade aus der Kreuzfahrerzeit ist die Grottenkirche verborgen, in der nach der Überlieferung der Apostel Petrus zu den ersten Christen von Antiochien gepredigt hat.*

63   *In dem Hügelland an der syrischen Grenze zwischen Antakya und Gaziantep liegen verstreut kleine Dörfer, deren Bewohner Weizen, Linsen, Melonen, Pistazien und Baumwolle anbauen.*

Reichtum mehren, das Aufbegehren der Armen und die Vergeblichkeit ihres Kampfes.

Am Nordrand der Çukurova geht die Straße unter den Ausläufern des Taurusgebirges nach Tarsus, der Heimat des Apostels Paulus, und in der viertgrößten Stadt der Türkei, Adana, wird der Seyhan, der westliche der beiden großen Flüsse dieser Ebene, überschritten. Oberhalb von Adana liegt der Seyhan-Stausee; er dient der Bewässerung der Baumwollfelder in der Trockenzeit und der Stromerzeugung, hierher kommen die begüterten Einwohner der Stadt zum Wassersport.

Am zweiten großen Fluß der Çukurova, dem Ceyhan, ist neben dem Dorf Yakapınar die Stätte von Misis zu finden, das einst Mopsuhestia hieß und wahrscheinlich um die Mitte des zweiten Jahrtausends von Hethitern gegründet wurde. In römischer und byzantinischer Zeit war Mopsuhestia wegen seiner strategisch günstigen Lage am Übergang des Flusses Priamos, des heutigen Ceyhan, ein wichtiger Ort. Im 13. und 14. Jahrhundert hatten die Genuesen hier einen Stützpunkt für den Handel mit dem Landesinneren. Deutsche Archäologen, die hier Ausgrabungen leiteten, haben ein kleines Mosaikmuseum gebaut, in dem Darstellungen der Arche Noah und andere Motive zu sehen sind.

Den Ceyhan überquert man in der Nähe des Agrarstädtchens, das den Namen des Flusses trägt und am südlichen Rand der großen, von Bergen umrahmten Ebene von Anavarza liegt. Im Norden dieses Beckens, beim Dorf Anavarza, fand man die Ruinen von Anazarbus, das der Ebene den Namen gegeben hat. Die Stadt war eine römische Gründung, im Jahr 100 wurde es Hauptstadt des Armenierkönigs Toros I. Zu sehen sind noch ein dreitoriger Triumphbogen und ein schöner Mosaikfußboden in der Unterstadt sowie die Reste einer armenischen Grabkirche. In die Ebene ringsum ergießen sich viele Gebirgsbäche, die die Reisfelder der Anavarza-Ebene bewässern. Hier wächst ein Großteil des Reises, den die Türken für ihren geliebten Pilaw brauchen. Allerdings hat der Staat die Anbauflächen eingeschränkt, weil die Reisfelder Brutstätten der Malaria sind. Weite Flächen sind auch mit Baumwolle und Weizen bepflanzt. Am Ostrand der Ebene liegen in den Bergen die hethitischen Ruinenstätten von Karatepe und Domuztepe.

Ehe man die kleinasiatische Halbinsel verläßt und nach Süden abbiegt, sieht man die von Armeniern im 12. Jahrhundert erbaute Burg Toprakkale auf einem steilen Felsen vor sich. Es geht jetzt ins Hügelland hinein, das sich vor der Küste des Golfs von İskenderun ausbreitet, und oben auf der Höhe des Topboğazı-Passes hat man die schmale Küstenebene vor Augen, an deren Rand die von Orangenhainen umgebene Stadt Dörtyol liegt – ihr Name bedeutet einfach »Straßenkreuzung«; diese Bezeichnung kommt in der Türkei immer wieder vor, auch auf Zypern und sogar als Name eines Stadtviertels (Dorčol) in der jugoslawischen Hauptstadt Belgrad. Hier bei Dörtyol fand wahrscheinlich die Schlacht statt, deren Jahreszahl so leicht zu merken ist: »Drei, drei, drei – bei Issos Keilerei«. Diese Schlacht, die Alexander der Große mit nur 40000 Mann gegen die halbe Million Soldaten des Perserkönigs Dareios III. gewann, leitete eine neue Kulturperiode, den Hellenismus, ein.

Kurz vor İskenderun steht bei Saraseki der alte Turm, den man »Baba Yunus«, Vater Jonas, nennt. Er soll die Stelle bezeichnen, wo der Herr dem Walfisch befohlen haben soll, den von ihm verschluckten Propheten Jonas wieder an Land zu speien. Bei Yakacık sind Reste der Seleukidenstadt Baiae und des alten Payas zu sehen, wo im Mittelalter ein bedeutender Handelsplatz war. Sultan Süleyman der Prächtige ließ hier eine Karawanserei, eine Medresse, eine Moschee, ein Bad und einen Basar erbauen; in einiger Entfernung liegen die Ruinen eines Kreuzfahrerkastells. Ehe man in İskenderun einfährt, kommt man am größten Stahlwerk der Türkei vorbei.

Hinter İskenderun geht es hinauf ins Amanosgebirge. Den Übergang in die Amik-Ebene bewacht die von Kreuzrittern erbaute, von Armeniern und vom Mamelukenherrscher Saladin beherrschte Burg Bakras. Unten in der Ebene liegt der sumpfige Amik-See, um den herum Baumwolle gedeiht. Durch eine üppig bewachsene Gegend – überall leuchten die rosafarbenen Blüten der graugrünen Oleanderbäume – kommt man im Tal des Asi, der im Altertum Orontes hieß, nach Antakya, das einst als Antiochien eine der Weltstädte der Antike war.

Zur syrischen Grenze gibt es von Antakya aus zwei Straßen: Die eine führt nach Osten über Reyhanlı nach Aleppo, der bedeutendsten Stadt des syrischen Nordens, die andere geht über den Erholungsort Harbiye hinauf ins Gebirge und durch den Ort Yayladağı zum Grenzübergang Ordu und dann vorbei an der berühmten Ausgrabungsstätte von Ugarit, wo Siedlungsreste aus dem 7. Jahrhundert v. Chr. gefunden wurden, zur Hafenstadt Lattakia.

64 *Überall in der Türkei ziehen Schausteller, meistens Zigeuner, mit ihren Tanzbären durch die Städte und Dörfer – sie finden sicher ihr Publikum.*

Reiselexikon

Korykos ist eine antike Siedlung, von der wenig bekannt und wenig erhalten ist. Man kennt die Korykischen Grotten in der Nähe, heute nennt man sie Cennet ve Cehennem, »Himmel und Hölle«. Die Überlieferung berichtet, daß die Alten hier den Eingang in die Unterwelt sahen und daß hier das Ungeheuer Typhon wohnte. Von den Ruinen von Korykos ist kaum mehr etwas zu sehen; die des benachbarten Eleiussa Sebaste sind von Sand bedeckt. Wahrscheinlich sind die beiden Städte irgendwann im frühen Mittelalter von den Arabern zerstört worden.

Zu Beginn des 12. Jahrhunderts bauten die Byzantiner auf einer kleinen Insel vor der Stätte des alten Korykos eine Burg, später sicherten Armenier die Küste gegenüber durch eine neue Befestigungsanlage. Nach der Vernichtung des Königreichs Armenien, das im Osten beinahe bis zum Kaspischen Meer und im Westen fast bis zum Mittelmeer reichte und seinen Mittelpunkt um den Berg Ararat hatte, durch die Seldschuken, waren armenische Fürsten nach Kilikien gekommen. In dem »Kleinarmenien« genannten Gebiet gründeten sie Fürstentümer, und in der Kreuzzugszeit entstand sogar ein neues Königreich Armenien. Bei der feierlichen Krönung des Königs Leo II. am 6. Januar 1198, die wahrscheinlich im nahen Tarsus stattfand, waren der deutsche Kanzler Konrad von Hildesheim als Vertreter des römischen Kaisers und Erzbischof Konrad von Mainz als päpstlicher Legat anwesend, außerdem Bischöfe der Ostkirchen und ein Abgesandter des Kalifen von Kairo. Das kleinarmenische Reich ging im 14. Jahrhundert im Ansturm der ägyptischen Mameluken unter.

Der heutige Name der *Inselfestung, Kız Kalesi*, »Mädchenburg«, geht auf eine alte Sage zurück. Danach soll einem Sultan geweissagt worden sein, seine Tochter würde durch den Biß einer Schlange sterben. Er ließ sie deshalb auf das Inselschloß bringen, denn dort gab es keine Schlangen. Als er aber eines Tages einen Korb mit Früchten schickte, hatte sich darin eine Schlange verborgen – die Weissagung erfüllte sich trotz der Fürsorge des Vaters.

Die Inselfestung war noch lange in christlicher Hand, sie wurde erst 1448 von den Emiren von Karaman erobert. Heutzutage sind die Strände auf dem Festland in der Hand der Badegäste, sonnenhungriger Europäer und türkischer Großstädter.

Mersin ist eine junge Stadt auf altem Boden. Sie entstand erst um die Mitte des 19. Jahrhunderts, viele Gebäude wurden aus den Steinen des benachbarten antiken Soloi oder Pompeiopolis errichtet. Seit 1933 ist Mersin die Hauptstadt der Provinz İcel. Der Hafen hat sich zum größten der türkischen Südküste entwikkelt, hier werden die landwirtschaftlichen Erzeugnisse der Çukurova verschifft: Baumwolle, Weizen, Reis, Tabak, Zitrusfrüchte und Ölpflanzen. Daneben ist ein großes Industrieviertel mit einer Düngemittelfabrik und einer Ölraffinerie entstanden. Die Stadt hat weit über 200000 Einwohner, die Wohnviertel erstrecken sich beträchtlich über das adrette Zentrum hinaus, es gibt auch viele Gecekondu genannte Slums. Mersin ist mit der Bagdadbahn verbunden, eine Autofähre verkehrt von hier aus nach dem türkischen Teil von Zypern. Die türkische Marine hat hier einen Kriegshafen.

Auf dem Boden der jungen Stadt, bei dem im Westen gelegenen Yümüktepe, fand man 33 Schichten mit Spuren von Besiedlungen, die älteste aus der Zeit um 6000 v. Chr., die jüngste aus der frühen islamischen Periode.

Tarsus, die Stadt am nordwestlichen Rand der kilikischen Ebene, kann auf eine Vergangenheit von schätzungsweise 3500 Jahren zurückblicken – sie hat auch seit über 3000 Jahren ihren Namen behalten. Die Siedlung am Kreuzungspunkt der Handelswege der Küste entlang und ins Innere Anatoliens hinein wird schon im 14. Jahrhundert v. Chr. von den Hethitern erwähnt. Um 1200 kamen dorische Griechen hierher, dann wurde die Stadt von den Assyrern erobert und im Jahr 696 von König Sanherib zerstört, weil die Bewohner gegen die Herrschaft Ninives revoltierten.

In den Geschichtsbüchern taucht Tarsus erst wieder auf, als Alexander d. Gr. es im Jahr 333 einnimmt und sich bei einem Bad im Fluß Kydnos, der durch die Stadt fließt, ein beinahe tödliches Fieber holt. Im Seleukidenreich hatte die Stadt einen besonders guten Ruf unter den griechischen Intellektuellen, denn sie war Sitz einer stoischen Philosophenschule. Im Jahr 91 v. Chr. nahmen Armenier Tarsus ein und zerstörten es. Unter den Römern, denen es 64 v. Chr. zugefallen war, richteten sich hier die Statthalter der Provinz Kilikien ein. Einer von ihnen war der Schriftsteller, Philosoph und Politiker Marcus Tullius Cicero, der eifrig den Kontakt mit den gelehrten Bürgern von Tarsus pflegte. Die Stadt war damals reich, sie lebte von Handel, denn der Kydnos war weit hinauf schiffbar.

Caesars einstiger General Marcus Antonius, der sich im Kampf gegen seinen Konkurrenten Octavian auf den Osten stützte, empfing hier die ägyptische Königin Kleopatra, die einige Jahre vorher die Geliebte Caesars war, um sie als Verbündete zu gewinnen. Kleopatra kam mit großem Gepränge als Tarsus an: Ihre Galeere, so schildert es der Geschichtsschreiber Plutarch, fuhr mit purpurn gefärbten Segeln und silbernen Ruderblättern den Kydnos herauf, auf dem Deck lag in verführerischer Pose die schöne Königin. Antonius war ihr im Nu verfallen, und die Stadt wurde zum Schauplatz verschwenderischer Feste, die das Liebespaar veranstaltete. Den Ort seiner glücklichen Tage und Nächte machte Antonius zur freien Stadt. Als nach dem Sieg über den Beherrscher des Ostens Octavian, der später Augustus genannt wurde, in Tarsus einzog, ließ er es dabei – schließlich war sein verehrter Lehrer, der Philosoph Athenodoros, ein gebürtiger Tarser.

Das war auch der jüdische Zeltmacher Saulus, der in Jerusalem nach dem Bericht der Apostelgeschichte gegen die Jünger des gekreuzigten Jesus wütete. Auch in Damaskus wollte er die Anhänger der neuen Religion dingfest machen, aber hier erfuhr er seine Bekehrung: Saulus wurde von einer Vision himmlischen Lichts mit Blindheit geschlagen, dann von Hananias wieder sehend gemacht und vom Heiligen Geist erfüllt. Unter dem Namen Paulus, den er als römischer Bürger trug, zog der Tarser aus, um der Welt die Botschaft Jesu zu verkünden.

Tarsus wurde von den Persern und später von den Arabern verwüstet, von Seldschuken, Kreuzfahrern und Armeniern erobert, bis es Sultan Selim im Jahr 1515 auf seinem Zug gegen Syrien und Ägypten dem Osmanenreich einverleibte.

Von dieser bewegten Vergangenheit ist in Tarsus nicht mehr viel zu sehen. Das meiste von seinen einst prachtvollen Gebäuden ist wohl unter dem vom Kydnos angeschwemmten Erdreich verborgen, auf dem heute die moderne Stadt steht. Außerhalb stehen noch einige Bögen von Aquädukten und anderen Ruinen, in Tarsus selbst ein Tor aus römischer Zeit, eine Brücke, die unter Justinian gebaut wurde, und die Fundamente eines römischen Tempels.

Tarsus hat seine Bedeutung als Handelsplatz der Çukurova verloren, an seine Stelle sind Mersin und Adana getreten. Es ist aber noch immer ein wichtiger Verkehrsknotenpunkt, denn hier kreuzt sich die Küstenstraße mit dem uralten Weg aus dem Inneren Kleinasiens, der vom 1050 m hohen Gülek-Paß herunterkommt und im Altertum die Kilikische Pforte hieß. Durch diese Schluchten kamen das Heer Alexanders, römische Legionen und byzantinische Armeen, hier zogen die Kreuzritter auf ihrem Weg ins Heilige Land durch – in umgekehrter Richtung marschierten die Soldaten der Perserkönige und der Sassaniden durch das Gebirge, stürmten arabische Reiter ins Innere Anatoliens, und unzählige friedliche Reisende und Händler trieben ihre Pferde, Maulesel oder Kamele die steilen und steinigen Wege hinauf.

Neben der alten Straße führt seit einigen Jahren eine Autobahn ins Gebirge hinauf bis zur Stadt Pozantı; sie soll einmal Ankara mit der Çukurova verbinden. Durch das Bergland geht auch die von den Deutschen in den Jahren nach 1903 gebaute Bagdad-Bahn.

Adana hat nicht nur im Alphabet der türkischen Städte einen ersten Rang inne, sondern auch in der türkischen Gastronomie: Nach der Stadt sind die Adana çorbası, die Kichererbsensuppe mit Hackfleischeinlage, das berühmte Adana Kebap, grillte Hackfleischwürstchen in Fladenbrot, benannt, auch andere Spezialitäten wie das Lahmacun, eine Art Pizza mit Hackfleisch, kommen von hier. Die Leute von Adana wissen gutes Essen zu schätzen, denn in der Çukurova wächst köstliches Gemüse und gutes Obst, und die Schafherden in den Taurusbergen liefern schmackhaftes Fleisch.

Reich muß die Stadt wohl schon zur Zeit der Hethiter gewesen sein, und im Seleukidenreich blühte sie wie später unter den Römern, als sie den Namen Antiochia ad Sarum trug, die Stadt des Antiochia am Fluß Sarus, dem heutigen Seyhan. Seit die Türkei Republik ist, konzentriert sich hier die Wirtschaftskraft der Südküste, Adana ist zum drittgrößten Industriezentrum des Landes – nach İstanbul und İzmir – geworden. Es sind Textilwerke entstanden, Metall- und Maschinenindustrie, chemische Werke und Getränkeerzeugung, Spinnereien und Webereien. Die Provinzhauptstadt hat heute fast eine halbe Million Einwohner. In der Nähe ist auch der größte Nato-Luftstützpunkt der Türkei.

Die Altstadt von Adana ist mit ihren unzähligen kleinen Läden und Lokalen noch ziemlich orientalisch, die neuen Viertel, die sich immer weiter in die Ebene hinein ausbreiten, sind erst nach dem Zweiten Weltkrieg entstanden.

Interessant ist das *Archäologische Museum* mit vorgeschichtlichen Töpferarbeiten aus Kilikien, Funden aus der Hethiterzeit und antiken Sarkophagen, außerdem hat es eine gute volkskundliche Sammlung. Die größte Sehenswürdigkeit der Stadt ist die Taş Küprü, die über 300 Meter lange *Brücke* über den Seyhan, die im 2. Jahrhundert unter Kaiser Hadrian gebaut wurde. Von ihren einst 21 Bogen stehen noch 14. Die Ramazonoğlu Camii aus dem 15. Jahrhundert und die Akça Mescit von 1409 weisen in ihrem Stil schon auf das nahe Syrien hin.

Karatepe ist eine der großen archäologischen Stätten der Türkei, bekannt durch die dort ausgegrabene Hethiterburg. Sie liegt nördlich von Osmaniye auf einer Hochfläche über dem Stausee des Ceyhan, die wegen der dort lebenden Tierwelt zum Nationalpark erklärt wurde. Rehe, Wölfe, Schakale, Wildschweine, Adler und Falken haben hier ein Asyl gefunden.

Die Hethiter waren ein Volk indogermanischer Sprache, das entweder von Westen her oder über den Kaukasus nach Kleinasien eindrang und über die Einheimischen herrschte. Die hethitische Oberschicht mit dem König an der Spitze breitete ihre Macht bis zur ägäischen Küste, bis Syrien und bis Babylon aus, und ihr Heer schlug im Jahr 1258 v. Chr. bei Kadesch am Orontes die Ägypter, die sich in Syrien festgesetzt hatten – die Schlacht ist übrigens auf den Reliefs des oberägyptischen Felsentempels von Abu Simbel als Sieg des Pharao Ramses II. dargestellt. Als aus Thrakien andere indogermanische Stämme, darunter die Phryger, nach Kleinasien kamen, brach unter ihrem Ansturm das hethitische Großreich zusammen. Im Gebiet um die heutige syrisch-türkische Grenze aber lebte in zahlreichen Stadtstaaten die hethitische Kultur weiter, bis sie von den Assyrern unterworfen wurden. Die Hauptstadt des hethitischen Großreichs lag beim heutigen Dorf Boğazkale unweit von Ankara, die bedeutendste hethitische Grabungsstätte aus der Spätzeit aber ist Karatepe, der »schwarze Hügel«. Die Burganlage, die aus dem 8. Jahrhundert v. Chr. stammt, wurde von dem deutschen Archäologen Helmuth Bossert 1946 entdeckt. Auf großen, aufrecht stehenden und deshalb Orthostaten genannten Basaltsteinen sind Krieger, Könige und Götter dargestellt, Sportwettkämpfe, Jagdszenen, Prozessionen und ein Gastmahl mit dem König Atasiwandas, sogar ein Schiff mit Segeln und Rudern. Man erkennt in Karatepe noch die Festungsmauern, die Türme und die von Löwen flankierten Tore.

Die Archäologen fanden hier Inschriften in hethitischer Sprache und hethitischen Hieroglyphen, aber auch gleichlautende in phönizischer Sprache und Schrift – so daß die seit 1915 begonnene Erforschung der hethitischen Sprache jetzt einen festen Untergrund hatte, die vielen Tontafeln mit historischen Texten übersetzt werden konnten; die dunklen Jahrhunderte vorderasiatischer Geschichte lagen nun für die Geschichtsschreiber in helles Licht getaucht da. Eine zweite spätethitische Festung fand man auf dem gegenüberliegenden Domuztepe, dem »Schweinehügel«, zusammen mit Resten einer späteren Besiedlung, die bis in römische Zeit hineinreichte.

İskenderun liegt am gleichnamigen Golf in der Nordostecke des östlichen Mittelmeerbeckens, in einer heißen Küstenebene. Der große Hafen ist modern ausgebaut worden, er gehört zu den größten der Türkei. Die Stadt, die noch bis vor einigen Jahrzehnten von Europäern Alexandrette genannt wurde, »kleines Alexandrien«, zum Unterschied zur größeren ägyptischen Hafenstadt, ist von Alexander d. Gr. nach der Schlacht von Issos gegen die Perser im Jahr 333 als Alexandreia gegründet worden. Unter den Arabern wurde aus Alexandria İskenderun. Nach dem Ersten Weltkrieg, als die Franzosen das Mandat über das seit 1515 zum Osmanischen Reich gehörende Syrien übernahmen, wurde der Sandschak Alexandrette zum autonomen Gebiet erklärt, 1939 aber wieder der Türkei zurückgegeben. Syrien erkennt diese von den Franzosen erzwungene Abtretung bis zum heutigen Tage nicht an.

Im Rücken der Stadt erhebt sich das Gebirge Kızıl Dağ, das Kleinasien von der syrischen Landmasse trennt. Kızıl Dağ heißt »roter Berg« – bei den Griechen wurde das Massiv Amanos, der »schwarze Berg«, genannt, wegen seiner dunklen Wälder und weil es zudem wegen wilder Bergstämme, die dort lebten, verrufen war.

Antakya, die Hauptstadt von Hatay, der südlichsten türkischen Provinz, hat etwa 100 000 Einwohner, die meisten davon Araber. In dieser lebendigen Großstadt ist heute kaum mehr etwas davon zu spüren, daß das alte Antiochien neben Rom, Alexandrien und Ephesus eine der antiken Weltstädte war und zeitweise mit einer halben Million Einwohner die zweitvolkreichste nach der Hauptstadt des Imperiums.

Die Stadt kann auf eine unruhige Vergangenheit zurückblicken. Die Anfänge Antiochiens sind eng mit den Wirren um die Erbschaft des Welteroberers Alexander verknüpft: Einer seiner Generäle, Antigonos, gründete am Orontes, dem heutigen Asi-Fluß, eine Stadt und nannte sie Antigoneia. Nachdem seine Konkurrenten Seleukos und Lysimachos ihn bei Ipsos im anatolischen Hochland geschlagen hatten, gründete Seleukos im Jahr 300 v. Chr. unterhalb von Antigoneia seine Stadt, die er nach seinem Vater An-

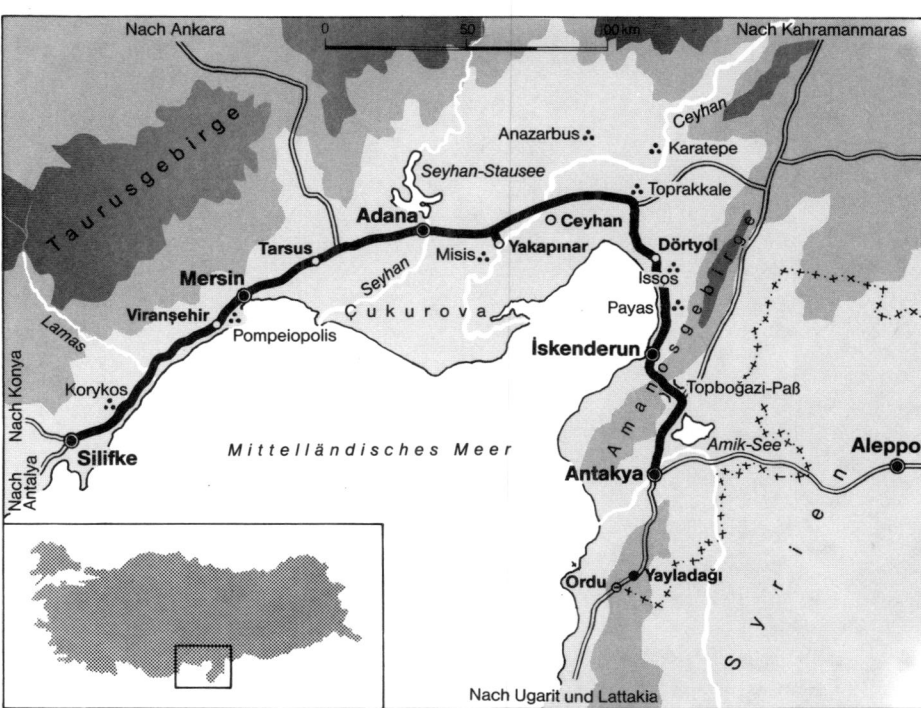

tiochos benannte. Im Ausscheidungskampf um den syrischen und kleinasiatischen Teil des Erbes wurde schließlich auch Lysimachos von Seleukos besiegt. Antiochien mit seinem nach dem Herrscher benannten Hafen Seleukeia wurde ein bedeutender Handelsplatz, und als das Seleukidenreich längst von den Römern zerschlagen war, kam die große Zeit der Stadt.

Im 1. Jahrhundert v. Chr. und danach entstanden prächtige Bauten, die aus Griechen, Makedoniern, Syrern, Armeniern und anderen Völkerschaften bestehende Einwohnerschaft wuchs ständig. Die Bürger wurden durch den Handel zwischen Orient und Okzident reich. Doch schon 37 n. Chr. wurde Antiochien von einem Erdbeben zerstört, eine zweite Katastrophe vernichtete die Stadt im Jahr 115 ganz. Kaiser Hadrian, der gern hier gelebt hatte, leistete großzügige Hilfe beim Wiederaufbau. Die sassanidischen Perser eroberten Antiochien gleich zweimal, nämlich 256 und vier Jahre später wieder. Sie führten viele Bürger weg, darunter zahlreiche Künstler und Handwerker. Dann, unter Kaiser Diokletian, erlebte die Stadt eine neue Blüte, bis 458 ein neuerliches Erdbeben und im Jahr 525 eine Feuersbrunst schwere Schäden anrichteten. Die schlimmste Katastrophe traf Antiochien im Jahr 526, als ein Erdbeben die Stadt völlig zerstörte und eine Viertelmillion Menschen dabei umkamen. Es folgte die Plünderung durch die Perser, unter Justinian ging man erneut an den Wiederaufbau: Der fromme Kaiser nannte die neue Ansiedlung Theopolis, die Gottesstadt. Dem Ansturm der Araber erlag sie 637, dann kamen 969 die Byzantiner wieder, 1084 zogen die Seldschuken ein, und fünf Jahre später gründeten hier die Kreuzritter ein Fürstentum; sie wurden später den ägyptischen Mameluken verjagt. 1516 nahm es der Osmanensultan Selim ein, 1918 kam es zum französischen Mandatsgebiet Syrien, 1939 nach einer Volksabstimmung zur Republik Türkei.

Antiochien hat auch einen Platz in der Geschichte des Christentums. Hier sammelten sich verfolgte Christen – nicht nur aus dem Heiligen Land, sondern auch Griechen – und verkündeten das Evangelium. »In Antiochien nannte man die Jünger zum erstenmal Christen«, heißt es in der Apostelgeschichte. Paulus kam auf seinen Missionsreisen mehrere Male hierher. Antiochien wurde bald Sitz eines Patriarchen, und sein Titel war von so großer Bedeutung in der Hierarchie der christlichen Kirchen, daß es heute einen römisch-katholischen, einen griechisch-orthodoxen, einen maronitischen und einen syrischen Patriarchen von Antiochien gibt.

Vom alten Antiochien ist nicht viel übriggeblieben. Man fand die Reste der 6 km langen, von Säulengän-

gen eingefaßten *Hauptstraße*, die von Diokletian erbaute vierbogige *Brücke* über den Orontes hat trotz aller Restaurierungen noch die alte Form behalten. Man sieht die Ruinen eines *Aquädukts*, und als *Habib Neccar-Moschee* ist auch eine byzantinische Kirche teilweise erhalten. Im *Archäologischen Museum* hat man eine große Sammlung von Mosaiken zusammengestellt, unter deren schönsten auch ein Mosaikbild ist, auf dessen Rand alle Gebäude dargestellt sind, die die Straße von Antiochien nach dem Vorort Daphne säumten.

Am Stadtrand steht die *Grottenkirche*, in der der hl. Petrus gepredigt haben soll. Die Kreuzritter haben der Höhle eine gotische Fassade vorgebaut, und das Tropfwasser aus dem Felsen wird von Christen und Muslimen als segensreich und heilsam angesehen.

Daphne ist der Sage nach der Ort, an dem Apollo die schöne Nymphe gleichen Namens verfolgt haben soll. Da ihr der Sinn aber nicht nach der Liebe des Gottes stand, bat sie ihren Vater, sie zu retten – er verwandelte sie in einen Lorbeerbaum, der im Griechischen den Namen der Nymphe Daphne trägt. Apollo erhielt zum Trost einen prächtigen Tempel. Um diesen entstand in der Spätantike ein kultisches und kulturelles Zentrum und ein Vergnügungsviertel, über das sich sittenstrenge Zeitgenossen das Maul zerrissen. Hier hatten reiche Bürger von Antiochien ihre Landhäuser, hier traf man sich zu Festmählern und Feierlichkeiten. Auch heute noch ist Daphne unter dem Namen Harbiye der Grunewald von Antakya, denn in dem mit Lorbeerbäumen, Zypressen und Eichen bestandenen Gelände sprudeln Quellen, und ein Wasserfall sorgt für Frische – ein Ort, den die Orientalen seit jeher als Vorgeschmack auf das Paradies zu schätzen wissen. Der Volkspark von Harbiye lädt auch heute noch mit seinen Restaurants und Teegärten zum Genießen und Ausruhen ein.

Mağaracık ist eine kleine Hafenstadt, einst unter dem Namen Seleukeia Pieria Hafen von Antiochien. Als der Orontes den Hafen zu versanden drohte, baute man in der Römerzeit gewaltige Kanäle und Tunnels, um Überschwemmungen abzuhalten. Von diesen kühnen Ingenieurbauten sind noch Reste zu sehen.

Samandağ liegt in der Nähe der Mündung des Asi, des alten Orontes. Die Stadt hat eine schöne Umgebung, und bis nach Mağaracık hinauf reihen sich kleine und größere Badestrände aneinander. Hier leben viele Alawiten, Anhänger einer schiitischen Sekte, die vor allem an der syrischen Küste verbreitet ist und in Syrien die politische und wirtschaftliche Elite stellt. Die Alawitenfrauen sind besonders bunt gekleidet und tragen keine Gesichtsschleier. Auffallend sind auch die weißgestrichenen Grabmäler der alawitischen Heiligen.

10 Von Silifke nach Konya

Von der Südküste aus führen zwei »klassische« Wege ins Innere Anatoliens. Der östliche geht vom kilikischen Tarsus in den Taurus hinein und durch die von vielen Heeren und wandernden Völkern benutzte Kilikische Pforte nach Norden, nach Niğde und Kappadokien, oder am Fuß der Taurusberge nach Westen in Richtung Konya – bis zur Taurusstadt Pozantı hat man in den letzten Jahren von Tarsus aus sogar eine zur alten Straße parallel geführte Autobahn gebaut. Der kürzere Weg nach Inneranatolien von Silifke aus führt wie der erstere durch wilde und eindrucksvolle Gebirgslandschaften, berührt aber auch noch interessante Städte und viele historische Stätten.

Von Silifke geht die Fahrt hinein ins Tal des Göksu, der in der Antike Kalykadnos und im Mittelalter Saleph genannt wurde. Über Serpentinen steigt die Straße hoch über den Fluß hinauf, der unten in einer Schlucht rauscht. Wenn man zurückblickt, kann man das Meer und bei guter Sicht im Dunst die Bergspitzen der Insel Zypern sehen. Bald nach der Abzweigung nach Gülnar ist neben der Straße eine Gedenktafel angebracht, auf der in Türkisch und Deutsch zu lesen ist:»Unweit dieser Stelle ertrank am 10. Juni 1190 der römisch-deutsche Kaiser Friedrich Barbarossa im Göksu an der Spitze seines Heeres auf dem Wege nach Palästina, nachdem er mit dem seldschukischen Sultan Kılıç Arslan II. den friedlichen Durchmarsch durch dessen Land vereinbart hatte.« Der englische Historiker Steven Runciman schreibt in seiner »Geschichte der Kreuzzüge« über den Tod Friedrichs:»Der Kaiser ritt mit seiner Leibwache voraus (nach Seleukia/Silifke) und kam zum Ufer des Gewässers hinab. Was sich dann ereignete, ist ungewiß. Entweder sprang er vom Pferd, um sich im kühlen Wasser zu erfrischen, und die Strömung war stärker als er geglaubt hatte, oder aber sein gealterter Körper hielt dem plötzlichen Schock nicht stand, oder aber sein Pferd glitt aus und warf ihn ins Wasser und das Gewicht seiner Rüstung zog ihn hinab. Als das Heer den Fluß erreichte, war seine Leiche bereits geborgen und lag am Ufer ausgestreckt.« Der Tod des Kaisers entschied das Schicksal des Dritten Kreuzzuges, das drei Jahre vorher an Sultan Salah ed-Din, den man im Abendland Saladin nannte, verlorene Jerusalem konnte nicht wiedergewonnen werden.

Ehe man die Stadt Mut erreicht, geht die Fahrt lange über dem smaragdgrünen Wasser des reißenden Göksu dahin, vorbei an Felswänden, Geröllhalden, hellen Kiefernwäldern und durch sandige Flußniederungen mit kargen Sträuchern. Stellenweise stehen aber auch Olivenhaine neben der Straße. Hinter Mut kommt man am frühchristlichen Kloster Al Oda (»Rotes Zimmer«) vorbei, in der Höhlenkirche sind Fresken und Mosaiken aus dem 8. und 9. Jahrhundert zu sehen. Weiter oben im Taurusgebirge sind in 1200 Meter Höhe die Ruinen des Klosters Alahan, dann geht es hinauf zum 1610 Meter hohen Sertavul-Paß, von dem aus man ins Göksu-Tal zurückschauen kann. Die Straße führt wieder über weite gerade Strecken, die Landschaft hat längst ihren mittelmeerischen Charakter verloren. Grün sind nur noch die Flußniederungen, in der Hochebene wachsen spärliche Büsche und Sträucher, Grasbüschel und der Trockenheit trotzende Kräuter.

Da und dort sieht man Nomaden, die mit ihren Kamelen und Herden durch die Steppe ziehen. Es sind die türkmenischen Yürüken. Schon im 19. Jahrhundert ha-

65 *Die Straße von Silifke hinauf zu den Tauruspässen führt an tiefen Schluchten vorbei, auf deren Grund der Göksu fließt. Unweit dieser Stelle ertrank Kaiser Friedrich Barbarossa in dem damals Saleph genannten Fluß.*

66 *Das Tal des oberen Göksu weitet sich zu einer Hochebene, durch die sich der Fluß schlängelt. Vereinzelt wachsen hier wilde Ölbäume, und in dem steppenartigen Gelände weiden kleine schwarze Ziegen.*

67 *Bei der Fahrt durch den Mittleren Taurus kommt man durch eine wilde und schroffe Gebirgslandschaft, die langsam ins anatolische Hochland übergeht.*

68 *Unweit von Karaman sind zahlreiche Ruinen von byzantinischen Klöstern und Kirchen aus dem 7. bis 11. Jahrhundert zu finden. Es sind so viele, daß die Türken diese Gegend Binbir Kilise, »Tausendundeine Kirche«, nennen.*

69 *Im ehemaligen Kloster der Derwische des Mevleviordens bietet die Grabkapelle von Celâleddin Rûmi ein glanzvolles Bild orientalischen Prunks aus der Seldschukenzeit. Unter der grünen Kuppel steht der Sarkophag des Ordensgründers, davor der seines Sohnes Muzaferüddin Emir Alim Çelebi und seiner Enkelin Celâle Hatun.*

70 *Über der Kuppel der Grabkapelle des Celâleddin Rûmi hat man eine kannelierte Trommel und ein mit türkisgrünen Fliesen bedecktes Kegeldach errichtet. Die beiden Minarette links gehören zur benachbarten Moschee des Sultans Selim.*

ben die Behörden versucht, die freiheitsliebenden und eigenwilligen Wanderer zur Seßhaftigkeit zu bringen, doch heutzutage ist es der wirtschaftliche Zwang, der immer mehr von ihnen ins Tal hinunter und in die Dörfer treibt: Für das Beweiden von Bergwiesen und anderen, für die Landwirtschaft nicht tauglichen Grundstücken muß Pachtzins gezahlt werden, der immer höher wird, je mehr Land bebaut und besiedelt wird. Die Yürüken halten Schafe und Ziegen, große Hirtenhunde bewachen die Herden, die Kamele tragen auf den Wanderungen den Hausrat, darunter das schwarze Zelt aus Ziegenhaaren. Im Sommer ziehen die Großfamilien durch das Hochgebirge, den Winter verbringen sie im Tiefland, wo sie ihre Tiere auf abgeernteten Baumwollfeldern weiden lassen. In dieser Zeit verkaufen die Familienoberhäupter auch die gemästeten Hammel und die Wolle.

Auf der Nordseite des Mittleren Taurus geht es langsam bergab, und am Rand der Ebene kommt man nach Karaman, das abseits der Fernverkehrsstraße liegt. Nordöstlich der Stadt der Karamaniden hat man am Hügel Canhasan Ausgrabungen gemacht, bei denen Kulturschichten zutage kamen, die bis ins 6. vorchristliche Jahrtausend zurückgehen. Die meisten Funde, darunter ein mit bemaltem Gips verputzter Innenraum eines Gebäudes, stammen aus dem Chalkolithikum, der Steinkupferzeit, etwa um 3750 v.Chr. Die Funde sind im Museum der anatolischen Kulturen in Ankara zu sehen.

Nördlich von Karaman, wo hinter dem Ort Kılbasan der 2288 Meter hohe Kara Dağ (»Schwarzer Berg«) aus der Ebene aufragt, stehen die Ruinen einer großen mittelalterlichen Klosteranlage, Binbir Kilise, »Tausendundeine Kirche« genannt. Die Gegend muß in byzantinischer Zeit dicht besiedelt gewesen sein, denn überall findet man Reste von Kirchen, Felsklöster und Ruinen anderer Gebäude.

Fast schnurgerade zieht die Straße nun auf Konya zu. Rechts und links sieht man weite Weizenfelder, hie und da ein paar niedrige Bauernhäuser mit flachem Dach, grüne Inseln in den Tälern mit Pappeln, darum herum die graue und gelbe Steppe. Östlich der Straße liegt der Ort Çumra, in dessen Nähe in einem hügeligen Gelände der Çatal Hüyük aufragt – hier haben Archäologen eine wichtige steinzeitliche Siedlung freigelegt.

Vom westlichen Rand der Ebene her leuchtet bei guter Sicht der Schneegipfel des 2203 Meter hohen Alaca Dağ, des »scheckigen Bergs«. Hinter ihm, in der Luftlinie fast hundert Kilometer weit von der Ebene von Konya, dehnt sich der große See von Beyşehir aus, dessen Wasser früher in den kleineren Suğla Gölü floß, wo es versickerte. Vor dem Ersten Weltkrieg hat man den Abfluß bei der Stadt Beyşehir durch ein Stauwerk reguliert und den Fluß kanalisiert. Er leitet seither das Wasser am Suğla-See vorbei und um das Alaca-Dağ-Massiv herum in die Ebene südlich von Konya, wo so das Steppengebiet fruchtbar gemacht wurde. Allerdings hat sich in den letzten Jahren herausgestellt, daß der Mensch doch nicht so ungestraft diese in Jahrtausenden abgeholzten und dann versteppten Flächen wieder nutzen kann: Allein in der Umgebung von Çumra sind die Felder von dreißig Dörfern durch die Bewässerung versalzen worden.

Diese Ebene hieß im Altertum Lykaonien. Die Lykaonier bewohnten das Gebiet zwischen dem Taurus und dem Tatta-See, dem heutigen Tuz Gölü. Sie waren ein wildes Bergvolk, das sich auch unter den Persern seine Unabhängigkeit bewahren konnte. Lykaonien war in der hellenistischen Zeit Bestandteil des Reichs der Seleukiden, es kam dann zu Pergamon, und als der letzte pergamenische König sein Reich den Römern vermachte, verschenkte der Senat diesen Teil des Erbes an die Herrscher von Kappadokien. Später wurde es der römischen Provinz Kilikien angeschlossen, dann entschieden die Verwaltungsfachleute in Rom, es zu Galatien zu schlagen, bis es schließlich wieder Kilikien eingegliedert wurde.

Wie viele andere anatolische Landschaften hat auch die Konya-Ebene im Verlauf der Jahrtausende große Veränderungen erfahren: Ursprünglich dehnten sich hier weite Wälder aus, die vor allem für den Schiffbau geopfert wurden. In römischer und byzantinischer Zeit wurde der fruchtbare Boden intensiv landwirtschaftlich genutzt, später breiteten sich hier Nomaden aus. Die seßhafte Bevölkerung baute kaum mehr Reben und Obst an, die Steppe siegte über die Kulturlandschaft. Erst im 20. Jahrhundert kam der Landbau zurück – Großgrundbesitz und Mechanisierung schufen die weiten Weizen- und Zuckerrübenfelder, zwangen aber viele Kleinbauern, ihre Heimat aufzugeben und in die Großstädte oder nach Mitteleuropa auszuwandern.

Vor Konya wird das Land grüner, neben den Bewässerungskanälen stehen Pappeln, man sieht die ersten Gärten. Die Vororte liegen zwar teilweise noch im staubigen Steppengebiet, aber bald wird hinter den Industrieanlagen und Slumsiedlungen das Grün der Oase von Konya sichtbar.

71 *Ein Wunder Allahs ist laut Aufschrift die Landschaft mit Schwänen, die ein unbekannter Künstler auf diesen Lastwagen-Anhänger gemalt hat. Er bringt allmorgendlich die Landarbeiter auf die Felder eines Großgrundbesitzers.*

Reiselexikon

Mut, die in 275 m Höhe am Südhang des Taurus gelegene kleine Stadt, hieß im Altertum Claudiopolis. Gegründet wurde sie von Marcus Aurelius Polemo, einem Priesterfürsten aus Olba Diokaisareia, wo der Wettergott Zeus Olbios seinen Tempel hatte. Polemo einte die wilden isaurischen Stämme des Taurusgebirges und machte sich zum König über sie. Hoch über dem Städtchen ragt noch heute eine *Zitadelle* empor, die wahrscheinlich als Zwingburg gegen die unterworfenen Isaurier erbaut wurde; die Byzantiner und später die türkischen Karamaniden haben sie im 14. Jahrhundert ausgebaut. Fünf Türme sind erhalten, davon einer im Inneren der Festung. Die Stadtmauer, von der noch Reste erhalten sind, haben die karamanidischen Herrscher errichten lassen.

Alahan ist ein in 1200 m Seehöhe gelegenes ehemaliges Kloster, etwa 2 km abseits der zum Sertavul-Paß hinaufführenden Straße. Von einer *Basilika* aus dem 5. Jahrhundert erkennt man noch zwei korinthische Säulenreihen, die die drei Schiffe voneinander trennten. Das Portal ist mit Reliefs geschmückt, die den Sieg des christlichen Glaubens über das Heidentum darstellen: Zwei Engel tragen das Haupt Christi, der hl. Michael erhebt sich über einer Frau mit phrygischer Mütze, und der hl. Gabriel steht auf einem Stier. Gut erhalten ist die Ostkirche aus dem 6. Jahrhundert; an den Toren der drei Schiffe erkennt man noch einige Reste von Skulpturen.

Binbir Kilise nennen die Türken die ausgedehnte Ruinenstätte nördlich von Karaman unter dem Kara Dağ, nicht weil es hier »Tausendundeine Kirchen« gäbe – wie die wörtliche Übersetzung lautet – aber doch neben den Resten einer byzantinischen Stadt so viele Ruinen von Kirchen und Klöstern, daß die Vermutung nahe liegt, hier habe ein ausgedehnter Bezirk christlicher Frömmigkeit bestanden. Der Name der Stadt ist nicht überliefert, auch nicht die Namen der mönchischen Ansiedlungen.

An den Hängen der byzantinischen Akropolis haben die Archäologen vorgriechische Tonscherben gefunden. Die Stätte scheint auch in hellenistischer und römischer Zeit besiedelt gewesen zu sein. Stadt und Klöster sind wohl im 7. Jahrhundert von den Arabern verwüstet worden. Die Bevölkerung wich in die Umgebung aus, aber als die arabische Gefahr gebannt war, zogen die Menschen im 9. Jahrhundert wieder an den alten Ort zurück und bauten Kirchen und Klöster wieder auf. Im 12. Jahrhundert brachen dann die seldschukischen Türken ein. Sie haben sich vermutlich in und zwischen den Ruinen angesiedelt, aber auch das seldschukische Dorf wurde irgendwelche Feinde zerstört, oder es wurde wegen einer Katastrophe verlassen. Zu sehen sind außer den vielen und oft sehr eindrucksvollen Kirchenruinen auch noch Trümmer von Befestigungsanlagen, Zisternen und Wohnhäusern.

Karaman ist wahrscheinlich der Ort, der in Zeugnissen aus dem Großreich der Hethiter den Namen Landa trug. Sicher ist, daß an dieser Stelle eine Stadt der Lykaonier stand, die Laranda hieß. Im 12. Jahrhundert nahmen die Türken Laranda ein, und seit 1265 gehörte es den seldschukischen Sultanen von Konya. Jetzt hieß es Larende. Der römisch-deutsche Kaiser Friedrich Barbarossa nahm hier auf seinem dritten Kreuzzug Quartier, und kurze Zeit später dehnte sich auch das von geflüchteten Armenierfürsten in Kilikien gegründete Kleinarmenische Reich bis hierher aus.

Die Seldschuken von Konya kamen um 1216 wieder, und vierzig Jahre später beauftragte einer ihrer Sultane die Emire des Turkmenenstamms der Karamanoğlu (»Söhne des Karaman«) damit, die Gebiete im Mittleren Taurus für sie zu verwalten. Seither trägt die Stadt den Namen dieses Geschlechts. Als nach dem Mongolensturm die Macht der Seldschuken zu schwinden begann, erstarkte die ihrer Lehensträger, auch die der Karamaniden. Diese beherrschten nun ein Gebiet, das nach einiger Zeit auch die einstige Seldschukenhauptstadt Konya umfaßte, bis der Osmanensultan Mehmet II. im Jahr 1466 sich auch dieses Land unterwarf.

In Karaman wird alljährlich am 13. Mai das »Fest der Sprache« gefeiert, denn an diesem Tag im Jahr 1277 setzte der Karamansohn Mehmet Bey anstelle der im Seldschukenreich traditionellen Amts- und Bildungssprache Persisch wieder die Sprache seiner türkischen Ahnen in ihre alten Rechte ein. Mehmet zog Literaten und Wissenschaftler an seinen Hof. In Karaman soll auch Yunus Emre seine letzten Lebensjahre verbracht haben, der erste türkische Hofdichter, der in der volkstümlichen Umgangssprache schrieb. Es heißt, daß er dem großen Ordensgründer Hacı Bektaş Veli als Holzträger gedient habe. Das Werk des Yunus Emre lebt aus dem Geist des volkstümlichen Mystikers, der von der Liebe zu Gott, zu den Menschen und zur Welt kündete. Auch Celâleddin Rûmi, der als Mevlâna in Konya zum größten Mystiker des Islam werden sollte, lebte eine Zeitlang in Karaman. An der *Zitadelle* von Karaman bauten Byzantiner, Seldschuken und die Karamanoğlu-Emire. In ihrer Nähe befindet sich die kleine *Eski Cami*, die »alte Moschee« mit einer Medrese, daneben steht die 1433 errichtete Türbe ihres Erbauers. Die *Hatuniye*, eine um das Jahr 1387 erbaute Medrese, ist die Stiftung von Nefise Hatun, einer Tochter des Osmanensultans Murat I., die mit einem der Karamaniden verheiratet war. Die Ak Tekke, das *Weiße Kloster*, war seit ihrer Gründung im Jahr 1371 bis 1925, als Atatürk die Derwischorden auflöste, ununterbrochen eine Stätte der Suche nach Gott und der Meditation. Sie ist über dem Grab der Mutter Celâleddin Rûmis, Mumine Hatun, erbaut, und in der Nähe sind auch andere Familienangehörige des Mevlâna bestattet. Es gibt in Karaman noch einige schöne alte *Bäder*, ein Museum birgt Funde aus der Umgebung der Stadt.

Çatal Hüyük heißt »Hügel an der Weggabelung«. Wo sich noch heute alte Wege kreuzen oder gabeln, war meist schon in grauer Vorzeit ein »Verkehrsknotenpunkt«, und in der Nähe befand sich oft eine Siedlung. Dem britischen Archäologen James Melaart fiel 1958 in der Ebene von Konya dieser Hügel auf, der sich an einer alten Weggabelung erhebt: Er fand Spuren von Lehmziegeln, Scherben, Waffen und Geräte aus Obsidian. Drei Jahre später fing Melaart hier an zu graben, und es kam eine der ältesten Städte der Menschheit zum Vorschein. In zwölf Schichten fanden sich hier Reste menschlicher Siedlungen, und die Radiokarbon-Datierung ergab, daß diese Siedlungen von ungefähr 6500 bis 5750 bewohnt war, also in einer Zeit, als in der sogenannten neolithischen Revolution die Menschen von Jägern und Sammlern zu Ackerbauern und Viehzüchtern wurden – in Vorderasien hat sich dieser Kulturwandel früher ereignet als in Europa.

Die jungsteinzeitlichen Bewohner dieser Stadt wohnten in Häusern aus getrockneten Lehmziegeln. Diese Wohnstätten waren aneinandergebaut, so daß man nur über die flachen Dächer von Haus zu Haus gehen und mit einer Leiter durch eine Öffnung im Dach in den Raum darunter gelangen konnte. Die Menschen lebten vom Anbau von Weizen, Gerste, Erbsen und Wicken, sie züchteten Schafe, Ziegen und Rinder. Auch der Hund lebte schon mit den Menschen zusammen. Aus den Funden schließen die Archäologen auf weite Handelsverbindungen der Bewohner dieser Stadt, denn die Kaurimuscheln für den Schmuck kamen vom Roten Meer, der Feuerstein für allerlei Geräte aus Syrien, Perlen aus Kupfer, Blei und farbige Steine werden wohl aus entfernten Gegenden eingeführt worden sein. Die Vulkane, die um die Konya-Ebene aufragen, lieferten dagegen Obsidian, ein äußerst hartes Gestein aus der vulkanischen Lava, das als Rohstoff für Waffen und Werkzeuge sehr begehrt war und bis nach Zypern und Mesopotamien ausgeführt wurde.

Die Toten setzte man in den Häusern unter den Wandbänken bei. Sie waren vorher den Geiern ausgesetzt worden, die Skelette wurden bemalt und in Tücher oder Matten gewickelt. Einige der Häuser waren als Kultstätten eingerichtet. Melaart und seine Helfer fanden monumentale Wandgemälde, Gipsreliefs, Figuren einer Muttergöttin und Stierhörner. Ein Wandgemälde gibt sogar den Ausbruch eines der Vulkane dieser Gegend wieder.

Die Funde sind in Ankara im Museum der anatolischen Kulturen ausgestellt, man hat hier auch eines der Heiligtümer von Çatal Hüyük aufgebaut. An Ort und Stelle selbst sieht man nur noch Reste der Rohziegelmauern, die von Wind und Wetter immer mehr zur Unkenntlichkeit hin abgetragen werden.

Konya, für den frommen Muslim eine der heiligen Stätten der Türkei, ist für den Touristen einer der interessantesten Orte Inneranatoliens. Die Großstadt mit bald 400 000 Einwohnern ist eher eine Landstadt als eine Industriestadt. Sie liegt 1026 m hoch in einer grünen Oase, umgeben von künstlich bewässerter, fruchtbarer Steppe, in der Weizen, Obst, Gemüse, Zuckerrüben und Flachs gedeihen. Es gibt eine Zuckerraffinerie und eine Teppichweberei, man lebt von Handel, Wandel und Handwerk, im Basarviertel herrscht brodelnde und laute Geschäftigkeit, daneben in den Teestuben und in den Höfen der Moscheen alttürkische Beschaulichkeit.

Konya gehört zu den ältesten heute noch bewohnten Städten der Welt. Im Zitadellenhügel, auf dem heute die Alaettin-Moschee steht, fand man Spuren menschlicher Siedlungen aus dem 3. Jahrtausend v. Chr. Um 1200 haben wahrscheinlich die Phryger an dieser Stelle eine für den Handel mit der Südküste wichtige Stadt gegründet, sie wurde von Kimmeriern, später von Lydern und Persern zerstört und neu aufgebaut. Der alte Name der Stadt, Ikonion, so vermutet die Wissenschaft, ist wohl phrygischer Herkunft, doch als die Griechen hierher kamen, glaubten sie es ganz genau zu wissen, woher er käme: Selbstverständlich vom griechischen Wort eikon, das Bild, weil hier doch der griechische Heros Perseus das abgeschlagene Haupt der verderbenbringenden Gorgo Medusa wie ein Bild aufgehängt haben soll. Die Stadt blühte unter den Seleukiden, unter den Attaliden von Pergamon und unter den Römern.

Auf seiner ersten Missionsreise predigte in Ikonion der Apostel Paulus, doch die hier ansässige Juden zwangen ihn und seinen Begleiter Barnabas dazu, die Stadt zu verlassen. Sie flohen »in die Städte von Lykaonien, Lystra und Derbe und in deren Umgebung. Dort verkündeten sie das Evangelium.« So heißt es in der Apostelgeschichte.

Gegen Ende des 11. Jahrhunderts wurde Konya die Hauptstadt des seldschukischen Sultanats Rum, eines Türkenstaats, der für seine östlichen Nachbarn schon auf dem Gebiet von Rum, dem byzantinischen Reich der Rhomäer, lag – man hat den Seldschukenstaat deshalb auch das »römische Reich türkischer Nation« genannt. Die Eindringlinge waren die Nachfahren oguisch-turkmenischer Nomadenstämme, die im 10. Jahrhundert aus Innerasien nach Mittelasien kamen. Ihren Namen hatten die Stämme von einem sagenhaften Ahnherrn ihrer späteren Anführer, von Selcuk ibn Dudâk. Im 11. Jahrhundert eroberten sie Chorasan zwischen dem Hindukusch und dem Kaspischen Meer, wenig später herrschten sie auch in Persien und im Irak. Als die »Großseldschuken« 1070 auch Jerusalem ihrem Herrschaftsbereich einverleibten und damit den Zugang für christliche Pilger zu den heiligen Stätten blockierten, war das der Anlaß für den Ersten Kreuzzug.

In Kleinasien drangen die seldschukischen Heere im Jahr 1071 ein, und im ostanatolischen Malazgirt, nördlich des Van-Sees, erlitt das byzantinische Heer, das sich ihnen entgegenstellte, eine Niederlage, von der sich das Kaiserreich nie wieder erholen sollte. Turkmenische Stämme und Heerführer, die sich vom Großseldschukischen Reich loslösen wollten, zogen nun weiter nach Westen, wo es noch genügend Beute und Weiden gab. 1097 wurde das alte Ikonion, nun türkisch Konya genannt, zur Hauptstadt des damals westlichsten Türkenreichs.

Die Seldschukenherrschaft schenkte einem großen Teil von Kleinasien nach Jahrhunderten von Kriegen, Invasionen und anderen Wirren Frieden und Ordnung. Die alten Römerstraßen wurden erneuert, neue Brücken gebaut, die noch heute stehen, der Handel zwischen dem Inneren Vorderasiens und der Mittelmeerküste – und damit auch mit den italienischen Handelsrepubliken Genua und Venedig – blühte. An den Straßen ließen die Sultane Unterkünfte für Kaufleute, Kameltreiber und ihre Tiere bauen, die Karawansereien (türkisch kervanseray oder han). Die Städte erhielten prächtige Moscheen, Koranschulen und wohltätige Stiftungen. Seit römischen Zeiten hatte Anatolien keinen solchen Wohlstand mehr erlebt, und es scheint, daß dieser Wohlstand seither auch nicht wiedergekehrt ist. Auch die nicht zur türkischen Herrenschicht gehörenden griechischen und armenischen Christen hatten einen oft nicht unbeträchtlichen Anteil am Wohlstand.

Die Seldschukensultane holten Baumeister und andere Künstler aus Persien, aus Byzanz und Armenien herbei, sie beriefen berühmte Wissenschaftler und Gottesgelehrte an die von ihnen gestifteten Schulen und luden Dichter an ihren Hof. Die damals schon im Erstarren begriffene islamische Kultur erlebte in den anatolischen Städten eine Renaissance.

Der mächtigste dieser Sultane, Alaettin Kaykobat I., der von 1219 – 1237 regierte, machte Konya zu einer prächtigen Stadt. Er richtete die Befestigungsanlagen des antiken Ikonion wieder auf, und durch seine Verkehrspolitik, also den Bau von Straßen, Brücken und Herbergen, wurde Konya wieder ein wichtiger Handelsplatz.

Unter den Osmanen sank Konya zu einer bedeutungslosen Provinzstadt herab. Helmuth von Moltke, der im Oktober 1838 hierher kam, fand eine verödete Stadt vor: »Die türkischen Städte haben überhaupt das Ansehen der Verödung, aber keine mehr als Konieh; es ist weniger verfallen durch die Zeit als zerstört durch Menschenhände. Ein Jahrhundert hat hier immer seine Denkmäler erbaut aus den Trümmern des vorhergehenden; in der christlich-römischen Zeit riß man die Tempel ein, um Kirchen zu bauen; die Moslem verwandelten die Kirchen in Moscheen, und die Moscheen liegen heute in Trümmern. Eine hohe ausgedehnte Mauer mit Hunderten von Türmen umschließt nur ein ödes Feld mit einigen zerfallenen Ruinen; in dieser Mauer siehst Du heidnische Altäre, christliche Grabsteine, griechische und persische Inschriften, Heiligenbilder und genuesische Kreuze, den römischen Adler und den arabischen Löwen ohne andere Rücksicht eingefügt, wie die Werkstücke eben zu einer Scharte oder Zinne paßten.«

Das heutige Konya hat wie eine Ellipse zwei Brennpunkte, in denen die beiden großen Sehenswürdigkeiten der Stadt liegen, der Alaettin-Hügel im Westen und der Mevlâna-Komplex im Osten. Sie sind durch den Alaettin-Boulevard, den Hükümet Meydanı (»Regierungsplatz«) und die Mevlâna-Straße miteinander verbunden. Der nach dem großen Seldschukensultan benannte Hügel ist eigentlich der Burgberg, wo einst die Zitadelle stand und wo die Spuren der ältesten Besiedlung gefunden wurden. Er wird beherrscht von der Alaettin-Moschee, einem den arabischen Pfeilerhallenmoscheen ähnlichen Bau aus der Zeit um 1200 mit unregelmäßigem Grundriß und zwei Türben, deren eine die Sarkophage der seldschukischen Herrscher enthält. Die spärlichen Reste von Alaettins Palast hat man vor einigen Jahren mit einem Schutzdach versehen, um sie vor weiterem Verfall zu schützen.

In der Nähe der Moschee steht die Büyük Karatay Medresesi, eine 1251 vom Wesir Karatay gestiftete Koranund Rechtsschule, die heute ein interessantes Fayencen-Museum enthält. Das Portal zeigt das große Können der Steinmetzen dieser Zeit. Museum ist auch die İnce-Minare-Moschee, benannt nach dem »zierlichen Minarett«, von dem aber nur noch ein Stumpf erhalten ist. Durch das großartig geschmückte Portal kommt man zu einer Sammlung von Skulpturen aus Holz und Stein.

Südlich des Hügels stehen die Sırçalı Medrese, eine Koranschule aus dem Jahr 1242, die Sahip-Ata-Moschee (1269-1283), das Archäologische und das Ethnographische Museum.

Am Ostende der Mevlâna Caddesi mit ihren vielen Andenkenläden für Pilger und Touristen erhebt sich rechts die Selimiye-Moschee, die Sultan Selim II. von 1566 – 1574 errichten ließ, links dahinter das ehemalige Mevlâna-Kloster. Obwohl es seit dem Verbot der Derwisch-Orden im Jahr 1925 nur noch Museum ist, hat es noch immer die Aura eines großen Heiligtums. Die meisten einheimischen Touristen kommen nicht aus Neugierde hierher, aus ihren Mienen und Gebärden spricht Ehrfurcht oder gar Verehrung, und man kann beispielsweise beobachten, wie ein kränklich aussehender junger Mann inbrünstig die Vitrine mit den Barthaaren Mohammeds küßt, wohl in der Hoffnung, durch den Besuch dieser heiligen Stätte zu genesen. In allen Räumen des ehemaligen Klosters, ob im Vorsaal, im Betsaal, im Tanzsaal der Derwische oder im Mevlâna-Grab unter der hohen Türbe, schwingt vom Tonband der leise, schwebend-ekstatische Ton der Ney, der sufischen Rohrflöte, nach der einst die Derwische tanzten.

Celâleddin Rûmi, der Mevlâna von Konya

Schon bald nach den stürmischen Eroberungen im Heiligen Krieg gab es im Islam Gläubige, denen die prächtigen Burnusse und kostbaren Kaftane der Männer, die die Macht der Muslime repräsentierten, ein Ärgernis waren, und die gegen den Muff in den Talaren der orthodoxen Gottesgelehrten protestierten. Weil sie das Weltliche verachteten und die Welt flohen, kleideten sie sich in ein einfaches Gewand aus Wolle. Der juristische Formalismus in der Ausübung des Glaubens genügte ihnen nicht, ihr Streben war, sich Gott in Liebe zu nähern und sich mit ihm zu vereinen. Man nannte diese Mystiker nach ihrem äußeren Kennzeichen Sûfi, denn auf arabisch heißt die Wolle sûf.

Mystische Bruderschaften entstanden unter dem Einfluß neuplatonischer, christlicher und indischer Gedanken schon im 8. und 9. Jahrhundert, und im 12. schlossen sich fromme Gottsucher zu Orden zusammen. Bei ihnen konnte der Gläubige das finden, was er in der nüchtern-abstrakten Sphäre der orthodoxen Ausübung und Auslegung des Glaubens vermißte, nämlich das emotionale Element. Die Ordensbrüder fanden das Gotteserlebnis in der Meditation, in ekstatischen Praktiken, in der Musik, in Poesie und Tanz. Der wohl größte Mystiker der islamischen Welt ist Celâleddin, der im heutigen Afghanistan als Sohn eines Theologen geboren wurde. In den Wirren des Mongolensturms flüchtete seine Familie nach Rum, ins Land der kleinasiatischen Seldschuken. 1228, im Alter von 21 Jahren, kam Celâleddin nach Konya, wo er nach dem Tod seines Vaters dessen Lehramt übernahm. Hier begegnete er 1244 dem persischen Wanderderwisch Şamseddin, dem er seine mystische Erweckung verdankte und der ihn in den ekstatischen Drehtanz einweihte. Celâleddin gewann viele Anhänger, die ihn Mevlâna, »unseren Herrn«, nannten. Celâleddin schrieb Gedichte in persischer Sprache, und unter dem Einfluß seines Schülers Husameddin Celebi entstand sein Lehrwerk »Maznavi«, das aus 27000 Versen in sechs Büchern besteht. »Das Maznavi hat mehr als irgendein Werk außer dem Koran die Literatur der persisch, türkisch und Urdu sprechenden Völker beeinflußt«, schreibt die Orientalistin Annemarie Schimmel. An diesem Werk arbeitete Celâleddin Rûmi bis zu seinem Tod am 17. Dezember 1273. Sein Todestag wird noch heute in Konya von vielen Gläubigen feierlich begangen.

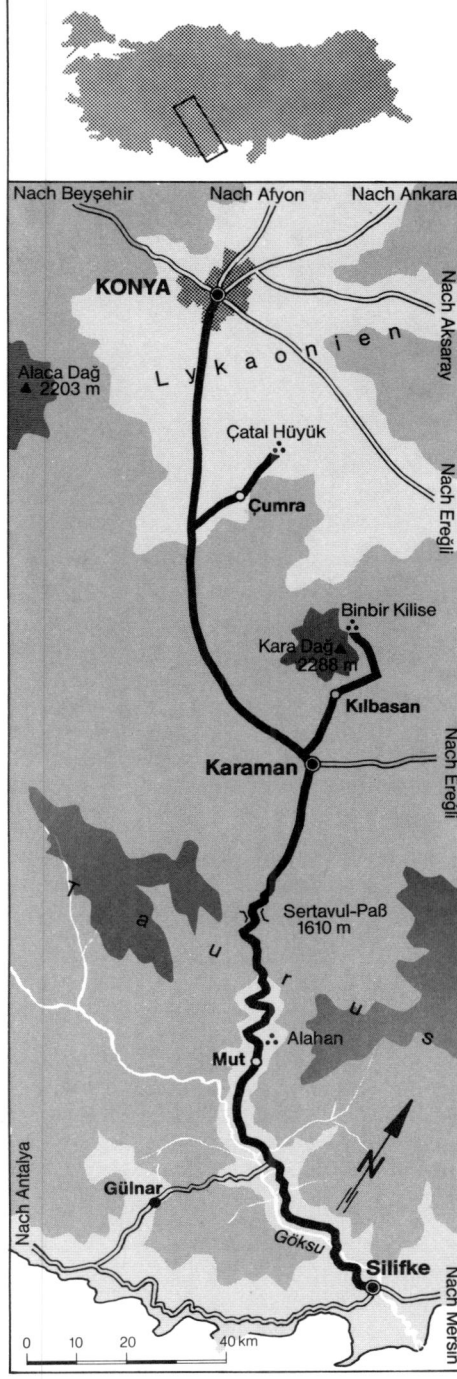

11 Von Konya nach Kayseri

Der Weg von Konya nach Kappadokien geht durch die einförmige lykaonische Hochebene nach Nordosten. Diese weite Fläche ist kaum besiedelt und kaum bebaut. Die Steppe scheint einst eine dichtere Pflanzendecke getragen zu haben, aber durch Jahrtausende dauernde Überweidung blieb an den meisten Stellen nur übrig, was Rinder, Schafe und Ziegen verschmähten und nicht zertrampeln konnten: Wermutgesträuch, Dornenpolster, aromatische Hartpflanzen wie Salbei, Giftpflanzen wie Wolfsmilch, Zwiebel- und Knollengewächse.

Weil das Gebiet ringsum von hohen Gebirgen abgeschlossen ist, herrschen hier extreme Klimabedingungen. Im Sommer kann es bis zu vierzig Grad heiß werden, was bei der Lufttrockenheit jedoch durchaus erträglich ist. Nachts fallen die Temperaturen bis zu 15 Grad, mancherorts sogar tiefer.

In dieser wenig wirtlichen Landschaft kommt man gleich hinter Konya am Horozlu Han vorbei, der »Hahnen-Karawanserei«, die im 13. Jahrhundert erbaut wurde, um den Reisenden auf der Ulu Yol, »Großer Weg«, genannten Handelsstraße Unterkunft zu gewähren. Der Ulu Yol verlief hier schon zur Römerzeit, und auch die moderne Asphaltstraße, türkisch karayol, folgt über weite Strecken dieser Trasse. Sie kam von Ostanatolien nach Konya, von hier aus führte der nördliche Zweig nach Konstantinopel, die südlichen Zweige gingen nach Silifke und nach Antalya am Mittelmeer. In etwa dreißig Kilometer langen Abständen – das war die Tagesleistung eines Lastkamels – gelangt man zu den Ruinen der nächsten Karawanserei, des Akbaş Han, und dann zur größten und schönsten Karawanenherberge Kleinasiens, Sultanhanı.

Etwas über zwanzig Kilometer nördlich unserer Straße dehnt sich der Tuz Gölü, der Salzsee, aus. Er ist der Mittelpunkt eines riesigen abflußlosen Trockengebiets, in dessen tiefer gelegenen Senken Salzseen und Salzsümpfe die spärlichen Niederschläge aufnehmen.

Wo sich in der Ferne Berge abzuzeichnen beginnen, kommt man wieder durch weite Weideflächen, Weizenfelder und Zuckerrübenäcker. Siedlungen werden allmählich häufiger, vor allem Gehöfte aus Lehmziegelhäusern mit flachen Dächern, meist aus Erde über einem Gebälk aus Pappelstämmen. Im Erdgeschoß dieser Häuser ist der Lagerraum für Arbeitsgeräte und Vorräte, hier hat auch das Vieh seinen Stall. Darüber sind die beiden Wohnräume der Familie. Charakteristisch für die kleinen Dörfer sind die kreisrunden Dreschplätze, auf denen Esel, Pferde oder Ochsen die Getreidekörner aus den Ähren dreschen. Aus dem Weizen wird vor allem Bulgur, eine Grütze aus gekochten und dann getrockneten Körnern gemacht, außerdem Mehl für die flachen Fladenbrote. Am Rand der Ebene taucht im Südosten der schneebedeckte Vulkankegel des Hasan Daği auf. Wie Konya ist auch die Stadt Aksaray inmitten einer fruchtbaren Oase gelegen, hier wachsen Pappeln, Kiefern und Zypressen, und dank sorgsamer Pflege gedeihen auch Obstbäume.

Hinter Aksaray verläßt man die Ebene, es beginnt das Gebirgsland Kappadokien, eine der großartigsten Landschaften der Erde. Seinen Namen hat es von einem alten Königreich, das von hier bis nach Melitene, dem heutigen Malatya weiter im Osten, reichte, und vom Fluß Halys, dem Kızılırmak im Norden, bis zum Taurus im Süden. Dieses Königreich war nach dem Alexanderzug aus einer persischen Satrapie entstanden, die sich dann gegen die Seleukiden behaupten konnte. Später gab es Thronwirren, in deren Verlauf eine Königinwitwe fünf ihrer Söhne umbringen ließ, um sich an der Macht zu halten, und als sich auch noch der Erzfeind der Römer, Mithridates von Pontus, einmischte, setzte der römische Senat einen neuen König ein. Schließlich wurde unter Kaiser Tiberius das Land dem Imperium einverleibt, und Kaiser Diokletian teilte Kappadokien in zwei Hälften; die westliche umfaßte etwa die Landschaft, die auch heute noch so genannt wird.

Südöstlich von Aksaray geht es ins Peristrema-Tal hinein, wo man mit Fresken geschmückte Höhlenkirchen besuchen kann, ein Vorgeschmack auf die berühmten Höhlenkirchen von Göreme und Ürgüp. Sie liegen südlich des Mamasın-Stausees zwischen Selime und Ihlara in einer Schlucht des Flusses Melendiz, im Schatten des erloschenen Vulkans Hasan Daği, oben in den Felswänden über dem von Pappeln, Zypressen und Weidenbäumen bestandenen Tal.

An der Straße nach Kayseri kommt man am Mamasın-Staudamm entlang aus der Hochebene ins Gebirge hinein. Links, kurz nach dem Dörfchen Ağcıkarahan, steht die Karawanserei von Ağcıkara, die unter Alaettin Kaykobat errichtet wurde. Ein

72 *Obwohl immer mehr europäische Hausrinder gehalten werden, gibt es in der Türkei noch große Herden von schwarzen Büffeln.*

73 *Über den Steppen und Feldern südlich von Kayseri erhebt sich der höchste Berg Zentralanatoliens, der 3916 Meter hohe einstige Vulkan Erciyas. Dem Aschenregen von Ausbrüchen des Erciyas und benachbarter kleinerer Vulkane verdankt die bizarre kappadokische Landschaft um Göreme ihr Aussehen.*

74 *Wie Säulenkapitelle stehen die Basaltsteine auf den Tuffsäulen, die von Wasser und Wind im Verlauf von Jahrmillionen geformt worden sind.*

75 *»Feenkamine« taufte der Volksmund die phantastischen Felstürme in der Nähe von Göreme.*

76 *Besonders farbenprächtige Fresken tragen die aus dem Tuff herausgehauenen Wände der Marienkirche über dem Tal von Kılıclar.*

77 *Im abgelegenen kappadokischen Kerngebiet zwischen Nevşehir und Kayseri haben griechische Christen vom 7. Jahrhundert an Mönchszellen und Wohnstätten in den weichen Fels gegraben.*

78 *Ein Bauer aus der Gegend von Ürgüp in Kappadokien bringt einen kleinen Ziegenbock zum Markt.*

79 *Die kleine Stadt Avanos am Kızılırmak ist durch ihre Töpferarbeiten und Knüpfteppiche bekannt.*

monumentales Portal führt auch hier in einen Hof, wo ein Moscheepavillon Kaufleute und Kameltreiber zum Gebet einlud. Es folgen an der Straße noch zwei Herbergen: der von den Unbilden der Jahrhunderte ziemlich mitgenommene kleine Öresin Hanı und der Alay Hanı, einer der ersten, die die Seldschukenherrscher errichten ließen – von ihm stehen nur noch Teile, darunter die prächtige Fassade. Weiter oben im Gebirge kommt man durch die Oase von Acıgöl, und in einer Höhe von 1220 Metern zur Provinzhauptstadt Nevşehir, dem Ausgangspunkt für die Besichtigungsfahrten zu den Wundern Kappadokiens. Nach Süden, auf der Straße zur uralten Stadt Niğde mit ihren schönen Bauten aus den Epochen der Seldschuken und Karamaniden, fährt man zu den unterirdischen Städten von Kaymaklı und Derinkuyu. Nach Osten, in Richtung nach Ürgüp, kommt man zu den bizarren Felsgebilden und den aus dem Gestein gehöhlten Kirchen, Klöstern und Wohnungen, einer phantastischen Landschaft, die ihre Existenz teils den Kräften des Erdinnern, teils dem menschlichen Überlebenswillen zu verdanken hat.

Diese phantastische Landschaft ist im Süden und im Westen von einer Kette von Vulkanbergen eingerahmt; sie selbst ist von der bei den Ausbrüchen umhergeschleuderten Asche bedeckt. Am meisten dazu beigetragen hat der 3 916 Meter hohe Erciyas Dağı, den die Griechen Argaios und die Römer Mons Argaeus nannten. Er war wahrscheinlich noch in geschichtlicher Zeit tätig, und im Lauf von Jahrtausenden setzten sich über dem Land viele Schichten aus Aschenregen ab, die durch Druck zu verschieden dicken und verschieden festen Tufflagen gepreßt wurden. Jahrtausendelang trugen Wasser und Wind das weiche Gestein ab, festeres blieb stehen oder stürzte aus statischen Gründen ein. In den heißen Sommern und den kalten Wintern Anatoliens schufen Hitze und Frost, Wolkenbrüche und Trockenheit Täler und Schluchten, es bröckelten Felswände ab, Felskegel blieben stehen oder stürzten dann später zusammen. Je nach mineralogischer Zusammensetzung haben die einzelnen Formationen verschiedene Farben, von Weiß und Ocker über Rot und Violett bis Schwarz. Die Felskegel zeigen die Formen von Pyramiden, Türmen oder Pfeilern, sie tragen oft einen Hut aus härterem Gestein, der sie bislang vor weiterer Erosion geschützt hat. An einigen Stellen kann man sehen, wie aus einer Felswand die Tuffsteintürme entstanden sind und wie sie, in einiger Entfernung vom heutigen Rand der Hochebene, immer mehr verfallen.

Man hat diese phantastische Landschaft oft mit einer Mondlandschaft verglichen, doch der Vergleich hinkt, denn sie ist nicht ohne Leben: Zwar sind die Hochebenen teils karstig, teils versteppt, aber die Täler sind fruchtbar, denn der feine vulkanische Boden enthält viele Nährstoffe – er muß nur gut bewässert werden. So gedeihen hier zwischen den Felskegeln Kartoffeln und Weizen, in den Tälern stehen Maulbeerbäume, es gibt reichliche Ernten an Äpfeln und Birnen, Aprikosen, Zwetschgen und Nüssen, und überall sieht man Felder mit Weinreben – der herbe kappadokische Wein, der in Ürgüp, Üçhisar und Ortahisar gekeltert wird, schmeckt ausgezeichnet.

Diese abgeschlossene und schwer zugängliche Landschaft war wohl schon in der Steinzeit besiedelt, aber nicht einmal in römischer Zeit dürfte die Bevölkerungsdichte bedeutend gewesen sein. Erst in der Spätantike siedelten sich hier christliche Mönche an, die in dieser Einsamkeit ihr frommes Leben führen wollten und in den weichen Stein ihre Zellen gruben. Im 7. Jahrhundert flüchteten die Bewohner der Städte der Umgebung hierher, als die sassanidischen Perser einfielen und im Jahr 605 Kaisareia eroberten. Damals entstanden die Felswohnungen und die Höhlenstädte, die später, als die Araber ihre »Razzien« genannten Raubzüge über fast ganz Kleinasien ausdehnten, zu festen Siedlungen wurden. Die christliche Bevölkerung Kappadokiens, Griechen und Armenier, lebte hier auch in seldschukischer und osmanischer Zeit verhältnismäßig ungestört. Griechen gab es bis in unser Jahrhundert hinein, und erst beim Bevölkerungsaustausch zwischen Griechenland und der Türkei nach dem Ersten Weltkrieg zogen die letzten ab.

Erst seit Beginn des 20. Jahrhunderts haben Wissenschaftler damit begonnen, Landschaft und Siedlungen Kappadokiens, die Höhlenkirchen und die unterirdischen Städte, zu erforschen. Noch heute werden immer neue Entdeckungen gemacht, und es heißt, daß viele Bauern ihre Kenntnisse verschweigen, weil sie die Höhlen als Vorratsräume brauchen.

Wenn man die Hochtäler Kappadokiens nach Osten zu verläßt, kommt man beim 1535 Meter hohen Paß Topuzdağı an den Rand der Ebene von Kayseri, die vom mächtigen Vulkankegel des Erciyas beherrscht wird. Unten liegt das Städtchen İncesu mit einer 1660 erbauten Karawanserei, und entlang der Ebene nähert man sich der »Mausoleenstadt« Kayseri, der nach Kaiser Augustus benannten alten Hauptstadt von Kappadokien.

80   *Für die Seldschukenprinzessin Şah Cihan Hatun wurde um dás Jahr 1275 in Kayseri ein schönes Mausoleum gebaut, das man wegen seiner runden Form Döner Kümbet, das »kreisende Grabmal«, nennt.*

Reiselexikon

Sultanhanı, »Herberge des Sultan«, heißen einige der vielen Karawanenunterkünfte aus seldschukischer Zeit. Zwei davon gehören wegen ihrer architektonischen Form zu den schönsten der erhaltenen Karawansereien am Ulu Yol zwischen Inner- und Ostanatolien: Zwischen Konya und Aksaray liegt die zuweilen auch »Sultanhanı I« oder »Sultanhanı Konya« genannte, die auf dem Weg von Kayseri nach Sivas wird »Sultanhanı II« oder »Sultanhanı Kayseri« genannt. Der westliche Han des Sultans bei Konya ist in den letzten Jahren restauriert worden, man sieht wieder vieles von seiner alten Pracht. Der deutsche Militärberater Helmuth von Moltke, der 1838 hier vorüberritt, fand ihn noch in ziemlich desolatem Zustand vor: ».. . das Portal desselben, aus Marmor, ist so hoch, so reich verziert und so prachtvoll wie das irgendeiner großen Moschee zu Konstantinopel; aber durch diese in einer solchen Gegend höchst überraschende Pforte tritt man in einen Hof der Verödung; die doppelte Reihe schöner Bogengänge ist meistens eingestürzt, und eine kleine Lehmhütte zwischen den Trümmern des Wartturms ist der einzige bewohnbare Fleck.« Damals war die Herberge schon lange nicht mehr benutzt worden, die Straßen waren verwahrlost und unsicher, der Handel in Inneranatolien fast zum Erliegen gekommen.

In seldschukischer Zeit herrschte in den Hans reges Leben: Wenn am Abend die Karawanen ankamen, hatten Bäcker und Köche für Nahrung gesorgt, Handwerker und Arbeiter standen bereit, um das Geschirr der Tragtiere oder die Kleidung der Reisenden zu reparieren, Ärzte versorgten Mensch und Tier. Hier trafen sich Kaufleute, Kameltreiber, fahrende Schüler, wandernde Derwische, man tauschte Nachrichten aus, Musiker spielten auf, und am Lagerfeuer berichteten weitgereiste Gäste von ihren Abenteuern in fernen Ländern; selbstverständlich fanden hier auch die Märchenerzähler ihre Kundschaft. Die Herbergen waren Stiftungen der Sultane oder anderer hoher Herren, ihr Unterhalt wurde aus Stiftungseinkünften oder aus einer von den Kaufleuten erhobenen Steuer finanziert. Dafür war der Aufenthalt für Mensch und Tier kostenlos.

Aksaray wird von dem erloschenen Vulkan Hasan Dağı überragt, hier geht die lykaonische Ebene in die kappadokische Erosionslandschaft über. Die Umgebung wird vom Fluß Melendiz bewässert, sie ist eine fruchtbare Oase, in der Pinien, Zypressen und Obstbäume vorherrschen. Im dritten vorchristlichen Jahrtausend war an dieser Stelle wahrscheinlich eine hethitische Siedlung, und der letzte kappadokische König Archelaos nannte die Neugründung nach sich Archelais. Die türkische Bevölkerung deutete später den Namen in ak saray, »weißes Schloß« um, denn hier ließ der Seldschukensultan Kılıç Arslan II. ein Schloß bauen, in dem er den Jerusalempilger Heinrich den Löwen empfing.

Die Stadt lag an der Kreuzung der von Ankara nach Süden führenden Straße und der großen anatolischen Ostweststraße und war daher zu allen Zeiten ein wichtiger Platz - heute lebt sie wie seit jeher vom Durchgangsverkehr und natürlich vom landwirtschaftlichen Reichtum ihrer Umgebung. Ein Teil der Bewohner wurde nach der Eroberung von Konstantinopel in die entvölkerte Bosporusstadt umgesiedelt, der Stadtteil an der großen Straßenkreuzung bei der Valide-Moschee heißt noch heute »Aksaray«. Die *Ulu Cami, die Große Moschee,* wurde 1433 von den Karamanoğlu-Emiren gebaut, erhalten sind aus dem 15. Jahrhundert auch zwei *Medresen,* die des Ibrahim Bey und die Zinciriye.

Peristrema, ein Tal im Südosten von Aksaray, in das der Fluß Melendiz tiefe Schluchten eingeschnitten hat, zog wegen seiner Weltabgeschiedenheit asketisch gesonnene Christen an, die sich Einsiedlerzellen und Kapellen in die Felswände bauten. Die Wandmalereien der Höhlenkirchen haben größtenteils wenig Ähnlichkeit mit den byzantinischen; ihr Stil weist auf orientalische Vorbilder hin. Sie stammen meist aus dem 10. und 11. Jahrhundert. Teilweise sind unter den abgeplatzten Freskogründen die abstrakten Ornamente und Symbole der Bilderstürmer-Epoche zu sehen. Noch im 19. Jahrhundert haben die hier ansässigen Griechen neue Kirchen in den Fels gehauen.

Nevşehir steht ganz im Zeichen seines Gründers, des Großwesirs Damat İbrahim Paşa. Er ist im Schatten der damals längst verfallenen seldschukischen Zitadelle um das Jahr 1670 zur Welt gekommen und machte in der fernen osmanischen Hauptstadt Karriere. Als Schwiegersohn des Sultans Ahmet III. - das Wort »damat« im vollen Namen des Würdenträgers bedeutet eben »Schwiegersohn« - wurde er 1718 Großwesir. İbrahim war einer der klügsten Beamten des damaligen Staatswesens, er hatte begriffen, daß die wirtschaftliche, kulturelle und machtpolitische Überlegenheit des Westens nur durch Reformen im eigenen Land wettzumachen wäre. Doch durch diese Gedanken und durch Kontakte mit Frankreich machte er sich die konservativen Kräfte zum Feind; sie stürzten ihn, und das erzkonservative Janitscharencorps beschloß schließlich, den ketzerischen Wesir zu liquidieren: er wurde geköpft.

İbrahims Regierungszeit ist in der Türkei als »Lâle devri«, die »Tulpenära«, in die Geschichte eingegangen. Damals wurden aus Holland Zwiebeln der eigentlich aus Inneranatolien stammenden Tulpen eingeführt. Die Blume galt am Osmanenhof als Sinnbild heiterer Lebensart und luxuriösen Leichtsinns. In Nevşehir lebt die Tulpenperiode noch im Namen eines Hotels und anderer Einrichtungen weiter, und inmitten der Stadt steht das Denkmal ihres Gründers und Wohltäters. İbrahim stiftete seinem Geburtsort Muşkara, dem er den persischen Namen »Neue Stadt« gab, unter anderem eine Moschee mit allen nötigen Nebengebäuden. Die Zitadelle über der Stadt wurde in diesen Jahren ebenfalls wiederhergestellt. Wenn man um ihre dunklen Mauern aus schwarzem Basalt herumgeht, überblickt man die sich unter der Burg aufbauende Altstadt aus flachgedeckten Häusern, die moderne, eintönige Neustadt und die kahle, steinige Landschaft ringsum.

Kaymaklı ist eine der unterirdischen Städte, die man in den 60er Jahren in Kappadokien entdeckt hat. Sie liegt südlich von Nevşehir, noch etwas weiter im Süden befindet sich die Höhlenstadt von *Derinkuyu.* Beide sind für Touristen zugänglich, während die anderen in den Boden gegrabenen Siedlungen noch nicht für Besucher freigegeben sind. Derinkuyu, Kaymaklı und das näher bei Nevşehir gelegene *Çardak* hatten Platz für etwa 15000 bis 20000 Menschen, während in den Anlagen von *Özkonak* weiter im Norden bei Avanos gut 60000 Menschen Zuflucht fanden.

Die unterirdische Stadt von Kaymaklı wurde vom 6. bis zum 10. Jahrhundert aus dem weichen Stein gehauen. Zuerst waren es Mönche, die sich hier in anderswo ihre Wohnhöhlen gruben, dann kamen Flüchtlinge aus den von Persern und Arabern bedrohten Städten, vor allem aus Kaisareia. Bis in 10 Stockwerke Tiefe gruben sie ihre Wohnungen, Ställe und Vorratsräume, Kirchen, Küchen, Weinkeller und Brunnen, Luftschächte, Fluchtwege und Verbindungsgänge. Die Eingänge wurden im Fall der Gefahr mit großen Mühlsteinen versperrt. Die Räumlichkeiten sind heute elektrisch beleuchtet, man kann sie allerdings nur mit einem Führer besuchen.

Derinkuyu ist die zweite zugängliche unterirdische Stadt südlich von Nevşehir. Der Name bedeutet »tiefer Brunnen«. Die 7 Stockwerke reichen bis in eine Tiefe von 75 m unter die Oberfläche hinunter. Die Anlage ist der von Kaymaklı ähnlich, ihre Gänge sind etwa 30 km lang. Wahrscheinlich waren die Höhlenstädte von Derinkuyu und Kaymaklı durch einen Tunnel miteinander verbunden.

Göreme heißt nach der spätantiken Siedlung Korama das Tal, in dem der eilige Besucher wie in einem riesigen Museum alle Wunder Kappadokiens auf engstem Raum beisammen findet. Es liegt links von der Straße, die von Nevşehir nach Ürgüp führt. In dem Talkessel sind seiner Umgebung sind die phantastischsten Felsgebilde und die interessantesten Höhlenkirchen und Felsenklöster versammelt. In dieser zerklüfteten Landschaft sieht man die Klausen der Einsiedler, die Wohnstätten der gemeinsam lebenden Mönche, ihre Refektorien und Küchenräume, alles in den weichen Stein gegraben. Die in den Fels gehauenen Kirchen sind wie ihre Vorbilder, die frühchristlichen und byzantinischen Gotteshäuser, mit Säulen und Bögen gegliedert, von Kuppeln gekrönt - eine negative Architektur, deren Elemente ohne statische Notwendigkeit die Höhlenräume formen und gliedern. Die Kirchen sind mit Wandmalereien geschmückt, einige mit einfachen, abstrakten Ornamenten und Symbolen, andere mit den streng stilisierten, aber dennoch lebensnahen Darstellungen der biblischen Welt der Heilsgeschichte und des wuchernden Heiligenkosmos des Ostens. Die ornamentalen und symbolischen Malereien sind in der Zeit des Bilderstreits entstanden, als im 8. und 9. Jahrhundert die Ostkirche alle bildlichen Darstellungen von Menschen, Heiligen und des Erlösers als Gotteslästerung verurteilte. Nachdem im Jahr 843 das Bilderverbot aufgehoben worden war, übermalte man die roten Ornamente oder verdeckte sie mit einem Gipsverputz, der als Grund für farbenprächtige Malereien diente. Besonders schön sind die Fresken der *Tokalı Kilise,* die ausgemalte Kuppel der *Elmalı Kilise* (»Kirche mit dem Apfel«), die Szenen aus dem Leben Christi in der *Karanlık Kilise,* der »dunklen Kirche«.

Üçhisar, »drei Festungen«, heißt der Ort mit den drei hoch aufragenden Felsen, deren höchster ein *Kastell* aus dem Mittelalter trägt. Die Felsen sind von Wohnhöhlen durchlöchert. Von der Festung aus hat man atemberaubende Ausblicke über die kappadokische Landschaft mit ihren Tuffkegeln und den »Feenkaminen« genannten Pyramiden.

Avcılar liegt am Macan Cayı, einem Fluß, der seinen Namen vom alten Matiana hat, einem Bischofssitz des 11. Jahrhunderts. Hier ist ein schönes *Wohnhaus* aus osmanischer Zeit zu sehen und auf einem hohen Tuffsteinkegel die Fassade eines *römischen Felsengrabes.*

Çavusin wird von einer 60 m hohen Felswand überragt, die von den Fenstern, Treppenöffnungen und Balkonen der Höhlenwohnungen durchlöchert ist. Hier gibt es besonders viele der in den Felsen hineingehauenen *Taubenhäuser,* aus denen die Bauern den als Dünger begehrten Mist holen. In der Felswand hoch über den Häusern sieht man die zerstörte Fassade der ältesten Kirche des Gebiets von Göreme, die wahrscheinlich schon im 5. Jahrhundert entstandene *Täuferkirche.*

Zelve war eigentlich ein Dorf, das in einer der eindrucksvollsten Landschaften Kappadokiens bis in die 50er Jahre hinein bestand. Wegen der Baufälligkeit der Höhlenwohnungen wurde die Bevölkerung in ein neugebautes Dorf umgesiedelt. Das alte Dorf wird heute Eski Zelve genannt, die neue Yeni Zelve, das Tal jedoch behielt seinen alten Namen. Ursprünglich eine byzantinische Mönchssiedlung, war es später ein Fluchtort der christlichen Bevölkerung. In den *Felsenwohnungen* lebten bis nach dem Ersten Weltkrieg Griechen und Armenier, dann zogen Türken ein. Sie

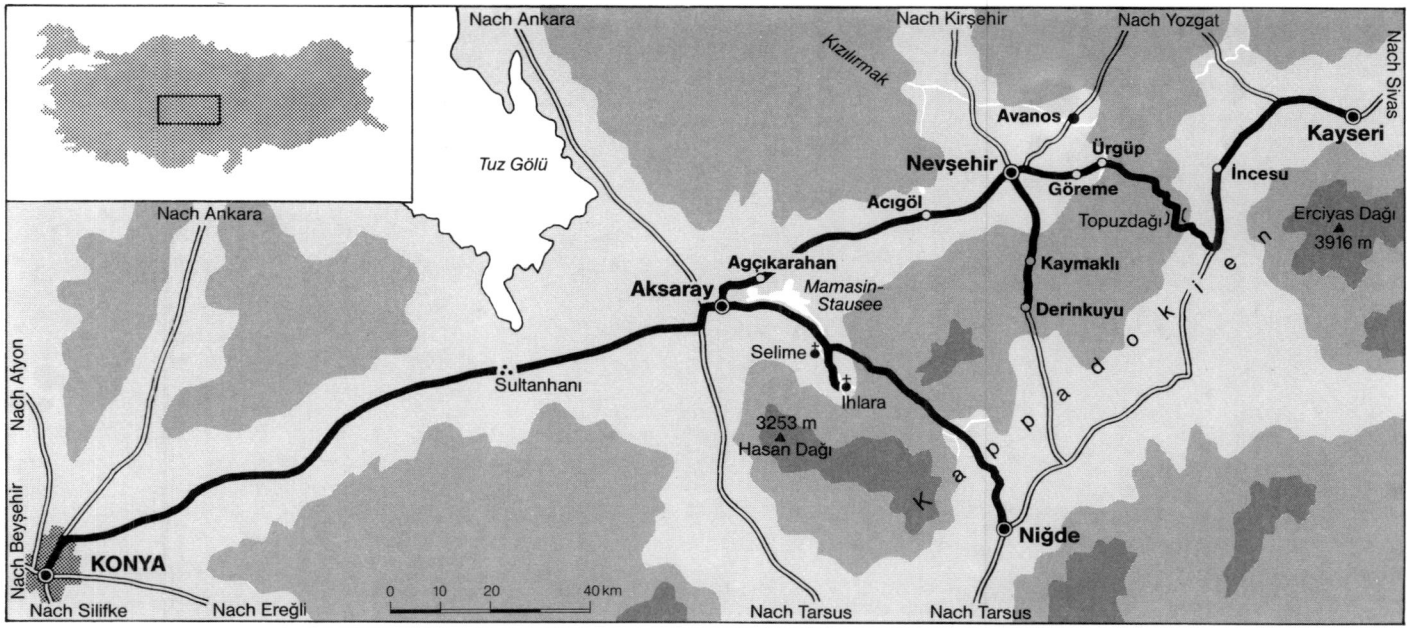

bauten hier eine *Moschee,* das einzige islamische Gebetshaus, das in Kappadokien wie die christlichen Kirchen in den Fels gehauen ist. Unter den Steilhängen stehen die Ruinen zweier großer *Basiliken,* die Felsen sind von *Kapellen* und *Mönchszellen* durchlöchert.

Avanos ist die nördlichste Stadt des Gebiets von Göreme; es liegt am Kızılırmak, der seinen Namen »roter Fluß« von den mitgeführten Lehmmassen hat. Der längste Fluß Kleinasiens, der antike Halys, hat seine Quelle im Pontischen Gebirge und mündet ins Schwarze Meer. Die Töpferwaren aus Avanos sind in der ganzen Türkei bekannt, heute stellen die Meister auch Souvenirs für die Touristen her. Viele Frauen von Avanos haben sich aufs Teppichknüpfen verlegt.

Ortahisar ist ein Dorf südlich der Straße von Nevşehir nach Ürgüp, zu Füßen eines gewaltigen Felsklotzes, der von einer alten Festung gekrönt und von unterirdischen Wohnstätten ausgehöhlt ist. Einst lebten die meisten Bewohner in dieser Felsenstadt, später entstanden auch Häuser unterhalb des »Emmentaler-Felsens«. In dieser Unterstadt gibt es seit der Vertreibung des griechischen und armenischen Bevölkerungsteils viele Ruinen von Wohnstätten. Mitten im Ort liegen die ehemalige Kirche *Harım Kilise,* eine große Basilika ohne Fresken, und die kleine *Sarıca* oder *Cambazlı Kilise* mit stark zerstörten Fresken, darunter eine schöne Verkündigungsszene. Auf dem höchsten Punkt von Ortahisar, der *Festung Kale,* kann man fast 100 km weit über die kappadokische Landschaft und in den Wirrwarr der Gassen und Innenhöfe des Städtchens schauen. Die Umgebung ist reich an Zitronenplantagen, die Früchte werden in großen Kellern gelagert, die die Händler in den weichen Tuff hauen ließen.

Ürgüp war schon in byzantinischer Zeit als Osiana wegen seiner Lage an der Straße von Ikonion nach Kaisareia ein wichtiger Handelsplatz. Das änderte sich auch nicht unter den Seldschuken und Osmanen, ja noch heute ist es ein lebhaftes Städtchen mit Hotels, einer Hotelfachschule, einem kleinen Museum und vielen Läden, in denen Touristen Teppiche und andere Souvenirs kaufen können. In den Tafelberg oberhalb der heutigen Stadt sind längst verlassene *Höhlenwohnungen* eingegraben.

Soğanlı, ein Tal südlich von Ürgüp, besitzt viele *Höhlenkirchen,* die im 11. Jahrhundert ausgemalt wurden. Besonders schön in der farblichen Gestaltung sind die Fresken der Karavas Kilise und der Barbarakirche, vor allem die Evangelien-Zyklen. Drei Höhlenkirchen, die aus Felskegeln ausgehauen wurden, tragen den Namen »Kubeli Kilise«, weil die natürlichen Felsen auch von außen wie aufgemauerte und überkuppelte Kirchen aussehen. Die Wohnräume der Mönche und Nonnen mit kleinen Kapellen sind bis zu 7 Stockwerke tief in den Felsen eingegraben.

Kayseri gehört zu den lebendigsten und interessantesten Städten im Inneren Anatoliens. Es hat etwa 380 000 Einwohner, und in den letzten Jahren ist viel Industrie aus dem Boden geschossen: Zuckerraffinerien, Lederfabrikation, Textilwerke und Zementherstellung stehen an erster Stelle, dazu kommt bodenständiges Handwerk, besonders Teppichknüpferei. In 1054 m Höhe dehnt sich die Stadt am Fuße der nördlichen Ausläufer des 3916 m hohen ehemaligen Vulkans Erciyas Dağı aus, dessen Gipfel die meiste Zeit des Jahres mit Schnee bedeckt ist.

Kayseri ist die Nachfolgerin der alten Hauptstadt Kappadokiens, Mazaka, später auch Eusebeia genannt, deren Ruinen in unmittelbarer Nähe noch zu sehen sind. Der letzte kappadokische König Archelaos verlieh der Stadt zu Ehren des Kaisers Augustus den Namen Kaisareia, lateinisch Caesarea. Nach Überfällen von Persern wurde unter Kaiser Justinian die Hauptstadt Kappadokiens an den heutigen Platz verlegt und erhielt starke Befestigungen. Dennoch haben die Araber Kaisareia einige Male geplündert. Im 11. Jahrhundert siedelten sich viele Armenier hier an, 1082 kamen die seldschukischen Eroberer, später war Kayseri Hauptstadt eines Emirats der turkmenischen Danischmenden. Nach dem Einfall der Mongolen besaßen Mameluken, die türkischen Dynastien der Eretniden und der Karamaniden die Stadt, bis 1515 Sultan Selim hier einzog.

Den Charakter der Altstadt haben Seldschuken und Armenier geprägt, die ersteren durch Repräsentativbauten und Befestigungsanlagen, die letzteren durch die Gestaltung der Wohnviertel. Industrialisierung und Modernisierung haben zwar viel verändert, aber dennoch hat Kayseri noch viel von der Atmosphäre einer alten antolischen Stadt bewahren können.

An der Stelle eines alten Wohnviertels weitet sich heute der Cumhuriyet Meydanı, der Platz der Republik, aus. Außer modernen Gebäuden steht hier noch die *Sahibiye-Medrese,* eine 1267 erbaute Koranschule mit einem wunderschön verzierten Tor. Im Atatürk-Park daneben sieht man eine Moschee in klassischem osmanischen Stil, die *Kurşunlu Cami,* die dem großen Architekten Sinan zugeschrieben wird. Südlich des Platzes der Republik ragt die seldschukische *Zitadelle* empor, in deren Hof eine von Sultan Mehmet II. gestiftete Moschee steht – der Eroberer Konstantinopels hatte Kayseri schon im Jahr 1466 eingenommen; es ging den Osmanen jedoch dann vorübergehend wieder verloren.

In der Nähe liegt der Stiftungskomplex der *Mahperi Honat Hatun,* der griechischen Frau des Seldschukensultans Alaettin Kaykobat I. Die 1237 errichtete Anlage besteht aus einer Medrese mit einem herrlichen Portal, einer achteckigen Türbe der Stifterin und zweier Töchter sowie aus einer großen Pfeilermoschee.

Durch das von Geschäftigkeit berstende Basarviertel kommt man zur Ulu Cami, der *Großen Moschee.* Sie wurde um das Jahr 1140 von einem Emir aus der Danischmendiden-Dynastie erbaut und hat einen dreischiffigen Gebetssaal und ein hohes Minarett aus Ziegelsteinen. Schön ist auch die *Hatuniye-Medrese* mit ihrem Spitzbogenportal und einem von antiken Säulen umgebenen Innenhof. Überall in der Altstadt trifft man, meist im Schatten einer Moschee oder einer Medrese, Mausoleen aus der Seldschukenzeit, die wegen ihrer spitzen Dächer hier nicht Türben, sondern Kümbet genannt werden. Etwas abseits der Sehenswürdigkeiten in der Altstadt steht das bekannteste Grabmal Kayseris: Das *Döner Kümbet,* ein quadratischer Unterbau, darauf ein runder Turm, darüber ein Kegeldach. Das Monument wurde um das Jahr 1275 für die Prinzessin Şah Cihan Hatun errichtet.

12 Von Kayseri nach Amasya

Den schneebedeckten Gipfel des erloschenen Vulkans Erciyas Dağı sieht man noch lange, wenn man von Kayseri aus in nordwestlicher Richtung weiterfahrend zurückblickt. Archäologisch interessierte Reisende können links abbiegen und zum Hügel Kültepe fahren, wo das hethitische Kanesch und die assyrische Handelsniederlassung Kârum ausgegraben wurden. Es geht dann im Tal des den würzigen Namen Sarmısaklı Suyu, »Knoblauchbach«, tragenden Flüßchens aufwärts, vorbei am Stausee, der von ihm gespeist wird, und über den Lâleli Geçit, den Tulpenpaß, hinunter zur zweiten der berühmtesten Karawanenherbergen der Türkei, Sultanhanı bei Kayseri. Im Nordwesten, durch den 1500 Meter hohen İşel Dağı vom Tal des Kızılırmak getrennt, liegt inmitten eines abflußlosen Gebiets der kleine Salzsee Tuzla Gölü in über 1100 Meter Höhe. Man folgt weiter der alten Römerstraße, dem Ulu Yol der Seldschuken, vorbei an den Orten Sarıoğlan und Gemerek zu Füßen der İncebel-Berge, hinter denen der Kızılırmak seinen Weg zum Schwarzen Meer folgt. Die nach Ostanatolien führende Straße begleitet ihn auf längere Strecken. In einer Hochebene mit Getreidefeldern kommt man zum Städtchen Şarkışla, und wenn man den 1570 Meter hohen Yassıbel-Paß überwunden hat, sieht man hinunter auf die Ebene von Sivas und den breiten Kızılırmak.

Westlich der von den Seldschuken mit vielen Bauwerken geschmückten Industriestadt Sivas überquert die Straße den Kızılırmak; abseits der Straße steht noch eine alte Brücke aus seldschukischer Zeit. Zwischen den Abhängen des Akdağları-Gebirges und der Camlıbel-Berge steigt die Straße nach Ankara hinauf nach Yıldızeli mit den Ruinen der Karawanserei Yeni Han, die im 14. Jahrhundert unter den mongolischen Ilchanen errichtet und im 17. Jahrhundert umgebaut wurde. Während die Straße nach Ankara nach Westen weiterführt, geht unser Weg hinein in die Camlıbel-Berge, über den 1646 Meter hohen gleichnamigen Paß.

Nach der Paßhöhe bietet sich dann ein ganz anderes Landschaftsbild: Statt der baumlosen Steppe, wo nur in den Flußniederungen grüne Gärten und Pappeln zu sehen sind, tauchen nun immer mehr Kiefernbäume auf und verdichten sich langsam zu richtigen Wäldern. Inneranatolien bleibt zurück, man kommt in die Täler des Pontus, des Hinterlandes der Schwarzmeerküste. Hie und da begleiten Obstgärten und Tabakfelder die Straße. Unten beim Dorf Camlıbel findet man die Ruinen einer weiteren Karawanserei, denn auch unsere Straße hier verläuft auf einer uralten Trasse, die einst vom Inneren Kleinasiens zum Schwarzen Meer führte. Üppiger werden die Wälder hinter dem nächsten Paß, dem 1750 Meter hohen Kızılınış Geçidi, und über tausend Meter tiefer liegt im Tal des Yeşilırmak, der im Altertum Iris hieß und heute »Grüner Fluß«, die Stadt Tokat.

Nach Nordwesten geht von Tokat aus eine Straße ins Gebirge hinein, vorbei an den Ruinen des Heiligtums der anatolischen Erdgöttin in Komana Pontika und hinüber ins Tal des Kelkit Çayı, eines Nebenflusses des Yeşilırmak. An seinen Ufern findet man die Stadt Niksar, das einstige Neocaesarea, über der sich die Ruinen einer Festung des Römerhassers Mithridates VI. von Pontus erheben.

Westlich von Tokat verläuft die Straße oberhalb des Yeşilırmak. Im Tal ist jenseits des Flusses beim Dörfchen Pazar eine der sehenswertesten seldschukischen Herbergen zu sehen, der Mahperi Hatun Hanı, gestiftet von der Mutter des Sultans Keyhusrev II., Mahperi Hatun. Von einer mächtigen Zitadelle überragt wird Turhal, einst eine Festungsstadt der pontischen Könige. Die Befestigungsanlage wurde von den Byzantinern und Türken ausgebaut. Im Südwesten liegt eine andere pontische Festungsstadt: Zela, das heutige Zile, umgeben von der Ebene Zile Ovası. Diese Ebene war zweimal Schauplatz berühmter Schlachten in der Auseinandersetzung zwischen Rom und dem hellenistischen Osten.

Das Königreich Pontus wurde um das Jahr 302 v.Chr. von Mithridates II., Sohn oder Neffen des Herrschers der Stadt Kios am Marmarameer, gegründet. Seine Nachfolger erweiterten das Staatsgebiet und hatten erheblichen Einfluß auf die politischen Geschehnisse im nördlichen und mittleren Kleinasien. Mithridates VI. Eupator beherrschte seit 110 v.Chr. auch die von griechischen Kolonisten bewohnte Nordküste des Schwarzen Meeres mit der Krim und Kolchis an der Ostküste – er erschien dort als Befreier vom Druck der Steppenvölker der Skythen und Sarmaten. Nun vergrößerte er sein Reich um die Länder Paphlagonien, Galatien und Kappadokien, und auch hier wurde er als Befreier begrüßt, denn dieser Teil Kleinasiens stand unter dem Druck Roms. Mithridates stiftete prächtige Bauten in Athen und auf Delos und gewann so die Herzen der Griechen. Diese folgten ihm auch, als er dazu aufrief, die auf asiatischem Boden lebenden Römer und anderen Italiker zu ermorden. Es sollen 80 000 bis 100 000 Menschen in dem folgenden, »Vesper von Ephesus« genannten Blutbad umgekommen sein. Das vom Bürgerkrieg geschwächte Rom schlug jedoch zurück – Sulla eroberte und plünderte Athen, strafte Ephesus und verlangte von Kleinasien unerträglich hohe Bußzahlungen. Als der geschlagene Mithridates sich wieder aufgerafft hatte und in Bithynien einfiel, gelang es dem römischen Feldherrn Lukullus, ihn mehrfach zu besiegen. Nach seiner Flucht nach Armenien kehrte Mithridates zurück, schlug nun seinerseits ein römisches Heer, wurde aber dann von Pompejus endgültig niedergezwungen. In Kertsch auf der Halbinsel Krim fand er den Tod, als sein Sohn Pharnakes II. gegen den Achtundsechzigjährigen putschte. Das Königreich Pontus wurde von den Römern zerschlagen und ging im Verlauf der nächsten Jahrzehnte im Imperium Romanum auf.

Zile hieß damals Zela, und hier vernichtete Mithridates ein Heer des Lukullus. Im Jahr 67, genau zwanzig Jahre später, schlug Caesar den Sohn des Mithridates, Pharnakes, der über das Schwarze Meer gekommen war, um das alte Reich Pontus wieder aufzurichten. Die zweite Schlacht von Zela ging durch Caesars lakonische Siegesmeldung »Veni, vidi, vici« (»Ich kam, sah, siegte«) in die Sprichwörtersammlungen ein. Zela war auch Mittelpunkt des Kults der ostiranischen Göttin Anahita, die von den Griechen Anaitis genannt wurde. Sie war die Göttin des Wassers und der Fruchtbarkeit, aber auch Kriegs- und Himmelsgöttin.

Nicht weit von der einstigen pontischen Festungsstadt Turhal verläßt die Straße das Tal des Yeşilırmak und schraubt sich ins Gebirge hinauf nach Ezinepazarı, wo die Ruinen einer ebenfalls von der Sultanin Mahperi Hatun um 1238 erbauten Herberge stehen. Nach Westen zu geht es in einem engen Tal wieder hinunter zum Yeşilırmak, der nun aus steilen Schluchten in ein ebenes Becken eintritt. Man folgt dem Flußlauf nach Norden, bis man die Hauptstadt der Könige von Pontus vor sich hat, das an Sehenswürdigkeiten reiche Amasya.

84 Ein Wesir der mongolischen Ilchane, die von Persien aus auch über große Teile Kleinasiens regierten, ließ im Jahr 1271 in Sivas eine Medrese bauen, die wegen ihrer beiden Minarette Çifte Minare Medresesi genannt wird. Die Koranschule selbst ist längst verfallen, erhalten dagegen ist die mit herrlichen seldschukischen Steinmetzarbeiten geschmückte Fassade.

Kültepe ist eine der großen vorgeschichtlichen Ausgrabungsstätten der Türkei. Der Name der etwa 20 km nordöstlich von Kayseri gelegenen Aufschüttung bedeutet »Aschenhügel« – schon deshalb mußte er die Aufmerksamkeit der Archäologen auf sich ziehen. Bereits im Jahr 1893 setzten sie hier den Spaten an, auch wieder 1906, doch die sensationellen Ergebnisse ließen bis 1925 auf sich warten. Damals fand der Tscheche Bedřih Hrozný, der Entziferer der hethitischen Keilschrift, unterhalb des Hügels mit dem Bauschutt von 17 Jahrhunderten eine Niederlassung assyrischer Kaufleute mit einem reichen Handelsarchiv, bestehend aus Tontäfelchen. Seit 1948 wird das ganze Gelände systematisch ausgegraben.

Schon in der Mitte des 3. Jahrtausends v. Chr. muß an dieser Stelle eine Siedlung bestanden haben, die später *Kanesch* hieß und die Oberherrschaft der mesopotamischen Akkader anerkennen mußte. Ein König namens Zipani nahm dann teil an einem Bündnis von 16 kleinen Königreichen, die so der Gefahr entgingen, von Akkad neuerdings vereinnahmt zu werden. Assyrische Kaufleute kamen im 19. Jahrhundert v. Chr. nach Kanesch und gründeten eine Niederlassung für den Handel zwischen Anatolien und dem Zweistromland: Sie kauften hier Kupfer und brachten Zinn her, das wahrscheinlich aus Bergwerken im Iran stammte. Diese *Kârum* genannte Kolonie für Kaufleute und Karawanen lag vor den Toren der »Eingeborenenstadt«. Ungefähr ein Jahrhundert später war Kanesch die Hauptstadt des hethitischen Königs Anitta; seine Nachfolger verlegten sie allerdings nach Hattuşas, dem heutigen Boğazkale. Als die Phryger in Kleinasien einbrachen, zerstörten sie Kanesch, bauten aber an der alten Stelle eine neue Stadt, die erst in hellenistischer Zeit ihre Bedeutung verlor. Nun wurde die Nachbarstadt Mazaka, das spätere Kaisareia, Hauptstadt von Kappadokien.

In Kanesch und Kârum kamen neben Tausenden von Tontafeln mit Handelsverträgen, Heiratskontrakten und allerlei anderer Korrespondenz in Altsyrisch vor allem schöne Keramik, schöner Schmuck und kleine Götterfiguren ans Licht. Man kann die Funde im Museum der anatolischen Kulturen in Ankara und im Archäologischen Museum von Kayseri besichtigen.

Sultanhanı bei Kayseri ist die zweite der großen und berühmten seldschukischen Karawanenherbergen, etwas kleiner als der Han bei Konya. Sultan Alaettin Kaykobat I. ließ sie in den Jahren 1232 – 1236 errichten. Auch hier führt ein prachtvoll geschmücktes Portal in den Hof, in dessen Mitte sich eine Moschee befindet. Rechts sind die Unterkunftsräume und die Küchen, links die Warenlager. Der Hof wird von einer großen Halle abgeschlossen, in die die Tragtiere Platz und Futter bekamen.

Sivas hat annähernd 200000 Einwohner, die von Handel und Industrie leben. Frauen und Mädchen knüpfen und weben Teppiche, traditionelle Handwerksbetriebe fertigen Arbeiten aus Kupfer und Silber. Der Ort ist vermutlich sehr alt, doch Nachrichten über eine Ansiedlung gibt es erst in Berichten über die Feldzüge des römischen Konsuls Pompejus Magnus. Nachdem er den pontischen König Mithridates VI. geschlagen hatte, gründete er eine Stadt, der er den Namen Megalopolis, »Großstadt«, gab. Kaiser Augustus verdankte sie ihre Stadtmauer, und zu seinen Ehren nannte sie sich fortan Sebasteia, denn im Griechischen entspricht dem lateinischen Titel Augustus, der Verehrungswürdige, das Wort Sebastos. Der byzantinische Kaiser Justinian ließ die Befestigungen verstärken, aber dennoch wurde Sebasteia von den Sassaniden, später von den Arabern eingenommen. Die Byzantiner tauschten die Stadt und ihre Umgebung im Jahr 1021 mit dem armenischen König Senekerim Hovhannes aus strategischen Gründen gegen ein Gebiet am Van-See ein, und alsbald zogen 40000 Armenier mit Frauen und Kindern aus dem Osten hierher. Doch nach der Schlacht von Mantzikert, dem heutigen Malazgirt, im Jahr 1071, kamen die Seldschuken. Der im griechischen Mund abgeschliffene Name Sebasteia, aus dem Sebaste geworden war, hieß bei den Türken Sivas.

Unter den Seldschukensultanen wurde die Stadt durch Handel reich, sie glänzte durch prächtige Bau-

ten. 1396 traten die Osmanen unter Beyazıt I. das Erbe ihrer türkischen Vorgänger an, doch um 1400 fiel Timur über die Stadt her, eroberte sie und ließ die christlichen Bewohner in die Sklaverei verschleppen oder umbringen. 4000 armenische Verteidiger soll er lebendig in einem Brunnen begraben haben lassen. Später war Sivas ein unbedeutendes osmanisches Provinznest, erst der Bau der Eisenbahn in dem Ostteil des Landes und der Ausbau der heute Europastraße 23 genannten Verbindung mit der Osttürkei und dem Iran erfüllte die Stadt wieder mit mehr Leben. 1919 berief Atatürk den türkischen Nationalkongreß nach Sivas ein, der den Kampf gegen die Besatzungsmächte und die Schaffung eines Nationalstaats beschloß. Nach 1923 wurden die Armenier aus der Stadt und ihrer Umgebung vertrieben – sie hatten bis dahin einen bedeutenden Bevölkerungsanteil gebildet und Handel und Handwerk beherrscht.

Am *Konak Meydanı*, dem Schloßplatz, erinnert ein großes Denkmal an Atatürk und den Kongreß von Sivas. Südlich davon breitet sich die Altstadt aus, über der sich der ehemalige Burghügel, der künstlich aufgeschüttete Toprak Tepesi, erhebt – bei Grabungen wurden hier Reste einer hethitischen Siedlung gefunden. Gleich in der Nähe ist das wohl schönste Denkmal der seldschukischen Architektur in Kleinasien zu sehen, die Fassade der *Gök Medrese*. Diese Koranschule hat ihren Namen »Himmelsmedrese« oder »Blaue Medrese« von dem blauen Fayenceschmuck ihrer beiden Minarette. Sie soll ein Werk des griechischen Baumeisters Kalojannis aus Konya sein, Stifter war der Wesir Sahip Ata Fahreddin, den man auch »Abdül Khayrat«, den Vater guter Taten, nannte, weil er in vielen inneranatolischen Städten für das Gemeinwohl nützliche Bauten errichten ließ.

Aus dem Jahr 1197 stammt die *Ulu Cami*, die Große Moschee, die der älteste islamische Bau in Sivas sein soll. Die *Bürüciye-Moschee* ist eine Stiftung des Statthalters der mongolischen Ilchane, Muzaffer aus dem persischen Bürücird; er ließ sich in dieser Koranschule auch sein Grabmal aufrichten. Den Sarkophag ihres Stifters enthält auch die *Şifahiye Medresesi*, erbaut von Sultan Keykavus I. im Jahr 1218. Trotz seines Namens ist das Gebäude keine Koranschule, sondern ein Krankenhaus, in dem auch Ärzte ausgebildet wurden. In einer Abteilung pflegte man Geisteskranke, zur Therapie gehörten Musik und Hypnose. Nur noch die Fassade ist von der *Çifte Minare Medresesi* erhalten, der Medrese mit dem Doppelminarett. Die beiden Türme aus Ziegelsteinen, von denen einst der Ruf zum Gebet schallte, flankieren den Portikus, eines der großartigsten Werke der Steinmetzkunst der Seldschukenzeit.

Tokat wird vom Tokat Suyu durchflossen, der hier in den Yeşilırmak mündet, und von einem hohen Burghügel überragt, der einst die pontische Festung Dazimon trug. Sie bewachte den Taleingang, der zum Heiligtum der anatolischen Erdmutter Ma in Komana Pontika führte. Die Priesterfürsten dieses Heiligtums hatten ihre Untertanen versklavt, die Frauen mußten als Tempelprostituierte Dienst tun. Beim großen, orgiastischen Fest der Muttergöttin trugen Priester ihr Bild in einer ekstatischen Prozession durch den heiligen Bezirk. In christlicher Zeit verfiel Komana Pontika, und zu Füßen der alten Festung Dazimon entstand eine Stadt, Eudokia, die in armenischer Aussprache Yevtokia genannt wurde – daraus ist das türkische Tokat entstanden. In der Stadt blüht noch heute das Handwerk der Kupferschmiede.

In der Stadtmitte erhebt sich die reich verzierte Fassade der *Gök Medrese*, die ihren Namen »Blaue Koranschule« dem heute nur noch in Resten erhaltenen Fayenceschmuck verdankt. Sie enthält das *Archäologische Museum* mit Funden aus der Tempelstadt Pontika. Wie lebendig einst in Tokat Handel und Wandel waren, zeigt der Bau der *Markthalle* Voyvoda Hanı aus dem Jahr 1631, in der vor allem armenische Händler und Kaufleute ihre Stände, Läden und Niederlassungen hatten. Aus dem 18. Jahrhundert stammt die Herberge *Horozoğlu Hanı*. Sultan Beyazıt II. ließ 1485 die schöne *Hatuniye-Moschee* und die dazugehörige *Medrese* bauen; sie war dem Andenken seiner Mutter Gülbahar (»Frühlingsrose«) gewidmet.

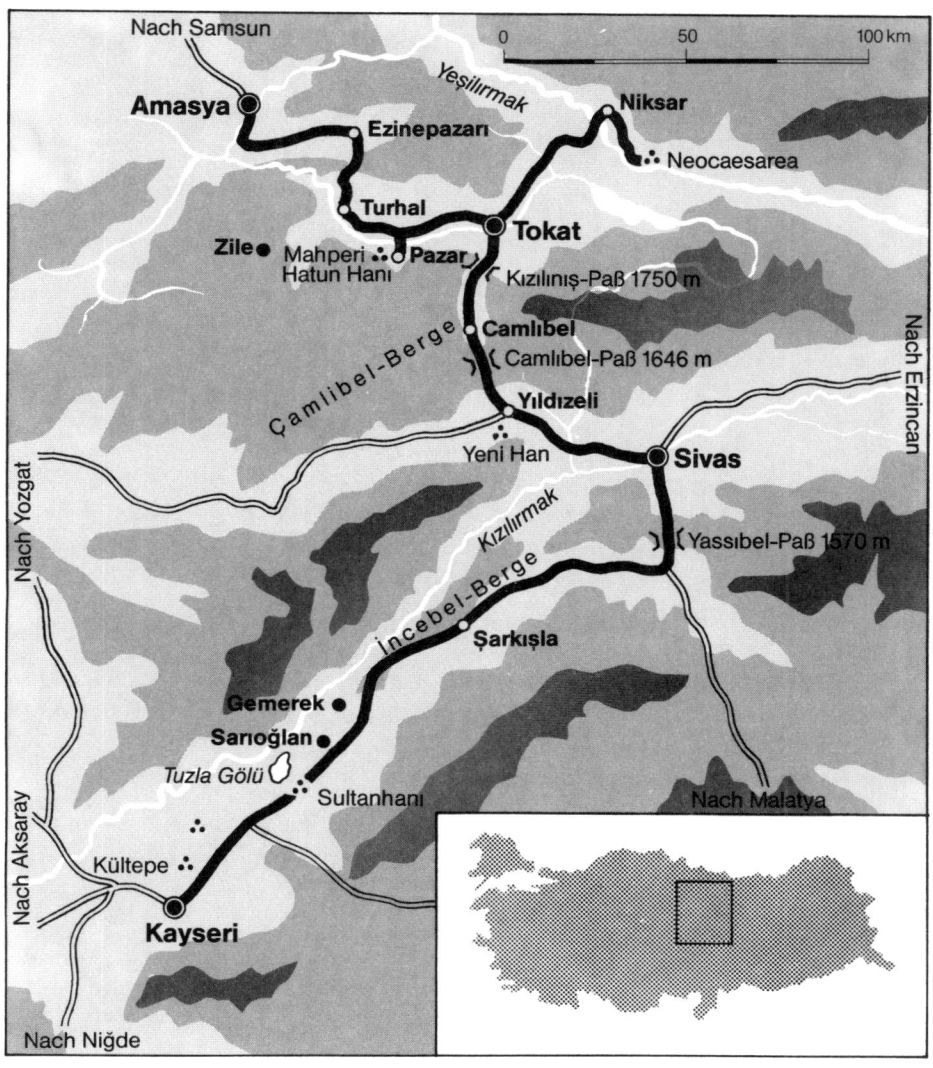

Amasya hat wegen seiner schönen Lage an den Süd-
abhängen des Pontischen Gebirges und am Fluß Yeşilırmak schon viele Bewunderer gefunden. Einer der
ersten war ein Sohn der Stadt, des damaligen Amaseia, nämlich der griechische Schriftsteller Strabon.
Er schreibt in seinem Werk »Geographika«: »Natur
und Menschenhand haben auf wunderbare Weise dazu beigetragen«, daß sein Geburtsort »als Wohnstätte
und Festung gleichermaßen vorzüglich geeignet« sei.
Strabon wurde in Amaseia im Jahr 64 oder 63 v. Chr.
geboren, als der römische Feldherr Pompejus nach
seinem Sieg über den pontischen König Mithridates
VI. daranging, die politischen Verhältnisse in Kleinasien neu zu ordnen. Der Sohn einer vornehmen pontischen Familie bereiste weite Teile der damals bekannten Welt, verfaßte historische Werke, die fast gänzlich
verloren sind, und eine umfangreiche Beschreibung
der Länder der Alten Welt, die uns erhalten geblieben
ist.
Amaseia war die Residenz der pontischen Könige, gegründet von Mithridates I., der von Kios am Marmarameer hierher verschlagen wurde. Römer und Byzantiner hinterließen wenig Spuren, wohl aber später
die Seldschuken und ihre Lehensmänner, die Dani-
schmendiden, die bald selbständig über ein weites
Gebiet im nordöstlichen Mittelanatolien herrschten.
Die Mongolen hinterließen hier ihren Statthalter
Eretna, dessen Dynastie um die Mitte des 14. Jahrhunderts für Amasya eine Zeit der Blüte brachte. Seit
1392 ist die Stadt osmanisch, Timur konnte sie nicht
erobern. Im Dezember 1939 verwüstete ein Erdbeben

den größten Teil von Amasya, doch beim Wiederaufbau ereignete sich ein anatolisches Wunder: Modernes tritt hier sehr behutsam auf, und es gelang sogar,
das schöne alte Viertel am Nordufer des Yeşilırmak
mit seinen schönen Fachwerkhäusern zu erhalten.
Die Bevölkerung heute lebt von den üppigen Obst-
plantagen der Umgebung, von Handwerk und Handel.
Auf einer Terrasse über dem Nordufer des Flusses
sind noch Mauern des pontischen Königspalastes zu
sehen; die Ruinen werden heute Kızlar Sarayı, »Mäd-
chenpalast«, genannt. Über ihnen sind in die Felswand die fünf Gräber der Könige eingehauen, deren
Fassaden wohl einst mit Marmor verkleidet waren.
Eine der Grabkammern diente später als christliche
Kapelle. Auf dem Berggipfel über den Gräbern erhebt sich die Zitadelle, in der sich einst ein Altar für
den persischen Lichtgott Ahura Mazda befand – in
Pontus wurde er unter dem griechischen Namen Zeus
Stratios verehrt. An der Burg bauten Byzantiner und
Türken, der Blick über die Stadt ist von hier oben aus
sehr schön.
Die Stadt hat sich hauptsächlich auf dem rechten,
dem südlichen Ufer des Yeşilırmak, ausgebreitet.
Fünf Brücken überspannen den Fluß, darunter die
von den Seldschuken gebaute Kuş Köprü, die »Vogel-
brücke«. Der Emir von Amasya, Seyfettin Turumtay,
ließ in den Jahren 1266 und 1267 die schöne Gök
Medresesi Camii erbauen, die »Moschee der blauen
Koranschule«. Sie ist heute ein Museum. Daneben
steht das Mausoleum des Turumtay, und in der Nähe
sind noch mehrere sehenswerte Türben.

Als der spätere Sultan Beyazıt II. als Kronprinz die
Provinz Amasya verwaltete, stiftete er eine große Moschee, die Beyazıt Camii mit einer ausgedehnten Külliye und einem weiten Garten am Ufer des Yeşilırmak. Zu der Anlage gehört auch eine umfangreiche
Bibliothek. Als Beyazıt nach İstanbul berufen wurde,
vollendete sein Sohn und Amtsnachfolger Ahmet
den Bau.
Eine Stiftung des mongolischen Ilchans Ölcetü ist das
Timarhanı, das von 1308 – 1309 erbaute Hospital für
Geisteskranke.

13 Von Amasya nach Ankara

Während der grüne Yeşilırmak durch tiefe Schluchten und enge Täler nach Nordosten dem Schwarzen Meer entgegeneilt, geht unsere Straße von Amasya, der einstigen Hauptstadt der pontischen Könige, nach Nordwesten weiter. Der Kessel von Amasya bietet einen schönen Rückblick von den Hängen des Gebirges, ehe man allmählich hinunterfährt in eine weite, von einigen kleinen Flüssen durchschnittene Ebene. Sie heißt Suluova, die »wasserreiche Ebene«, und wird im Nordwesten von dem über 2000 Meter hohen Akdağ vor Nordwinden geschützt. Vom Akdağ kommen auch die Flüsse und Bäche herunter, die dem feuchten Klima des Schwarzmeergebietes zu verdanken sind. Im Altertum hieß diese fruchtbare Gegend Chiliokomon. Auch wenn nicht wörtlich tausend Dörfer hier blühten, muß es eine dicht bevölkerte Gegend gewesen sein. Die kleine Stadt, die am Nordostrand der Ebene entstanden ist, heißt ebenfalls Suluova. Kurz hinter dem Ort zweigt nach links die Straße über Çorum nach Ankara ab.

Wenn man weiter ins Pontische Gebirge hineinfährt, kommt man nach Havsa, das schon im Altertum als Thermalbad bekannt war und in dem auch Atatürk, der Begründer der modernen Türkei, Heilung suchte. Nun gelangt man in die antike Landschaft Paphlagonien, die bis zur Küste des Schwarzen Meeres reichte. Die einheimischen Fürsten dieses Landes wurden auch von den Persern respektiert, nach dem Alexanderzug und den Diadochenwirren war es Bestandteil des Pontischen Reiches. Von Havsa nach Nordwesten fahrend erreicht man hinter der Stadt Vezirköprü, der »Wesirbrücke«, den Kızılırmak, der hier nach Nordosten seinem Mündungsdelta bei Bafra am Schwarzen Meer zustrebt. In Duragan am Kızılırmak sieht man die Ruinen der Karawanenherberge Duruk Han, die 1126 der seldschukische Emir Pervane errichten ließ. Bei Boyabat dehnen sich im Tal des Gökırmak Reisfelder aus, und über der Stadt ragt eine byzantinische Burg empor. Hier hatte Mithridates seinen ersten Erfolg, er schlug hier im ersten nach ihm benannten Krieg den bithynischen König Nikomedes und das Römerheer des Marius. Durch eine an die Alpen erinnernde Landschaft mit Wäldern aus Tannen und Buchen erreicht man den 1370 Meter hohen Dranoz-Paß. Hier weichen die bewaldeten Gipfel allmählich zurück, und der Reisende erblickt das Schwarze Meer, vor sich die uralte Griechenstadt Sinope, heute Sinop.

Die bessere Straße zum Schwarzen Meer geht von Havza aus nach Nordwesten steil über den Karadağ-Paß nach Kavak. Bald hinter dem Hacılar-Paß werden die Wälder dichter, und man schaut hinunter auf die Bucht von Samsun.

Zur Hauptstadt der Türkei, Ankara, aber zweigt am Nordrand der »wasserreichen Ebene«, der Suluova, von der zum Schwarzen Meer führenden Magistrale Amasya–Samsun die Fernverkehrsstraße nach Westen ab. Merzifon ist eine Stadt, die von der Landwirtschaft der Umgebung lebt; sie hat ein paar Moscheen, die früher Kirchen waren. Ihr alter Name lautet Phazemon, Pompejus hat sie nach seinem Feldzug gegen den pontischen König Mithridates VI. in Neapolis, die »neue Stadt«, umbenannt.

In der Suluova wird vor allem Tabak angebaut. Der Tabak spielt im Alltagsleben der Türken eine große Rolle – heute vor allem als Zigarette in Papier gerollt. Jung und alt führen sie fast ununterbrochen zum Mund, man bekommt sie überall gastlich angeboten, und auch der nichtrauchende Türkeireisende sollte immer möglichst fremdartig aussehende Zigaretten bei sich haben, die er als kleinen Dank für eine Gefälligkeit überreicht oder als Katalysator zur Kontaktaufnahme. Der Genuß des aus Amerika stammenden Tabaks ist im Orient seit etwa 1600 bezeugt, in İstanbul soll der erste Raucher im Jahr 1603 gesehen worden sein. Die Türken sagen zum Rauchen »Tabaktrinken«, denn man saugte ja den Rauch aus dem langen Ahornholzrohr der Çibuk genannten Pfeifen, deren Kopf aus

Ton gefertigt war, während das Mundstück am Rohr aus Bernstein bestand. Sultan Murat IV., dem sehr viel an der Moral seiner Untertanen gelegen war, ließ den Tabakgenuß unter Androhung der Todesstrafe verbieten. Dennoch verbreitete sich das Rauchen sehr schnell, und Helmuth von Moltke, der als Nichtraucher in die Türkei kam, dort aber aus Höflichkeit zum Raucher wurde, bemerkt: »Man begreift nicht, wie die Türken haben leben können, ehe die große Erfindung der Pfeife gemacht wurde.« Vor allem in Teehäusern rauchen die Männer auch noch die im 18. Jahrhundert aufgekommene Wasserpfeife, die Nargile, doch die Zigarette hat den einst von den Türken nicht wegzudenkenden Çibuk längst verdrängt.

Am Rand des bis zu 1765 Meter hohen Eğerli-Dağı-Gebirges geht die Straße durch welliges Gelände nach Südwesten zur Industriestadt Çorum weiter. Unweit von Çorum haben Archäologen in Pazarlı beim Dorf Cemilbey die Ruinen einer phrygischen Festung ausgegraben. Sie fanden das Haus eines vornehmen Phrygiers mit Mosaiken und Wandmalereien, die Tiere und Fabelwesen darstellen. Die Funde sind nach Ankara gebracht worden. Wahrscheinlich ist die Stätte schon in der Zeit um 3500 v. Chr. besiedelt und befestigt gewesen.

Südwestlich von Çorum werden die Bäume wieder spärlicher, es beginnt die Steppe. Während im Sommer die weiten Flächen von der Sonne verbrannt, grau, braun oder gelb sind, und die Schafe und Ziegen längst die grünen Pflanzen abgefressen haben, bietet sich im März ein ganz anderes Bild: Die Höhen, die Ebenen und die Täler sind grün und mit Blumen in leuchtenden Farben übersät. Auf der Fahrt nach Ankara durchquert man dann einen breiten Gürtel, in dem die Steppe zum Weizenanbaugebiet gemacht wurde. Es geht an kleinen Dörfern vorbei, mit flachen Lehmhäusern, hie und da sieht man auf der Straße einen Pferdewagen, der phantasievoll bemalt ist, vor allem mit Tulpenmotiven. Farbig ist auch die Kleidung der Frauen, die neben ihren nüchtern einheitlich gewandeten Männern auf den Wagen zur Feldarbeit fahren: eine weite Pluderhose, einen Pullover und natürlich das meist geblümte Kopftuch.

Kurz vor Sungurlu überwindet man auf einem etwas über tausend Meter hohen Paß die Wasserscheide zwischen den beiden großen Flüssen der Türkei: Man verläßt das Stromgebiet des Yeşilırmak und kommt in das des Kızılırmak. Unten im Tal zweigt links eine Straße ab, die zu den berühmten hethitischen Ausgrabungsstätten von Alaca Hüyük und Boğazkale führt. Hinter Sungurlu kommt man durch eine ausgedehnte Hochfläche, die kahle Steppe ist in von Inselbergen und durch Erosion entstandene Schluchten und Täler gegliedert. Unten im Tal des grünen Delice, des »reißenden Flusses«, der nach Norden dem Kızılırmak zufließt, liegt abseits der Straße das gleichnamige Städtchen, und eine kurze Strecke weiter stößt man zu der von Sivas über Yozgat herführenden Straße und zur Bahnstrecke Kayseri–Ankara.

Unter den Südhängen des Karagüney-Gebirges schlängeln sich Straße und Eisenbahn durch das Tal des Çoruhözü, der dem Kızılırmak zufließt. Die flache Hochebene ist kaum besiedelt, erst in der Niederung des Kızılırmak kommt wieder eine Stadt. Es ist Kırıkkale, die »zerbrochene Burg«. Es gibt hier ein Stahlwerk, außerdem werden landwirtschaftliche Maschinen hergestellt. Dann überquert man den breiten Kızılırmak, der im Altertum Halys hieß. Man erinnert sich an den Lyderkönig Kroisos, der nach Herodot vor seinem Feldzug gegen die Perser das Orakel von Delphi befragte und zur Antwort bekam, er würde ein großes Reich zerstören, wenn er diesen Fluß überschreite – es war das lydische Reich, das in dem folgenden Krieg unterging.

Der Name des Städtchens Elmadağ bedeutet »Apfelberg«. Es ist nach dem südöstlich davon gelegenen Berg benannt, der als Skigebiet der begüterten Ankaralı bekannt ist. Im Norden erhebt sich der İdris Dağı. İdris ist der biblische Henoch, der Urgroßvater des Noah, den Mohammed in die Reihe seiner Propheten-Vorgänger aufgenommen hat. In der 29. Sure des Koran, die die Überschrift »Maria« trägt, weil hier die jüdisch-christliche Überlieferung festgehalten ist, offenbart Allah seinem Propheten: »Und gedenke im Buch (dem im Auftrag Gottes zu schreibenden Koran) des İdris; siehe, er war aufrichtig, ein Prophet, und wir erhoben ihn zu einem hohen Ort« – im Volksglauben ist es der 1985 Meter hohe Berg über Elmadağ, zu dem Gott den aufrichtigen Propheten erhoben hat.

Von der Hochfläche geht es hinunter ins von Pappeln gesäumte Tal des Hatip Çayı und in die Vororte von Ankara. Die Hügel sind dicht von den einstöckigen Häuschen der Gecekondu genannten Siedlungen bedeckt. Bei der Einfahrt bietet sich ein schöner Blick über die türkische Hauptstadt mit dem Zitadellenhügel im Norden.

91 Weithin sichtbar ist in Ankara das auf dem Hügel Maltepe gelegene Mausoleum, in dem der Schöpfer der neuen Türkei, Mustafa Kemal Atatürk, beigesetzt ist.

Çorum ist eine Provinzhauptstadt mit etwas Metallindustrie. In den Betrieben wird hauptsächlich Kupfer verarbeitet, es gibt aber auch noch die altansässigen Kunsthandwerker, deren Kupferwaren weithin bekannt sind. Im Mittelpunkt der Stadt steht ein hoher *Uhrturm*, im 19. Jahrhundert von einem Pascha namens Hasan gestiftet, der deshalb Yedi-Sekiz Hasan Paşa genannt wurde, der »Siebennacht-Hasan«. Aus seldschukischer Zeit stammen die beiden *Moscheen* Ulu Cami, die Große, und die İnayet Camii, die Moschee der göttlichen Gnade.

In Çorum und seiner Umgebung leben außer sunnitischen Muslimen viele Alawiten, Anhänger einer schiitischen Sekte. Während sich die Sunniten in Ritus und Recht neben dem Koran auf den Hadith, die das heilige Buch ergänzenden Überlieferungen der Aussprüche und Handlungsweisen des Propheten Mohammed, stützen, richten die Schiiten sich nach den Schiedssprüchen und Auslegungen der Geistlichkeit. Die Schiiten – das Wort Schia bedeutet »Partei« – spalteten sich von der Mehrheit der Gläubigen ab, als Mohammeds Schwiegersohn Ali nicht als Kalif und rechtmäßiger Nachfolger des Propheten anerkannt wurde. Für sie ist die höchste weltliche und geistliche Macht zu 12 Imame übergegangen, deren erster Ali war und deren zwölfter verschwunden ist und am Jüngsten Tag wieder erscheinen wird.

Eine der Sekten, die sich wiederum von der Schia abgespalten haben, ist die der Alawiten oder Nusairier. Sie haben Ali zusammen mit Mohammed und einem persischen Anhänger Alis, Salman, in die Sphäre des Göttlichen erhoben. Die Alawiten werden von weniger strengen Lebensregeln und rituellen Vorschriften geleitet wie die orthodoxen Sunniten und Schiiten, sie sind aufklärerischen Ideen zugänglicher. In Syrien besteht ein Großteil der wirtschaftlichen und intellektuellen Oberschicht aus Alawiten. In Çorum kam es vor einigen Jahren zu Unruhen, als fanatische Sunniten die »ketzerischen« und als »Kommunisten« verschrieenen kurdischen Alawiten verfolgten.

Alaca Hüyük, der »Hügel beim Dorf Alaca«, liegt zwar als archäologische Stätte im Schatten der weit eindrucksvolleren Überreste des benachbarten Hattuşas in Boğazkale, doch es lohnt sich wegen der riesigen Steinblöcke des *Haupttors* den kleinen Umweg zu machen. Nach außen gerichtet sieht man an jedem der beiden Orthostaten abwehrende Sphinxfiguren. Auf der Innenseite des rechten Torpfeilers ist ein doppelköpfiger Adler eingemeißelt, der in seinen Fängen zwei Hasen hält.

In einem kleinen *Museum* sieht man Grabungsfunde. Die schönsten aus den sogenannten Fürstengräbern sind nur in Kopien ausgestellt, die Originale befinden sich im Museum der anatolischen Kulturen in Ankara. Man hat in diesen Gräbern Geräte und Schmuck gefunden, aus Gold, Silber, Elektron, Kupfer, Bernstein und sogar aus Eisen – dieses Metall war damals noch sehr kostbar, und ein eiserner Dolch mit goldenem Griff ist eine der ältesten aufgefundenen Eisenwaffen.

Boğazkale findet man in der archäologischen und historischen Literatur meist noch unter dem alten Namen des Dorfes, in dessen Nähe die Ruinen des alten Hattuşas gefunden wurden: Bis 1938 hieß es Boğazköy, »Paßdorf«; der neue Name bedeutet »Paßfestung« nach dem Festungshügel, der die Ruinenstätte überragt.

Der Franzose Charles Texier, der im Jahr 1834 große Teile von Kleinasien bereiste, hat die Ruinen für die Wissenschaft entdeckt. Allerdings wußte Texier die seltsamen Monumente nirgends einzuordnen, das geschichtliche Wissen seiner Zeit war noch nicht groß genug dafür. Zwar sind die Hethiter schon in der Bibel erwähnt – es heißt hier, daß sie »auf dem Gebirge« wohnen, und Abraham kaufte von einem Hethiter Efron die Grabstätte für seine Frau Sara bei Hebron. Mehr wußte man aber bis in die zweite Hälfte des 19. Jahrhunderts hinein nicht. Erst nach langer und geduldiger Forschungsarbeit trat dieses im Dunkel der Geschichte verborgene Volk wieder ans Licht. Nachdem Carl Humann 1882 einen Stadtplan gezeichnet hatte, begannen die Ausgrabungen. Von 1906 an arbeiteten hier Hugo Winckler, Theodor Makridi und Otto Puchstein; sie fanden heraus, daß die Stätte einst Hattuşas hieß und daß sie die Hauptstadt des Reiches der Hethiter war. Die Grabungen sind noch immer nicht abgeschlossen, Funde und Forschung werden noch manch Neues bringen. Wahrscheinlich waren es die Hatti, ein Volk unbekannter Herkunft, die hier etwa zu Beginn des 3. Jahrtausends v. Chr. lebten. Um 1720 v. Chr. kam Anitta, der hethitische König des benachbarten Kuşşara, heute Alaca Hüyük, und zerstörte ihre Stadt. Im 17. Jahrhundert wurde die nun Hattuşas genannte Stadt Sitz der Könige des geeinten und erobernd um sich greifenden Hethiterreiches, eines Vielvölkerstaates unter einer hethitischen Oberschicht. Diese vorderasiatische Großmacht dehnte ihren Einfluß bis Syrien aus, wo sie mit den Ägyptern zusammenstieß, und machte sogar einen Raubzug bis nach Babylon. Als die indogermanischen »Seevölker« nach Kleinasien stürmten, darunter die Phryger, brach das Hethiterreich dann aber so schnell zusammen, daß die sonst jedes Ereignis sorgfältig registrierenden Schreiber des königlichen Archivs nicht mehr dazu kamen, darüber zu berichten. Hattuşas ging wohl um 1200 in einer Feuersbrunst unter, denn man hat Lehmziegel gefunden, die vom Feuer gebrannt waren, und von der Hitze gesprungenen Kalkstein.

Die Ruinen der Hethiterstadt Hattuşas sind zwar nicht vergleichbar mit den säulenumstandenen Tempeln und raffiniert an die Berghänge gelehnten Theatern der griechischen Städte im Westen und Süden Kleinasiens. Allein die Monumentalität der Mauern, wanderten indogermanischen Hethitern beherrscht. Kuşşara, so hieß der Ort wahrscheinlich im 3. Jahrtausend, wuchs unter den Hethitern zu einer Stadt. Einer der hethitischen Fürsten von Kuşşara einigte die Stämme der Hethiter. König Anitta eroberte um das Jahr 1720 v. Chr. die benachbarte Hattistadt Hattuş. Etwa fünfzig Jahre später verlegte ein Herrscher die Hauptstadt von Kuşşara nach dem nun Hattuşas genannten Hattuş. Kuşşara war dann beim Einbruch der Seevölker in Kleinasien, die das Hethiterreich zerstörten, bereits zu einem kleinen Ort herabgesunken. Es ist nicht mehr viel von dieser Hethiterstadt zu sehen.

Tore, Festungsanlagen und Kultstätten sowie die Funde, die Einsicht in die frühe menschliche Lebensform, Religiosität und politische Organisation bieten, und die authentischen Berichte auf den Tontafeln machen sie zu einem einzigartigen Ziel für geschichtlich Interessierte.

Der Mauerring, der Hattuşas umgab, war 6 km lang, die Fläche der ummauerten Stadt wird in der deutschsprachigen archäologischen Literatur mit der des mittelalterlichen Nürnberg verglichen: beide betrugen etwa 170 Hektar. Von den sechs Toren sieht man noch deutlich das *Königstor* mit einer Götterfigur (durch eine Kopie ersetzt, da das Original nach Ankara gebracht worden ist), das Yerkapı oder *Sphingentor* mit einem unterirdischen Gang und das *Löwentor* mit den Figuren zweier die Feinde abwehrender Löwen.

Von zwei tiefen Schluchten geschützt, steht auf einem Felsen die Burg von Hattuşas, die heute Büyükkale (»Große Burg«) genannt wird. Hier residierten die Großkönige, und hier fand man auch das Staatsarchiv mit 3350 Tontafeln.

In der Nähe des Dorfes Boğazkale sind die Ruinen des *Großen Tempels* zu sehen, der dem Wettergott geweiht war. Die Anlage ist 160 m lang und 135 m breit; sie umschloß Magazine, den eigentlichen Tempel und ein Archiv, in dem man ebenfalls viele Tontafeln gefunden hat. Auch ein Wohnviertel hat man unweit des Großen Tempels ausgegraben.

Ein Prozessionsweg führte von der Stadt zum *Felsheiligtum von Yazılıkaya.* Der türkische Name dieser Stätte bedeutet »beschriebener Fels«, denn an den Wänden ist ein feierlicher Zug der Götter dargestellt: Auf dem Relief an der linken Felswand schreiten die Götter, auf dem an der rechten die Göttinnen zur Hochzeit der Hauptgottheiten Teschub und Hepatu. Vor den aus den Felswänden gebildeten Kammern des Heiligtums ragen noch die Fundamente eines Tempels aus dem Boden.

Ankara, die Hauptstadt der modernen Türkei, hat eine Geschichte, die weit in die Steinzeit zurückreicht, und es besitzt Denkmäler aus seiner hethitischen, römischen, byzantinischen, seldschukischen und osmanischen Vergangenheit. Spuren neolithischer Besiedlung fand man auf dem Zitadellenhügel und am Fluß Ankara Çayı. Eine Burg bestand schon in der Zeit des hethitischen Großreichs, eine phrygische Stadt gab es wohl vom 7. Jahrhundert v. Chr. bis zur Besetzung durch die Perser. In der hellenistischen Epoche fielen die keltischen Galater in Mittelanatolien ein. Auf dem Hügel von Ankyra bauten sie eine Zitadelle und gaben der Stadt den Namen Galatia. Ein Galaterfürst bekam später von den Römern, die sich damals in die kleinasiatischen Verhältnisse einmischten, die Königswürde. Mithridates VI., der Römerfeind, zog im Jahr 88 v. Chr. in Ankyra ein, aber 74 v. Chr. schlug ihn Pompejus in der Nähe der Stadt. Mit dieser Schlacht begann der Niedergang des Pontischen Reiches. Kaiser Augustus machte Ankyra zur Hauptstadt der römischen Provinz Galatien. Die Bewohner bedankten sich dafür beim Kaiser, indem sie ihrer Stadt den Titel Sebaste gaben, von der griechischen Übersetzung des Ehrennamens Augustus, der »Verehrungswürdige« abgeleitet. Doch der alte Name hat sich dann wieder durchgesetzt und blieb bis heute erhalten.

In der oströmischen Kaiserzeit war Ankara vor allem wegen seiner Lage am Schnittpunkt wichtiger Handelsstraßen und militärischer Verbindungen eine der großen Städte Kleinasiens. Später überrannten Araber und Perser die Stadt, die Kreuzfahrer eroberten sie, sie fiel in die Hände von Seldschuken und Mongolen. Bei der Stadt, die inzwischen die Namen Engüriye und Angora angenommen hatte, siegte 1402 Timur über den Osmanensultan Beyazıt, was dem Eroberungsdrang der Türken in Europa für kurze Zeit Einhalt gebot und Konstantinopel eine Frist von einem halben Jahrhundert bis zu seinem Fall gewährte. Noch bis ins 17. Jahrhundert hinein, so lange der anatolische Karawanenhandel blühte, gibt es begeisterte Schilderungen von der Schönheit der Stadt. Davon ist dann lange nichts mehr zu lesen und zu hören. 1893 ist sie an die von İstanbul nach Anatolien vordringende Eisenbahnstrecke angeschlossen worden, sie be-

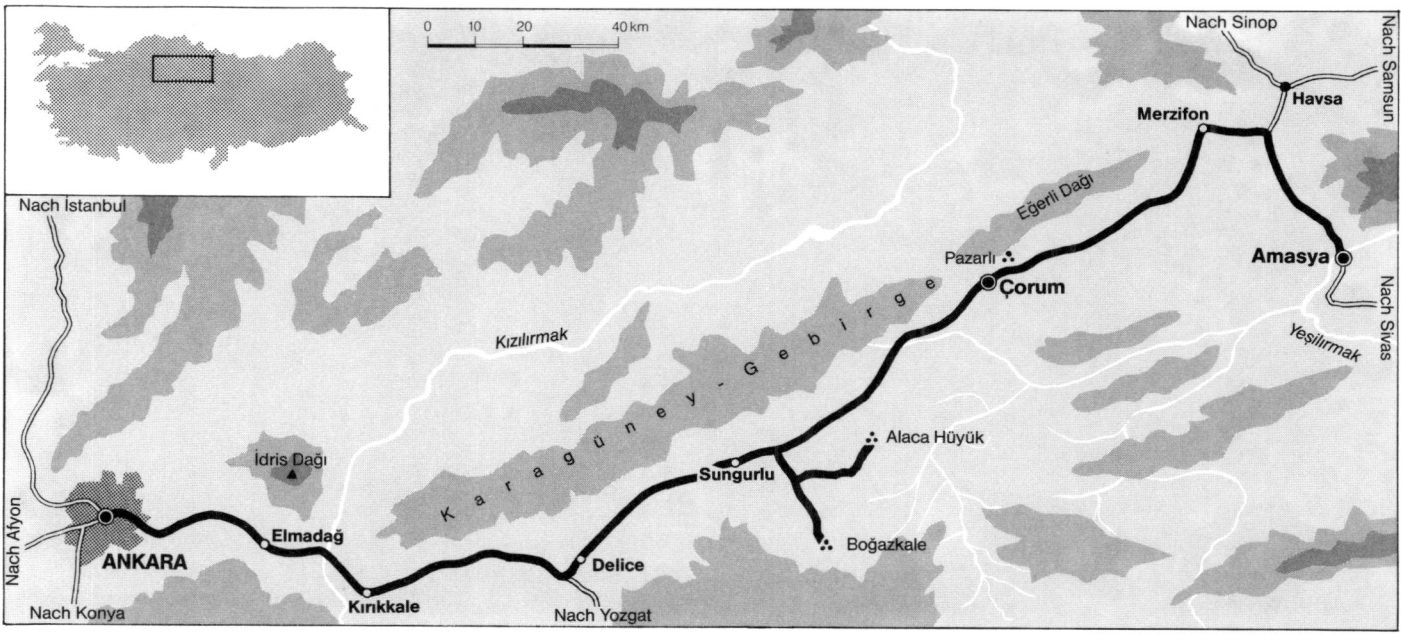

kam dadurch wieder einige wirtschaftliche Bedeutung, denn die Ausfuhr von Angorawolle und Getreide kam in Fluß.

Ankara hatte 20000 Einwohner, als Kemal Mustafa im Jahr 1920 die Große Nationalversammlung hierher einberief. Diese erklärte am 23. April 1923 Ankara zur neuen Hauptstadt der Türkei und rief am 29. Oktober desselben Jahres die Türkische Republik aus. Seit 1928 entstand das neue Ankara, zum Teil nach den Plänen deutscher Architekten.

Wie die Türkei hat auch ihre Hauptstadt Ankara zwei Gesichter: Da sind einmal der Zitadellenhügel und die Viertel an seinen Abhängen mit kleinen Häusern aus Lehmziegeln und Holz, mit steilen Gassen und Treppen, mit den Minaretten der kleinen oder größeren Moscheen. Und da sind andererseits die breiten Boulevards mit den Bankpalästen, Hotels, Ministerien und die geschäftigen Straßen mit Geschäfts- und Bürohäusern, Kaufhäusern, Restaurants und Einkaufszentren. Trifft man dort fromme alte Männer mit Bart und Wollmütze, verschleierte Frauen und bunte Kinderscharen, so begegnen einem hier elegante junge Frauen, Männer im westlichen Anzug und mit Aktenkoffer, Gymnasiasten mit Jackett und Krawatte, Offiziere und schicke Polizistinnen. Daneben rufen die Simitverkäufer ihre Sesambrezen aus, preist ein Händler seine frischen Orangen an, verkauft ein alter Mann Fahrkarten für den Autobus und Ansichtskarten, warten die jungen Schuhputzer mit ihren glänzenden Gerätekästen, auf die der erhoffte Kunde seinen Fuß stellen soll.

Auf dem Felsen, der heute die *Zitadelle* trägt, haben schon die Hethiter und Phryger ihre Festungen gebaut, die Burg der Perser wurde von Alexanders Soldaten erobert. Die Galater ließen von Sklaven die Steine auftürmen, die Fundamente für die später von Byzantinern und Türken errichteten Türme und Mauern. Im 19. Jahrhundert entstanden zwischen den Festungsmauern Wohnhäuser und ein Gewirr von Gassen. Der Blick von der Zitadelle aus über die Altstadt, die neuen Viertel und die dichtbebauten Hügel ringsum ist großartig. An den Hängen des Zitadellenhügels ist auch die größte Attraktion Ankaras zu finden: das *Museum der anatolischen Kulturen,* auch Hethitermuseum oder Archäologisches Museum genannt. Das Gebäude, in dem man sehr geschickt eine großartige Sammlung vor allem hethitischer Funde untergebracht hat, war einst ein Bedesten, eine überdachte Markthalle, die Mahmut Paşa, Großwesir Mehmet des Eroberers, in den Jahren 1464 bis 1471 erbauen ließ.

Aus römischer Zeit stehen in Ankara noch drei bedeutende Denkmäler: Da ist die Anlage von Bädern, die man 1926 gefunden hat, als an dieser Stelle ein modernes Gebäude entstehen sollte. Nicht weit davon entfernt auf dem Hükümet Meydanı (»Regierungsplatz«) erhebt sich eine 15 m hohe *Säule* aus Ziegelsteinen mit einem steinernen Kapitell; wahrscheinlich hat man sie im Jahr 362 n. Chr. aufgemauert, als der von den Christen der Abtrünnige genannte Kaiser Julian Apostata Ankyra besuchte. Am Rand eines mit parkenden Autos und wartenden Kleinbussen vollgestellten Platzes auf einem Hügel sind schließlich die Reste des *Tempels des Augustus und der Roma* zu sehen, aber nur noch Wände und Vorhalle, alles andere wurde zum Bau der danebenstehenden Moschee verwendet. Auf diesen Wänden ist in Griechisch und Lateinisch der Rechenschaftsbericht des Kaisers, die »Res Gestae Divi Augusti«, eingemeißelt. Von diesem Bericht, auch Monumentum Ancyranum genannt, ist nicht mehr alles lesbar, doch hat man in anderen Städten Kleinasiens Fragmente davon gefunden, anhand derer Archäologen und Altphilologen den Text rekonstruieren konnten. Das Original vom Mausoleum des Augustus in Rom ist verloren.

Die im 15. Jahrhundert aus den Steinen des Tempels errichtete *Hacı-Bayram-Moschee* ist von vielen Läden umgeben, in denen der Koran, Gebetbücher, Erbauungsliteratur und muslimische Devotionalien aller Art verkauft werden. Sie ist nämlich nach einem heiligen Mann benannt, der hier wirkte und in Ankara einen Derwischorden gründete.

Eine andere sehenswerte Moschee liegt südlich der Zitadelle; ein seldschukischer Emir namens Ahi Şerafettin ließ die *Arslanhan Camii* 1289 errichten. Sie hat einen Gebetssaal, dessen Säulen meist römischen Ursprungs sind, und einen kunstvoll geschnitzten Minbar. Der Name »Löwenhausmoschee« kommt von einer antiken Löwenskulptur in ihrem Hof. In der Nähe ist die im 13. Jahrhundert von einer Bruderschaft von Kaufleuten und Handwerkern gestiftete *Ahi-Elvan-Moschee,* die allerdings im Jahr 1413 völlig neu errichtet wurde. Auf einem Hügel gegenüber der Zitadelle, über einem der verkehrsreichsten Knotenpunkte der Stadt, steht das *Ethnographische Museum.* Es enthält sehr schöne Beispiele türkischer Volkskunst, darunter Hausgerät, Wohnungseinrichtungen und Kleidung, dazu Kalligraphien und kostbare seldschukische Holzschnitzarbeiten.

Das moderne Ankara beginnt am Ulus Meydanı, dem »Platz der Nation«, von dem aus der Atatürk-Boulevard weit nach Süden geht, bis zum Stadtteil Çankaya, wo sich das Palais des Staatspräsidenten befindet. Ein Sumpfgebiet wurde zum Jugendpark mit einem großen Teich, mit Restaurants und allerhand Erholungsmöglichkeiten umgestaltet.

Auf dem Maltepe genannten Hügel über dem Südosten der Innenstadt ragt das riesige *Mausoleum Atatürks* auf, das 1953 vollendet wurde.

Atatürk oder der »Vater der Türken«

Er ist zwar schon seit 1938 tot, aber sein stechender Blick trifft einen überall in der Türkei. In jedem Laden und Lokal hängt sein Bild, in den meisten Wohnzimmern blickt er von der Wand, und in jedem größeren Ort steht ein Denkmal von ihm, trägt eine Straße oder ein Platz seinen Namen. Es gibt sogar einige Ortschaften, die nach dem Helden des Unabhängigkeitskriegs »Kemalpaşa« heißen. Wiederaufgeforstete Gebiete werden »Atatürk-Wald« genannt, in Zügen und Flugzeugen ist unter seinem Porträt ein passendes Zitat aus einer seiner Reden zu lesen. Und überall in den Schulen und Ämtern wird den Einwohnern der Türkei, gleich welcher ethnischen Herkunft sie sind, sein Ausspruch »Ne mutlu Türküm diyene« – »Glücklich, wer sagen kann, ich bin ein Türke« – vorgehalten.

Ohne den in Bronze oder Gips gegossenen, in Stein gehauenen, in Öl gemalten, fotografierten und reproduzierten, in einen Teppich geknüpften, mit weißen Steinen in einen Abhang ausgelegten Atatürk ist die heutige Türkei nicht denkbar. Schließlich verdankt die moderne Türkei ihm ihre Existenz, der Personenkult um Atatürk hält die Türken zusammen, dem ihm verdanken sie auch ihr nationales Bewußtsein.

Der spätere Nationalheld Mustafa Kemal wurde im Jahr 1881 in der nordgriechischen Stadt Saloniki geboren, die bis 1912 zum Osmanenreich gehörte. Als junger Offizier bewährte er sich in den unglücklichen Balkankriegen und im Ersten Weltkrieg. Nach der Niederlage sammelte er die türkischen Nationalisten um sich und organisierte den Widerstand gegen die Alliierten. 1923 wurde er erster Präsident der türkischen Republik, und als sich die Türken nach westlichem Vorbild einen Familiennamen suchen mußten, erhielt er den eines »Vaters der Türken«: Von nun an hieß er Kemal Mustafa Atatürk.

Sein Blick war nach dem damals noch ungebrochen die Welt beherrschenden Westeuropa gerichtet, und sein Ziel war, die Türkei radikal zu verwestlichen. Schritt für Schritt wurde das Leben der Bevölkerung verändert: Orientalische Kleidung und Kopfbedeckung wurden verboten, die lateinische statt der arabischen Schrift eingeführt, das islamische Recht abgeschafft und durch europäisches ersetzt. Der Staat verbot den Religionsunterricht und die Derwischorden, statt des islamischen Mondjahrs galt nun der europäische Kalender.

Atatürks Grundsätze, der Kemalismus, sind nach dem Zweiten Weltkrieg stark ausgehöhlt worden, sie sind aber offiziell noch immer die herrschende Staatsdoktrin, auch wenn sich die Türkei längst von den Prinzipien der Staatswirtschaft, des schrittweise weitergehenden sozialen Wandels und der Blockfreiheit abgewandt hat.

14 Die Schwarzmeerküste

Die andere Türkei – so könnte man den Küstenstreifen am Schwarzen Meer nennen, wenn man sich seine Vorstellung von dem Land an der ägäischen Küste, in Inneranatolien oder in den Gebirgen des Ostens gebildet hat. Anders ist dieser nördliche Rand Kleinasiens, weil hier Grün vorherrscht, nicht das Weißgrau des Karsts und das Gelbgrau der Steppe, nicht das Ocker der kahlen Berge. Das Grün ist den Nordwinden zu verdanken, die das ganze Jahr über vom Meer her wehen und viel Feuchtigkeit mit sich bringen. Die Wolken stauen sich an den Küstengebirgen, und es gibt reichlich Regen. Im Osten, wo die Berge höher sind, kommen die Niederschläge häufiger und stärker über den Küstensaum herab. Während die Vegetation im westlichen Teil noch mittelmeerisch ist, wird sie nach Osten hin immer üppiger, und im äußersten Winkel der Schwarzmeerküste hat sie bereits subtropischen, wenn nicht gar an manchen Stellen tropischen Charakter.

An den höheren Hängen des Pontischen Gebirges trifft man noch auf die anspruchslosen Kiefern, weiter unten stehen Tannenwälder, und in der Küstenregion selbst breiten sich Mischwälder aus, in denen, je näher man dem Ufer kommt, die Buche immer mehr vorherrscht. Der Waldboden ist reichlich mit Sträuchern bewachsen, vor allem alle Arten von Rhododendren, dazu Stechpalme, Lorbeer und Lorbeerkirsche. Um die Baumstämme und die Kronen schlingen sich Efeu und Lianen. Der schmale Uferstreifen unter dem Gebirge weitet sich an den Flußmündungen durch Schwemmland mit fruchtbarer Erde. Er bietet insgesamt zwar nicht viel kultivierbares Land, aber wo er landwirtschaftlich genutzt werden kann, ist der Anbau sehr ergiebig: Mais, Gerste und Weizen gedeihen hier, es gibt Futterpflanzen und genügend Weideland für Rinder, Schafe und Ziegen. Das wichtigste Produkt der Schwarzmeerküste aber sind die Haselnüsse, die in den bis zu 800 und 1000 Meter hoch gelegenen Plantagen geerntet werden. Die Türkei, das heißt die türkische Schwarzmeerküste, ist der größte Haselnußlieferant der Welt, und im Außenhandel mit der Bundesrepublik stehen diese Schalenfrüchte an erster Stelle. In der türkischen Küche werden viele Süßspeisen mit Haselnüssen zubereitet, und überall in der Welt werden die Früchte bei der Herstellung von Schokoladenerzeugnissen verwendet.

Zwar kann der Tourist seit ein paar Jahren die gesamte Küste des Schwarzen Meers von dem nahe İstanbul gelegenen Badeort Şile aus bis an die Grenze der Sowjetunion abfahren, doch ist es im westlichen Teil mit den Straßenverhältnissen noch immer nicht gerade gut bestellt. Das ist einer der Gründe, warum man am besten von Inneranatolien aus die Küste bei Sinop oder Samsun ansteuern soll. Ab Sinop ist der Küstensaum zum anderen abwechslungsreicher und interessanter als weiter im Westen, es sei denn, man interessiert sich speziell für die spärlichen Überreste des pontischen Herakleia im heutigen Ereğli, wo der Archäologe Friedrich Karl Dörner die Örtlichkeit entdeckte, von der man im Altertum glaubte, sie sei der Eingang zum Hades, zur Unterwelt. Nicht weit davon entfernt liegen das Kohlebergbaugebiet von Zonguldak und das malerische Amasra mit einigen Ruinen aus römischer Zeit.

Sinop war einst die wichtigste Griechenstadt am südlichen Ufer des Pontus Euxinus. Der alte griechische Name für das Schwarze Meer, Pontos Euxeinos, bedeutet »gastliches Meer«. Eigentlich hatten es die griechischen Seefahrer, die hier manchen schweren Sturm erlebten, Pontos axeinos, das ungastliche Meer, benannt – nach altem Volksglauben darf man aber etwas Böses oder Negatives nicht beim Namen nennen. So nehmen die Türken, wenn die Verneinung »yok« gerade nicht paßt, das arabische Wort für Wohltat, hayır, um Nein zu sagen:

92 *Vom Tourismus noch unberührt ist die Schwarzmeerküste zwischen Sinop und Samsun. Hier reihen sich einsame Buchten aneinander, hinter denen sich fruchtbare Gärten, Felder, Haselnußplantagen und üppige Mischwälder die Hänge hinaufziehen.*

93 *Eine Geschäftsstraße in Sinop an der Schwarzmeerküste, an der sich besonders viele Ärzte niedergelassen haben.*

94 *Ein Straßenfotograf in Samsun wartet auf Kundschaft, für die er ein Erinnerungsfoto oder ein Paßbild auf den Film bannen soll.*

95 *Unweit der Küstenstadt Fatsa liegt am Schwarzen Meer das idyllische Dorf Bolaman mit seiner Moschee und dem typisch schwarzmeerischem Haus eines Ağa, des örtlichen Honoratioren.*

96 *Im 13. Jahrhundert, als Trapezunt Hauptstadt eines griechischen Kaiserreichs war, entstand die Kirche der heiligen Sophia. Seit 1959 ist die Kirche ein Museum, die Fresken wurden restauriert.*

97 *Im Narthex der Sophienkirche von Trabzon sind um die Hand Gottes die Symbole der vier Evangelisten dargestellt, außerdem zwei Seraphim und zwei andere geistige Wesen.*

98 *Die meisten Malereien im Kloster Sumela stammen aus dem Jahr 1740. An der Südwand der Kirche haben sich jedoch auch Bilder aus dem 14. Jahrhundert erhalten, darunter die zur Rückreise aufbrechenden Heiligen drei Könige.*

99 *Unter einer Felswand, etwa 250 Meter über dem Tal, haben gegen Ende des 4. Jahrhunderts zwei Mönche das erste Kloster für ein angeblich vom Evangelisten Lukas gemaltes Marienbild gegründet. Was man heute vom Kloster Sumela sieht, ist der – inzwischen ruinöse – Bau vom Jahr 1860.*

Wenn Allah es so eingerichtet hat, daß etwas nicht zutrifft, muß es wohl ein glücklicher Umstand sein. Sinop liegt an einem der beiden nördlichsten Punkte der Türkei, dem İnce Burun (»schmales Vorgebirge«). Hier und an einer Stelle in Thrakien an der bulgarischen Grenze reicht das Staatsgebiet etwa zehn Kilometer über den 42. Breitengrad nach Norden hinaus, auf dem weiter westlich Rom liegt.

Fast immer am Ufer entlang führt die Straße auf dem Weg nach Osten zu einem kleinen Hafen für die Küstenschiffahrt, Gerze. In der feuchten Niederung dort wird Reis angebaut. Bei Alacam beginnt das Schwemmland an der Mündung des Kızılırmak, des antiken Halys. Die Ebene, in deren Mitte das Städtchen Bafra mit einer schönen Moschee aus dem 18. Jahrhundert liegt, scheint ein einziges riesiges Tabakfeld zu sein. Immer neue reizvolle Ausblicke auf die Küstenlandschaft hat man in der Bucht von Samsun, der größten Stadt am türkischen Ufer des Schwarzen Meers. In der Umgebung gedeiht außer Getreide und Tabak auch Mais, der in der Küche der Karadenizli, der Schwarzmeerbewohner, oft statt des in der übrigen Türkei bevorzugten Weizens verwendet wird.

Gleich hinter Samsun kommt man zum teilweise sumpfigen Mündungsgebiet des Yeşilırmak mit der Stadt Çarşamba, deren Name »Mittwoch« bedeutet. Hier überquert man den Fluß auf einer langen Brücke. Der Hafen Terme hieß im Altertum wahrscheinlich Themiskyra, das nach dem Geographen Strabon aus Amaseia in Pontus die Heimat der sagenhaften Amazonen sein soll. Hinter den weiten Stränden dehnen sich hier überall Gärten und Felder aus, dazwischen sieht man kleine weiße Dörfer. Das Hafenstädtchen Fatsa, dessen Bewohner vom Haselnußanbau und vom Fischfang leben, machte gegen Ende der siebziger Jahre von sich reden, als hier eine Selbstverwaltungs-Organisation geschaffen wurde, die dann 1980 die Regierung Demirel zerschlagen ließ. Es folgt wieder ein Ort, der nach einem Wochentag heißt, Perşembe (Donnerstag), und dann die Provinzhauptstadt Ordu. In dieser Gegend sind überall noch Spuren der pontischen Griechen und der Armenier zu finden, die hier bis in unser Jahrhundert hinein lebten: in architektonischen Besonderheiten der Wohnhäuser, in Überresten von Kirchen, in alten Ortsnamen, die zwar türkisiert wurden, aber auch unter der türkischen Bevölkerung noch in alter Form gebraucht werden.

Über das schöne Giresun, den wichtigsten Ausfuhrhafen für Haselnüsse, und Tirebolu, das antike Tripolis mit Ruinen eines genuesischen Kastells, wo der reißende Harşit Cayı ins Meer mündet, kommt man nach Akçaabat mit einer Burg aus byzantinischer Zeit, schließlich in die alte Kaiserstadt Trapezunt, das heutige Trabzon.

Hinter Trabzon beginnt der »wilde Osten« der Schwarzmeerküste. Die Berge ragen steiler über dem schmäler gewordenen Uferstreifen empor, die Wälder reichen weiter ins Tal herunter, die Luft ist schwüler und das Grün intensiver. Küste und Hinterland heißen hier Lazistan, das Land der Lasen. Dieses kaukasische Volk ist ein Stamm der Georgier oder Grusinier, aber im Gegensatz zur Mehrheit der georgischen Stämme jenseits der sowjetischen Grenze sind sie keine Christen, sondern Muslime.

Lazistan ist das eigentliche Teeanbaugebiet der Türkei. Hänge und Terrassen prangen hier im kräftigen Grün der Teesträucher. Das Nationalgetränk der Türken war einst der Kaffee, der in Kupferkännchen zubereitete »Türkische«, für den die Bohnen aus dem Ausland eingeführt werden mußten. Devisenmangel führte dazu, daß ein Volk von Kaffeetrinkern seine Gewohnheiten ändern mußte. Seit man im Jahr 1938 damit begann, im schwülen subtropischen Klima der östlichen Schwarzmeerküste den Teestrauch anzupflanzen, wurde allmählich der Tee zum Nationalgetränk, das man sich aus dem täglichen Leben der Türken heute nicht mehr wegdenken kann. Das bis zur sowjetischen Grenze reichende Anbaugebiet deckt den gesamten Bedarf der leidenschaftlich teetrinkenden türkischen Bevölkerung. In den Küstenorten hat man Anlagen zum Trocknen, Rösten und Verpacken des Tees errichtet, denn die Teeblätter müssen nach der Ernte sofort verarbeitet werden, ehe sie welken.

Nach der Teestadt Rize kommt man zum Städtchen Çayeli, dessen Name etwa mit »Teeheimat« zu übersetzen ist. Aufmerksamkeit verdient der Ort Pazar mit seiner byzantinischen Burg aus dem 8. Jahrhundert. An Fischerdörfern vorbei – eines heißt schließlich Fındıklı, Haselnußdorf – erreicht man den östlichsten Hafen der türkischen Schwarzmeerküste, Hopa. Wenig weiter im Nordosten liegt der Grenzort Kemalpaşa. Drüben, hinter der Grenze, ist das eigentliche Georgien, und gar nicht weit von hier liegt die zur Grusinischen Sozialistischen Sowjetrepublik gehörende große Industriestadt Batumi.

100 *In der Umgebung von Rize, dem Hauptanbaugebiet von Tee, leben viele Lasen. Dieser aus dem Kaukasus zugewanderte Stamm christlicher Georgier ist zum Islam übergetreten. Die Lasen-Frauen tragen rotweiß und schwarz gestreifte Umhangtücher.*

Sinop, die nördlichste Stadt der Türkei, liegt auf einer Halbinsel, die das Vorgebirge İnce Burun nach Osten fortsetzt. Zum Süden hin bildet diese Halbinsel eine Hafenbucht, die vor den Nordwinden Schutz bietet. Die Halbinsel war deshalb schon früh besiedelt, und im 8. Jahrhundert v. Chr. erkannten Griechen aus dem ionischen Milet, die auf der Suche nach einer Ansiedlungsmöglichkeit waren, diesen Platz als ideal zur Gründung einer Kolonie, die vor allem dem Seehandel gewidmet sein sollte. Sinope, so hieß die Stadt bis in die Neuzeit hinein, war bald der wichtigste Hafen an der Südküste des Schwarzen Meers.

Mithridates VI. von Pontus brach von hier aus auf, um Bithynien zu erobern und kehrte, als er geschlagen war, hierher zurück. Zehn Jahre später brachte man auch seinen Leichnam von der Krim wieder herüber nach Sinope, und dann weiter nach Amaseia zu den pontischen Königsgräbern. Aus Sinope stammte der kynische Philosoph Diogenes, der in Athen in einer Tonne zu schlafen pflegte, und der Alexander dem Großen auf die Frage nach einem Wunsch geantwortet haben soll: »Geh mir aus der Sonne!«

1214 nahmen die Seldschuken den Byzantinern Stadt und Hafen weg, später unterhielten die Genuesen, die im Mittelalter das Schwarze Meer beherrschten, hier ein Handelskontor. Mehmet II. nahm Sinop im Jahr 1458 ein. Heute hat die Stadt an Bedeutung verloren, weil der Hafen vom Samsun verkehrsgünstiger gelegen ist.

Von den Mauern, die das alte Sinope vom Festland abschlossen, sind noch Reste vorhanden, und auf den Fundamenten der Burg des Mithridates haben Seldschuken und Osmanen eine starke *Zidatelle* gebaut. Man hat im Stadtpark die Reste eines *Serapistempels* aus dem 2. Jahrhundert v. Chr. freigelegt. In der *Großen Moschee* ist eine schöne Kanzel zu sehen, und im Hof steht die Türbe der Familie İsfendiyaroğluları, die in seldschukischer Zeit hier das Regime führte.

Samsun, ebenfalls eine Gründung ionischer Griechen aus Milet, hieß einst Amisos. Mithridates hat hier einige Zeit residiert, er ließ die Stadt mit prächtigen Gebäuden schmücken. Im 12. Jahrhundert war Samsun eine geteilte Stadt: Als die Seldschuken kamen, konnten sie nur die damalige Neustadt erobern, die Altstadt blieb in den Händen des byzantinischen Statthalters Sabbas. Auch hier setzten sich die Genuesen fest, am Zielpunkt der aus Inneranatolien herführenden Karawanenstraße.

Heute ist Samsun eine große Industrie- und Hafenstadt. Hier werden die Produkte des Hinterlandes verarbeitet oder verschifft: in erster Linie Tabak, dann Getreide, Baumwolle, Mais; vor einigen Jahren gehörte auch noch Opium zu den wichtigsten Handelsgütern. Die stark modernisierte Stadt hat wenig Denkmäler aus alten Zeiten zu bieten. Zu den Sehenswürdigkeiten gehören die *Pazar Camii* (»Marktmoschee«), die *Hacı-Hatun-Moschee* und das *Archäologische Museum.* Auch ein Hotel ist heute Museum, denn hier wohnte Kemal Atatürk nach seiner Landung in Samsun am 19. Mai 1919, als er von der Regierung des Sultans geschickt worden war, um die Ausführung der Waffenstillstandsbedingungen zu überwachen - er sammelte jedoch in Samsun türkische Nationalisten um sich, die er für den Kampf gegen die Besatzer gewann.

Ordu hat ein Hinterland mit sanften Hügeln, auf denen Haselnußplantagen angelegt sind. In dem Hafen der Stadt werden die Haselnüsse, anderes Obst und Holz verschifft. In der Umgebung gibt es schöne Strände. Auch diese Stadt war eine Kolonie der Ionier, die einst Kotyora hieß. Hier soll Xenophon mit dem Rest des aus Mesopotamien heimkehrenden griechischen Söldnerheeres eingeschifft haben, um über Sinope und Byzanz die Heimat zu erreichen. Aus dem 18. Jahrhundert ist eine griechische Kirche erhalten, und zu den Sehenswürdigkeiten der Stadt gehört auch eine moderne Moschee.

Girezun, ursprünglich ebenfalls ionische Kolonie, hieß eine Zeitlang nach dem pontischen König Pharnakes I. Pharnakeia. Ihr ursprünglicher Name kommt jedoch von den in den umliegenden Wäldern wachsenden Kirschbäumen, die von den Griechen kerasea und deren Früchte kerasion genannt wurden. Der römische Feldherr und Feinschmecker Lukullus lernte die Früchte auf seinem Feldzug gegen Mithridates VI. kennen und brachte sie nach Rom, wo man sie cerasum nannte - unser Wort Kirschen kommt daher, ebenso das türkische kiraz.

Die Provinzhauptstadt lebt von der Ausfuhr von Haselnüssen und Holz. Sie liegt auf einer Halbinsel. Vor dem Hafen befindet sich eine kleine Insel mit den Ruinen eines Klosters. Eine andere Insel, Girezun Adası oder Büyük Ada, die »Große Insel«, folgt kurz hinter Girezun. In der Antike trug sie den Namen Aretia, weil auf ihr ein Tempel des Kriegsgottes Ares stand.

Trabzon wurde im Mittelalter Trapezunt, im Altertum Trapezos genannt, weil der Burghügel einer Tischplatte gleicht: der Tisch heißt auf griechisch trapeza. Von Griechen aus Sinop gegründet, teilte es das Schicksal der anderen Griechenstädte an der Südküste des Pontus Euxinus. 257 kamen Goten übers Meer aus dem heutigen Südrußland und verheerten die Stadt. Die Seldschuken konnten das von den Byzantinern ausgebaute Bollwerk nicht erobern. Nachdem die Kreuzfahrer im Jahr 1204 Konstantinopel gestürmt hatten, floh der Enkel des letzten Kaisers aus dem Geschlecht der Komnenen, Alexios, zu seiner Tante, der Königin Tamar von Georgien. Mit ihrer Hilfe gewann er Trapezunt und einen großen Teil der kleinasiatischen Schwarzmeerküste. Die komnenische Kaiserdynastie regierte über zweieinhalb Jahrhunderte. Neun Jahre nach dem Fall von Konstantinopel zog Mehmet II., der Eroberer, gegen die letzte Bastion des Griechentums in Kleinasien. Angesichts seiner hoffnungslosen Unterlegenheit gegenüber dem großen Heer der Türken übergab Kaiser David die Stadt und den Rest seines Reiches. David und seine Familie wurden nach Konstantinopel gebracht, wo sie zuerst behaglich leben konnten. Dann aber wurden der Exkaiser und seine Söhne auf Grund von Intrigen des Verrats beschuldigt und hingerichtet. Der jüngste Sohn Georg wurde verschont; er heiratete später eine georgische Prinzessin. Des letzten Kaisers Neffe, Alexios, soll vom Sultan bei Pera ein Stück Land erhalten haben, und da man ihn »Sohn des Bey« nannte, verdankt der heutige İstanbuler Stadtteil Beyoğlu diesem »Herrensohn« seinen Namen.

Trabzon blieb auch nach der osmanischen Eroberung eine Stadt mit großem griechischen Bevölkerungsanteil. Die Griechen mußten dann 1923 ihre Heimat verlassen, und Trabzon brauchte viele Jahre, um sich von diesem wirtschaftlichen Aderlaß wieder zu erholen.

Die heutige Großstadt Trabzon lebt vom Hafen und von der Industrie, vor allem von der verkehrsgünstigen Lage am Ende der Paßstraße, die über den Zigana-Paß nach Gümüşhane und Erzurum ins Innere Ostanatoliens führt. Die Produkte des Hinterlandes, die hier auf Schiffe verladen werden, sind vor allem Haselnüsse, Holz, Tee und Tabak. Die Textilfabriken der Stadt stellen Seidenstoffe und Leinen her.

Die Stadt breitet sich über drei markante Hügel aus: Der erste erhebt sich im Osten über dem Hafen und trägt die neueren Viertel, westlich davon erstreckt sich auf dem zweiten Hügel das İskender-Paşa-Viertel, die Geschäftsstadt, auf dem höchsten Hügel erhebt sich die Zitadelle.

Im İskender-Paşa-Viertel sind zwei alte Kirchen zu sehen, die *Annakirche* aus dem 8. Jahrhundert und die ebenso alte *Basiliuskirche,* die als Moschee noch heute den Namen Küçük Ayvasıl Camii, die »kleine Moschee des heiligen Basilius«, trägt. Die *Zitadelle* ist von zwei Schluchten umschlossen und von mächtigen Mauern umgeben. Hier steht die *Fatih-Moschee,* die einstige Kirche der Panagia Chrysokephalos aus dem 13. Jahrhundert - sie hieß »Kirche der goldhäuptigen Jungfrau«, weil ihre Kuppel mit vergoldetem Kupfer gedeckt war. Im obersten Teil des Zitadellenviertels, wo die Kaiser von Trapezunt ihren Palast hatten, kann man den großartigen Blick über die Stadt genießen.

Unter dem Zitadellenhügel wurde im 13. Jahrhundert die *Eugeniuskirche* erbaut, in der nach der Eroberung der Stadt Sultan Mehmet II. sein erstes Freitagsgebet

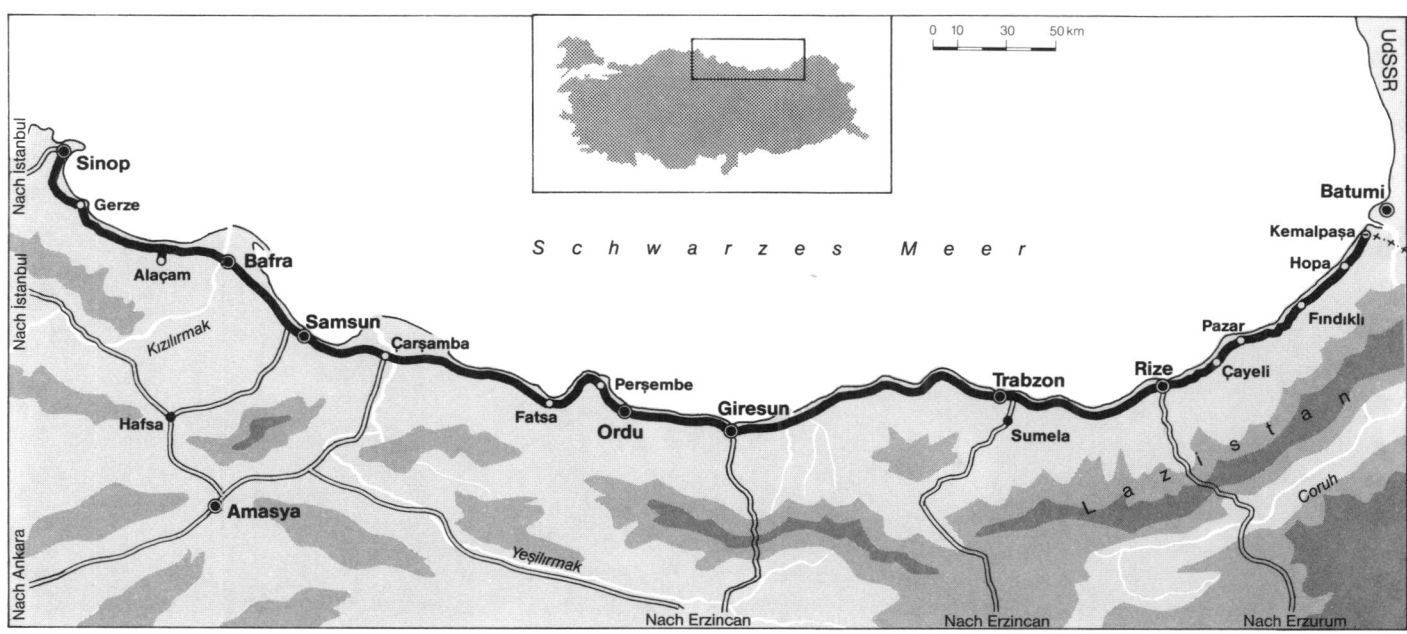

hielt – sie heißt seitdem Yeni Cuma Cami, die Neue Freitagsmoschee.

Eine schöne Moschee in osmanischem Stil ist die *Gülbahar Hatun Camii*, die der spätere Sultan Selim im Jahr 1514 zum Andenken an seine Mutter stiftete, als er hier den Osten des Reiches für seinen Vater Beyazıt II. verwaltete.

Etwas außerhalb der Stadt erhebt sich auf einem Hügel die Kirche *Hagia Sophia*, die von den Komnenen gleich nach der Reichsgründung erbaut und in osmanischer Zeit in eine Moschee umgewandelt wurde. 1957 wurde sie unter der Leitung des englischen Kunstgeschichtlers und Byzanz-Spezialisten Talbot Rice restauriert, seither ist die Kirche ein Museum. Der von einer Kuppel überwölbte Zentralbau ist innen reich mit Fresken geschmückt. Sogar im danebenstehenden Glockenturm sind Wandmalereien zu sehen.

Wenn man von Trabzon aus die Gebirgsstraße hinauffährt, die über den Zigana-Paß führt, kommt man beim Dorf Maçka zu der Klosteranlage von *Sumela,* die an einer 250 m hoch über einem Gebirgsbach sich erhebenden Felswand gebaut wurde. Man erzählt, daß im Jahr 385 zwei Mönche im Traum von der Hl. Jungfrau den Auftrag erhalten haben, für ein vom Apostel Lukas gemaltes Marienbild in den pontischen Bergen ein Heiligtum zu errichten. Sie nannten es Panagia tou Melas, »Jungfrau vom schwarzen Felsen«. Der Name schliff sich im pontischen Griechisch

langsam zu Sumelas und Sumela ab. Die Gebäude wurden seit dem Abzug der Mönche im Jahr 1923 ziemlich verwüstet, man sieht aber noch einige alte Fresken.

Rize war die Pionierstadt des türkischen Teeanbaus: Hier wurde im Jahr 1938 die erste Teeanpflanzung ausprobiert. Die Stadtbevölkerung verdient ihren Unterhalt aber nicht nur in den Teefabriken und durch den Handel mit Tee, denn in der Umgebung wachsen auch Reis, Mais und Obst, vor allem Mandarinen und Orangen.

In der Antike war Rhizion ein Hafenort des Bergvolks der Kissier. Es gehörte dann zum pontischen, römischen und byzantinischen Reich, im Mittelalter zum Kaiserreich Trapezunt, und mit diesem fiel es in die Hände Mehmets des Eroberers.

Die Stadt ist ganz in Grün eingebettet: Die Wälder und Teeplantagen auf den umliegenden Hügeln rahmen die Bucht ein, an die sich der Hafen anschmiegt. Aus dem Grün der bewaldeten Berge über Rize leuchten die weißen Häuser und die Minarette der Lasendörfer, deren Bewohner hauptsächlich vom Teeanbau leben.

Außer seiner schönen Lage und vieler malerischer Winkel hat Rize wenig Sehenswürdigkeiten zu bieten; die bemerkenswertesten sind die im 16. Jahrhundert errichteten *Moscheen İslam Paşa Camii* und *Gülbahar Hatun Camii.*

Hopa hieß einst Apsaros, wurde aber von einigen Autoren auch Apsyrtos genannt. Dieser Name stammt aus der Argonautensage, vom Zug griechischer Helden auf dem Schiff Argo in das geheimnisvolle Land Kolchis am Ostende des Pontus Euxinus. Mit ihrem Anführer Jason wollten die Griechen das Goldene Vlies heimholen, das Fell des Widders, mit dem Phrixos und seine Schwester Helle vor ihrer Stiefmutter über den Hellespont flüchteten, wobei Helle ertrank. Die Argonauten gewannen mit Hilfe der kolchischen Königstochter Medea das Goldene Vlies, und Medea folgte Jason auf der Flucht vor ihrem Vater Aietes. Sie nahm dabei ihren Halbbruder Apsyrtos mit, den sie dann an der Donaumündung tötete. Sie streute seine Glieder einzeln aus, um die Verfolger aufzuhalten. Aietes sammelte die Glieder seines Sohnes, die er dann im heutigen Hopa beerdigt haben soll. Die Stadt Apsyrtos war später ein Wallfahrtsort wundergläubiger Griechen.

Der letzte Hafen an der türkischen Schwarzmeerküste ist Endpunkt der Schiffahrtslinie von İstanbul her. Von hier aus führt eine Straße hinauf in die Kaçkar-Berge, auf der man nach Kars oder nach Erzurum gelangen kann.

Hopa liegt inmitten eines feuchtheißen Küstensaums, der sehr fruchtbar ist. Die Strände der Umgebung sind weit und ruhig und von Wäldern und grünen Feldern eingerahmt.

167

15 Vom Schwarzen Meer nach Erzurum

Von der Schwarzmeerküste führen zwei gut ausgebaute Straßen ins Innere der Osttürkei: die eine von Trabzon aus über Gümüşhane, die andere von der Grenzstadt Hopa aus. Die zweite ist wohl die interessantere Route, denn sie greift weit in den äußersten Osten der Türkei aus, und man begegnet hier den eindrucksvollen Überbleibseln zweier Kulturen, die es auf türkischem Boden heute nicht mehr gibt, der Georgier und der Armenier.

Im grünen Gebirgsland hinter Hopa mit den vielen Teeplantagen und Haselnußhainen zieht die Straße den 1000 Meter hohen Esenbel-Paß hinauf. Bei Borçka trifft sie auf den Fluß Çoruh, der 20 Kilometer weiter im Norden die Grenze zur Sowjetunion überschreitet und bei Batumi ins Schwarze Meer mündet. Durch die Schluchten des Çoruh fahrend, erreicht man die Provinzhauptstadt Artvin, wo das türkische Georgien beginnt und in deren Umgebung viele georgische Klosterkirchen zu finden sind.

Die Georgier, ein südkaukasisches Volk, das sich selbst Karthweli nennt, bewohnten schon in der Antike die beiden Landschaften Iberien um die heutige georgische Hauptstadt Tbilissi (Tiflis) und Kolchis am Südostrand des Schwarzen Meers. Griechische Kolonien gab es in Kolchis, dem sagenhaften Ziel der Argonautenfahrt, seit etwa 600 v.Chr. Später lag Georgien im Spannungsfeld der römischen und der parthisch-persischen Macht, doch konnte es sich immer wieder zwischen den Blöcken behaupten. Seit 400 v.Chr. war das Land ein Königreich. König Mirian, der von 300 bis 342 n.Chr. regierte, wurde im Jahr 330 von einer Kriegsgefangenen namens Nino, die später heiliggesprochen wurde, zum Christentum bekehrt. Er ließ aus dem Römerreich Missionare kommen, die das ganze Volk tauften – nach Armenien war Georgien das zweite Land, das das Christentum zur Staatsreligion machte. Zuerst war die georgische mit der armenischen Kirche eng verbunden, doch um das Jahr 600 trennten sie sich, der georgische Klerus wollte mit den monophysitischen »Ketzern« nichts mehr zu tun haben und näherte sich wieder der orthodoxen byzantinischen Reichskirche.

Im 7. Jahrhundert brachen die Araber ein und errichteten das Emirat von Tiflis. Im Verlauf der Kämpfe gegen die islamische Herrschaft übernahm ein Zweig der armenischen Fürstenfamilie der Bagratiden die Führung in Georgien. Unter ihnen stieg das georgische Königreich zum Gipfel seiner Macht auf, ihnen sind viele der Kirchen und Klöster im Osten und Westen des Landes zu verdanken. Zu den mächtigsten Herrschern aus dem Bagratidenhaus gehörte auch eine Frau, die von 1184 bis 1213 regierende Königin Tamar. In dieser Zeit verfaßte der Dichter Schota Rustaweli sein Epos »Der Mann im Pantherfell«, eine Art Ritter- und Liebesroman, der mit einem Lobpreis Gottes und der Königin beginnt. Die Legende erzählt, daß Rustaweli der Geheimschreiber Tamars war und aus unglücklicher Liebe zu ihr nach Jerusalem ging, um dort den Rest seines Lebens im Kloster zu verbringen.

Das Georgierreich brach nach den Mongoleneinfällen im 13. Jahrhundert zusammen, doch konnten sich noch einige Fürstentümer behaupten. Später standen die Georgier unter osmanischer und persischer Oberhoheit, einige Stämme, darunter die Lasen, traten damals zum Islam über. Der ostgeorgische König Heraklios einigte im 18. Jahrhundert die christlich gebliebenen Stämme aufs neue, doch er mußte sich bald unter den Schutz des von jenseits des Kaukasus vordringenden Rußland stellen. 1801 annektierte der Zar Georgien, 1873 besetzten die Russen auch die osmanischen Gebiete mit georgischer Bevölkerung. In mancher Stadt der nordöstlichen Türkei sieht man noch heute Gebäude, die an russische Vorbilder erinnern. Als Georgien 1921 Sowjetrepublik geworden war, trat Moskau die ehemals türkischen Gebiete wieder ab. Viele Georgier in der Osttürkei waren schon im 17. Jahrhundert islamisiert und sind im türkischen Volkstum aufgegangen.

101 *Im feuchten und warmen Klima der östlichen Schwarzmeerküste wird Tee angebaut. Die Hänge mit den Teegärten sehen aus, als ob sie mit grünen, weichen Teppichen belegt wären.*

102 *Hoch über dem Schwarzen Meer, wo die bis zu 3 900 Meter hohen Kaçkar-Berge aufragen, kommt man bei dem Städtchen Artvin in die karge Gebirgswelt des türkischen Georgien.*

103 *Bei Savsat, nahe der sowjetischen Grenze, kommt man in eine Landschaft, die mit ihren grünen Bergwiesen und Almhütten an die Alpen erinnert.*

104 *Auf den Bergweiden des von den Türken Yalnızçam, das heißt »nur Nadelbäume« genannten Massivs trifft man hie und da kurdische Nomaden.*

105 *In den Hochtälern der Osttürkei ist das Leben der Bauern seit jeher mühevoll gewesen. In den letzten Jahren hat sich das Land immer mehr entvölkert, die Einwohner zogen nach Westen oder ins europäische Ausland.*

Eine Ausnahme bildeten die Lasen, die noch heute, obwohl sie Muslime sind, ihre ethnische Selbständigkeit bewahren. Viele christliche Georgier sind 1921 nach Ostgeorgien ausgewandert.

Nicht weit südöstlich von Artvin läßt man das klimatisch günstige und fruchtbare Çoruhtal hinter sich, es geht hinauf in die Yalnızçam Dağları – der Name bedeutet etwa »nur von Nadelbäumen bewachsene Berge« – nach Ardanuç, einst Sitz eines georgischen Fürstentums. Östlich des 2650 Meter hohen Yalnızçam-Passes überquert die Straße den Fluß Kura, der die Sowjetrepublik Georgien durchfließt und an deren Ufer ihre uralte Hauptstadt Tbilissi liegt; in der Sowjetrepublik Aserbeidschan mündet er in einer weiten Schwemmlandebene ins Kaspische Meer. Über das 1780 Meter hoch gelegene Ardahan erreicht man dann den Çıldır-See, die Heimat riesiger Schwärme von Wasservögeln. Der See ist eingerahmt von einer Reihe Ruinen armenischer Kirchen, und auf der Insel Ağçakale stehen Reste einer Burg und einer Kirche.

Im Tal des Kars-Flusses mit seinen ausgedehnten Wiesen, auf denen Rinderherden grasen, kommt man dann in die einstige Armenier-Hauptstadt Kars unter dem Massiv des bis zu 3123 Meter hohen Allahüekber-Gebirges – als die muslimischen Türken in das ehemals christliche Gebiet einzogen, nannten sie es triumphierend zu Ehren ihrer Religion »Allah ist der Größte«. Von Kars aus kann man die armenische Ruinenstadt Ani und die Klosteranlagen von Digor besuchen. Rund 80 Kilometer im Osten von Kars ist das sowjetarmenische Grenzstädtchen Leninakan, das einst Kumairi hieß und auf türkischen Karten Gümrü heißt.

Im Gebiet von Kars hat man eine Klimagrenze überschritten. Hier hat das milde und feuchte Meeresklima der pontischen und kolchischen Küste längst seinen Einfluß auf das Binnenland verloren, es herrscht ein extrem kontinentales Klima. Die Temperaturschwankungen zwischen Tag und Nacht und zwischen den Jahreszeiten sind sehr groß, die Winter sind kalt und schneereich, der Schnee bleibt oft bis in die Monate Mai und Juni liegen. In Kars beträgt die durchschnittliche Temperatur in den Wintermonaten 13 Grad unter dem Gefrierpunkt, im Juli auch nur 14 Grad über Null.

Auf dem Weg weiter nach Erzurum zweigt im kleinen Ort Karakurt unter dem 3134 Meter hohen Aladağ eine Straße ab ins Tal des Aras und ins Gebiet des Ararat. Bei Horasan gibt es eine alte Brücke über den Aras, die der große osmanische Baumeister Sinan im 16. Jahrhundert gebaut haben soll. Der Aras, der im Altertum Araxes hieß, fließt von hier aus hinüber nach Osten und bildet über eine weite Strecke die Grenze zwischen der Türkei und der Armenischen Sowjetrepublik, dann die Grenze zwischen dem Iran und Sowjetarmenien, er zerteilt Aserbeidschan in einen iranischen und einen sowjetischen Teil, ehe er in Sowjetaserbeidschan in die Kura mündet, die zum Kaspischen Meer hin weiterfließt. Die Gegend um Horasan erlitt im Oktober 1983 besonders starke Zerstörungen durch ein heftiges Erdbeben.

Bei Çobandede (»Hirtengroßvater«), das früher Köprüköy, also »Brückendorf«, hieß, überquert die Straße nach Muş den Aras auf einer seldschukischen Brücke mit sechs schön geschwungenen Bögen aus rotem Sandstein, die Çobanköprü, »Hirtenbrücke«, genannt wird.

Die Straße folgt hier dem Verlauf eines uralten Karawanenwegs, der vom Iran ins Innere Anatoliens und mit seinen Abzweigungen zum Schwarzen Meer und zur Mittelmeerküste führt. Auf ihr zogen nicht nur Kaufleute und Flüchtlinge, Mönche und Derwische dahin, sondern auch persische, arabische, seldschukische, mongolische und russische Heere nach Westen, römische und byzantinische Legionen und osmanische Armeen nach Osten. Aus dem Karawanenweg ist inzwischen die »Europastraße 23« geworden, sie führt von İzmir über Afyon und Ankara weiter über Erzurum und Ağrı nach Doğubayazıt an der Ostgrenze der Türkei. Auf ihr donnern Tag und Nacht die Lastzüge, die aus Europa über İstanbul und Ankara in den Iran fahren.

Im Städtchen Pasinler steht die riesige Festung Hasankale, an der armenische Bagratiden und der Turkmenenfürst Uzun Hasan bauten, der »lange Hassan«, dessen Stamm der Akkoyunlu (»Weiße Hammel«) im 15. Jahrhundert hier herrschte und in einer erbitterten Fehde mit dem Stamm der Karakoyunlu (»Schwarze Hammel«) lag. Westlich von Pasinler überschreitet die Straße auf dem Devebuynu-Paß (»Kamelhals«) die Wasserscheide zwischen dem Persischen Golf, dem der Karasu, ein Nebenfluß des Euphrat, zufließt, und dem Kaspischen Meer, dem die Wasser des Aras entgegeneilen. Vorüber an Feldern mit Weizen, Gerste und Zuckerrüben erreicht man unterhalb des 3160 Meter hohen Palandöken im Tal des Karasu die alte Festungsstadt Erzurum.

106 *In Erzurum steht einer der schönsten seldschukischen Bauten, die Çifte Minare Medresesi, die Medrese mit dem doppelten Minarett. Diese Koranschule wurde 1253 von Sultan Alaettin Kaykobat II. erbaut. Die beiden Minarette an der Westfassade sind mit Fayencefliesen verkleidet, sie umrahmen ein schön gearbeitetes Stalaktitenportal.*

Reiselexikon

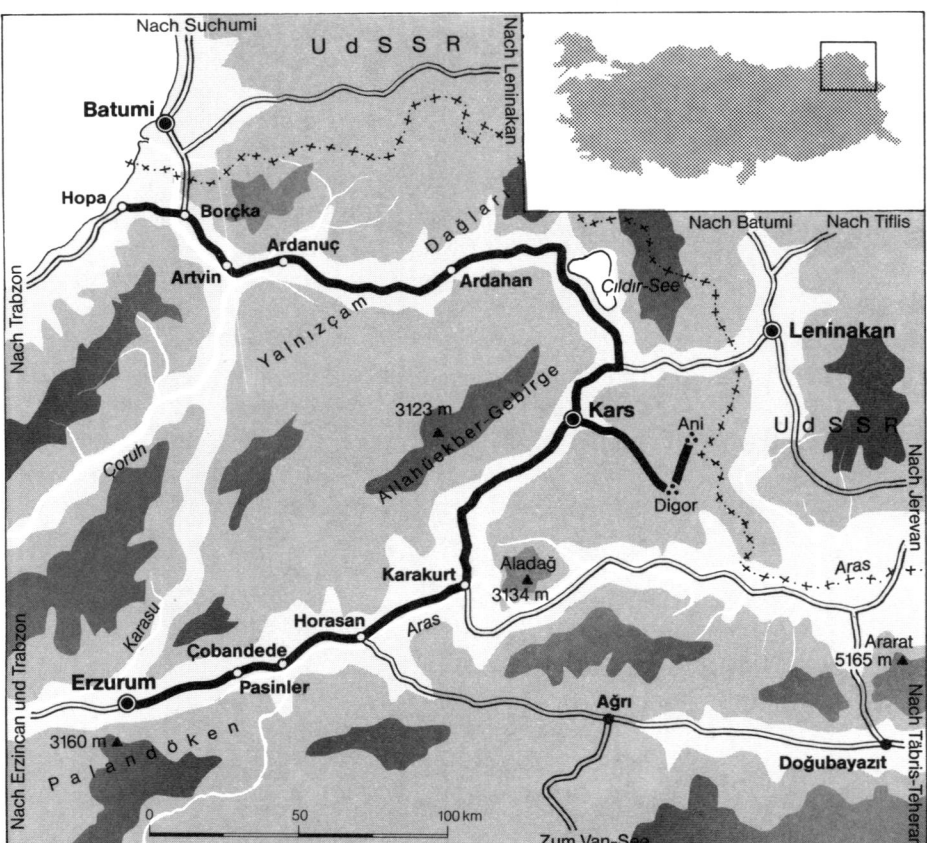

Artvin trägt noch immer seinen georgischen Namen, obwohl die Türken nach Gründung der Republik oft krampfhaft überlieferte griechische, armenische, georgische, kurdische oder arabische Ortsnamen durch türkische ersetzt haben. Die Häuser der Stadt, die sich in Terrassen über dem Tal des Çoruh aufbaut, erinnern an griechische Siedlungsformen. Darüber erheben sich die Ruinen einer Burg, die im 15. und 16. Jahrhundert erbaut wurde. In der Nähe von Artvin sind die Kupferminen von Murgul; das Çoruhtal und seine Hänge werden landwirtschaftlich intensiv genutzt. Von Artvin aus hat man die beste Gelegenheit, die georgischen Klöster der Umgebung zu besuchen. Nach Nordosten zu liegt im Imerhevi-Tal und in den Seitentälern eine *Klosterkirche* nach der anderen. Da ist zuerst die von *Dolişhane*, das georgisch Doliskane hieß, eine um die Mitte des 10. Jahrhunderts von König Sumbat erbaute Kreuzkuppelkirche. Die nächste kunstgeschichtlich bedeutende Kirche ist in *Opiza*, wo man auch noch Reste der Klosteranlagen sieht. In den Ruinen der Kirche von *Tbeti* leuchten noch Reste der Fresken in kräftigen Farben.

Im Süden von Artvin, an der direkten Straße nach Erzurum, reihen sich im Tortumtal die *Klöster* des Fürstentums von Tao-Klartschetien aneinander. Die berühmtesten sind *Öşk Vank* und *Haho*. Die im Jahr 961 vollendete Klosteranlage von Öşk Vank wird von einer Kirche mit einer Vierungskuppel beherrscht, deren Außenwände mit ausdrucksstarken Reliefs geschmückt sind, darunter eine Deesis, Christus zwischen Maria und Johannes.

Die Klosterkirche von Haho ist noch gut erhalten, denn sie dient jetzt als Moschee. Sie wurde im 10. Jahrhundert von dem Bagratiden David III., genannt Kuropalat, erbaut. Die Außenwände der Kuppelbasilika tragen nicht wie die meisten anderen georgischen oder armenischen Kirchen Blendarkaden, sie sind mit vielen Reliefs geschmückt. Da speit ein Wal den Propheten Jonas aus, ein Adler stürzt sich auf ein Reh, und ein Hahn erinnert an Petrus, der seinen Herrn verleugnete. Der Altar dieser Kirche ist jetzt im Museum von Tbilissi zu sehen, es ist ein Triptychon mit Rahmen aus vergoldetem Silber, in der Mitte sind Teile einer Marienikone in Zellenschmelztechnik aus dem 10. Jahrhundert eingearbeitet.

Ardanuç, heute eine Kleinstadt, war einst die Residenz der Fürsten von Tao-Klarschetien. Das Fürstentum gehörte bis zum Beginn des 11. Jahrhunderts der Familie der Bagratiden, die später die georgische Königswürde erlangte. Auf einem hohen Felsen erhebt sich über einer tiefen Schlucht eine Festung aus dem 12. Jahrhundert, zu der man über Treppen und Leitern hinaufsteigen kann.

Weiter östlich wird die Landschaft beherrscht von der Ruine der *Klosterkirche von Schatberdi*, das die Türken Yeni Rabat, das neue Kloster, nennen. Von der im 9. Jahrhundert von Gregor Chadsteli erbauten Kirche steht noch die Vierungskuppel, man sieht auch noch den schönen Reliefschmuck, der die Fenster umgibt.

Kars ist die klimatisch unwirtlichste Provinzhauptstadt der Türkei, und besonders im Winter haben die Bewohner der 1750 m hoch gelegenen Stadt kein leichtes Leben. Eine Siedlung bestand hier schon zur Zeit des Urartäerreichs zu Beginn des 1. Jahrtausends v. Chr. Unter dem armenischen Herrscherhaus der Bagratiden war Kars eine der bedeutendsten Städte Armeniens, und der von 928 bis 952 regierende König Abas I. baute es zu seiner Hauptstadt aus – damals war das armenische Reich auf dem Gipfel seiner

Macht angelangt. Doch schon sein Nachfolger Aschot III. verlegte die Residenz in das nahe Ani. Kars wurde später byzantinisch, kam dann zum persischen Seldschukensultanat, 1205 zum georgischen Königreich, dann eroberten es die Osmanen.

Im Krimkrieg zwischen der Türkei und Rußland, in dem England, Frankreich und das Königreich Sardinien den Sultan unterstützten, belagerten russische Truppen die Stadt. Die türkischen und britischen Verteidiger mußten 1855 kapitulieren, die Türken aber erhielten die Stadt trotzdem zurück. 1877 kamen die Truppen des Zaren erneut nach Kars. Als 1920 die Truppen Mustafa Kemals das Gebiet der sich damals in diesem Gebiet etablierenden Republik Armenien eroberten, flüchteten die hier seit fast zwei Jahrtausenden beheimateten Armenier in die heutige Sowjetrepublik Armenien.

Über der Stadt steht die gewaltige *Zitadelle*, die auf den Mauern einer armenischen Burg von den Seldschuken errichtet wurde, unter Sultan Murat III. haben sie im Jahr 1514 100 000 Arbeiter innerhalb von 58 Tagen zu einer Sperrfestung gegen die Perser umgebaut. In der Festung sind die Ruinen der Großen Moschee und der Beşik Camii, einer zur Moschee umgewandelten armenischen Kirche, zu sehen. Unter der Burg steht die in den Jahren 930 bis 937 von König Abas errichtete Apostelkirche, die ehemalige *armenische Kathedrale von Kars*. Eine von den Russen errichtete *orthodoxe Kathedrale* steht in der Neustadt, sie ist heute geschlossen. Ein Museum enthält die Grabungsfunde aus dem nahen Ani.

Ani, die armenische Ruinenstadt, zu besuchen, ist mit allerhand Schwierigkeiten verbunden. Da es unmittelbar an der Grenze zur Sowjetunion liegt, haben die türkischen Behörden einige bürokratische Schranken auf dem Weg nach Ani errichtet. Zuerst muß man in Kars beim Touristamt eine Genehmigung der Sicherheitsbehörde einholen. Mit dieser meldet man sich wiederum bei den Militärbehörden der Kaserne von Ani, dann wird man von Soldaten bei der Besichtigung eskortiert.

Wahrscheinlich stand schon im 7. Jahrhundert v. Chr. an dieser leicht zu verteidigenden Stelle über der Arpaschlucht eine Festung der Urartäer. Sie wurde im 5. Jahrhundert n. Chr. von den Armeniern erneuert, und zu Beginn des 9. Jahrhunderts gründete der Ba-

gratide Aschot Msaker hier eine Stadt. Aschot III. verlegte seine Residenz nach Ani, das unter Smbat II. (977 – 990) stark befestigt wurde. Damals soll Ani an die 100 000 Bewohner gehabt haben.

1045 wurde die Stadt byzantinisch, und zwanzig Jahre später verwüsteten sie die Seldschuken. Unter georgischer Herrschaft war sie Hauptstadt eines Lehens der Zachariden-Familie, dann zerstörten sie die mongolischen Eindringlinge. Was von der Stadt noch erhalten war, wurde im Jahr 1319 von einem Erdbeben zerstört.

Die Reste der Stadt liegen auf einer felsigen Erhebung zwischen den Schluchten des Baches Alaca Suyu und des Flusses Arpa, der die Grenze zu Sowjetarmenien bildet. Auf der ungeschützten Nordseite stehen mächtige Mauern mit Türmen und Toren.

Die eindrucksvollsten Kirchenbauten sind die von einem hohen Kuppeltambour gekrönte *Gregorkirche*, die Tigran Honentz um 1215 stiftete, die um das Jahr 1000 erbaute *Kathedrale*, der Zentralbau der 1036 vollendeten *Erlöserkirche* und die *Apostelkirche* von 1013, ein Zentralbau mit vier Konchen.

Erzurum hat nach dem Erdbeben von 1939, bei dem 40 000 Menschen umkamen, sein Gesicht völlig verändert: Die Altstadt mit ihren niedrigen Häusern war mit Ausnahme von einigen solide gebauten Moscheen und Medresen zerstört; beim Wiederaufbau wurden breite Straßen angelegt. Die fast 2000 m hoch gelegene Stadt hat ein rauhes Klima: Kurze und heiße Sommer, kalte, lange und schneereiche Winter.

Die antike Siedlung an der Karawanenstraße nach Persien wurde von den Byzantinern zu einer starken Festung ausgebaut und Theodosiopolis genannt. Als die Seldschuken in Kleinasien einbrachen, bekam die Stadt den arabischen Namen Arz ur-Rum, »Land der Römer«. 1515 eroberte sie Sultan Selim.

Unter der Zitadelle steht die vom Seldschukensultan Alaettin Kaykobat 1253 erbaute *Koranschule*, die wegen ihrer beiden Minarette Çifte Minare Medresesi heißt. Zwischen den zwei kannelierten Minaretten mit Fayenceschmuck öffnet sich das prächtige Portal. Die *Große Moschee* (Ulu Cami) aus dem Jahr 1179 ist ein harmonischer Bau mit sieben Pfeilerhallen. Interessant sind die zu einer Dreiergruppe zusammengefaßten *Türben* aus dem 12. Jahrhundert, die Üç Kümbetler, »drei Grabmäler«.

16 Ararat und Van-See

Die Europastraße 23, der Hauptweg von Inneranatolien in den Mittleren Osten, führt auch in die südlichen Gebiete des alten armenischen Großreichs, zum heiligen Berg Ararat und in das Land um den Van-See. Von Erzurum aus folgt man dieser Straße bis Horasan und weiter in Richtung nach Doğubayazıt, oder man zweigt ab auf die Straße nach Kars, um in Karakurt den Aras entlang nach Iğdır an der sowjetischen Grenze zu fahren und dann westlich des sagenhaften Bergmassivs die Grenzstadt Doğubayazıt zu erreichen.

Auf der E 23 geht es von Horasan und vom Tal des Aras aus durch Schluchten und auf Serpentinen hinauf zum 2475 Meter hohen Tahir-Paß. Der nächste Gebirgsübergang, zwischen den Ortschaften Tahir und Eleskir, ist 2391 Meter hoch, er bildet die Wasserscheide zwischen dem Aras und damit den dem Kaspischen Meer zufließenden Gewässern und dem Murat, einem Nebenfluß des nach langem Lauf durch die ostanatolischen Berge und die Ebenen Mesopotamiens zusammen mit dem Tigris in den Persischen Golf mündenden Euphrat. Eleskirt ist die türkisierte Form eines armenischen Ortsnamens, denn Kert oder Girt bedeutet Festung, und früher hieß das Städtchen Alaschkert. In der fruchtbaren Ebene des Murat fährt man hinunter nach Ağrı, einer Provinzhauptstadt ohne Überreste ihrer langen Geschichte.

Von Ağrı weiterfahrend hat man rechts die bis zu 3548 Meter hohen Berge des Aladağ vor sich, weiter oben in der Hochebene wird links voraus der schneebedeckte Ararat sichtbar. In der Nähe von Diyadin rechts der Straße gibt es heiße Quellen. In etwa 2000 Meter Höhe überschreitet die Straße eine neue Wasserscheide: Man läßt das Stromgebiet des Murat und damit das des Euphrat hinter sich und kommt wieder in das des Aras. Die weiße Kuppe des Ararat beherrscht die großartige Gebirgslandschaft, in der die Grenzstadt Doğubayazıt liegt. Der eigentliche Grenzübergang, Gürbulak auf türkischer, Bazargan auf iranischer Seite, ist von hier noch 35 Kilometer weit entfernt. Drüben im Iran geht die Straße weiter zur aserbeidschanischen Hauptstadt Täbris.

Zum Van-See fährt man von Ağrı aus nur ein Stück den Murat entlang, dann durch eine baumlose Hochebene mit wenigen grünen Oasen, links mit Blick auf die Dreitausender des Aladağ nach Patnos, einst eine Urartäerfestung. Westlich von Patnos liegt Malazgirt, die frühere armenische Stadt Manzikert. Am 11. August 1071 schlug hier das Heer der türkischen Dynastie der Seldschuken, die bereits über Persien und den Irak, über Syrien und Palästina herrschte, den byzantinischen Kaiser Romanos IV. Diogenes, der gefangengenommen wurde. Den Seldschuken war damit der Weg nach Kleinasien geöffnet.

Hinter dem Städtchen Patnos sieht man bald im Südwesten den zweithöchsten Berg der Türkei, den 4434 Meter hohen Süphan Dağı, einen erloschenen Vulkan, auf dessen Gipfel das ganze Jahr über Schnee liegt. Das Ufer des Van-Sees erreicht die Straße bei Ercis. Der Van-See ist der größte See der Türkei, er ist siebenmal größer als der Bodensee. Die leuchtend blaue Wasserfläche, die bei Sturm smaragdgrün wird, ist von hohen Bergen umstanden, unter denen der Süphan im Norden und der Nemrut Dağı im Westen, ebenfalls ein ehemaliger Vulkan, hervorragen. Das Wasser des Sees enthält viel Natrium und Kalium, es fühlt sich seifig an. Im äußersten Ostwinkel des Sees ist der Ort Muradiye, wo im Winter 1976 bei einer Erdbebenkatastrophe Tausende umkamen – die Hilfeleistungen blieben wegen des hohen Schnees und der hemmungslosen Korruption erfolglos. Entlang des Ostufers kommt man nach Van, der Stadt der Urartäer und Armenier.

Churriter, Urartäer und Armenier

Gegen Ende des 2. Jahrtausends v.Chr. lebte südlich des Van-Sees das Bergvolk der Churriter, das wie andere vorderasiatische Bergvölker immer wieder in die fruchtbare und beuteversprechende mesopotamische Ebene vorstieß. Im 18. Jahrhundert v.Chr. herrschte über die Churriter eine Oberschicht mit indoarischer Sprache, die den von Pferden gezogenen Streitwagen mitgebracht hatten. Diese militärische Überlegenheit befähigte sie, bis weit nach Syrien und Palästina vorzudringen. Sie konnten sogar das Heer des Pharao besiegen und herrschten unter dem Namen Hyksos ein rundes Jahrhundert lang über Ägypten. Die Churriter kämpften mit den Hethitern, deren König Supiluliuma I. im 14. Jahrhundert das Churriterreich niederwarf. 500 Jahre später einigte Sardur I. die churritischen Fürstentümer um den Van-See zum Staat Urartu. Unter Argistis I., der von 785 bis 753 regierte, reichte die Macht der Urartäer im Norden bis Georgien, im Süden bis Aleppo in Syrien. In den Flußtälern bauten die Urartäer Staudämme und Kanäle, sie züchteten Pferde, und ihre Bronzearbeiten wurden in Assyrien, Griechenland und sogar bei den Etruskern in Italien gefunden. Die Assyrer, mit denen Urartu seit jeher im Streit lag, eroberten 714 die Hauptstadt Tuschpa, das heutige Van. Aber erst die Meder konnten im 6. Jahrhundert v.Chr. das Urartäerreich endgültig zerschlagen. Zur einheimischen urartäischen Bevölkerung kamen nach den Medern und später den Persern auch Phryger und Thraker aus dem Westen, es bildete sich langsam ein Mischvolk mit einer indoeuropäischen Sprache heraus, die Armenier.

Auf persischen Inschriften aus dem 6. und 5. vorchristlichen Jahrhundert ist zum erstenmal von einem Land Armenien die Rede. Auf dem Alexanderzug setzt der Makedone, der sich zum persischen Großkönig gemacht hatte, einen persischen Fürsten als Satrapen ein. Dieser, Orontes, begründete die erste armenische Dynastie. Die Orontiden wurden dann von den Artaxiden abgelöst, zu denen Tigranes I., der Große, gehörte. Sein Reich dehnte sich vom Kaukasus bis Syrien, vom Kaspischen Meer bis Kommagene aus. Doch das Bündnis mit Mithridates VI. von Pontus wurde ihm zum Verhängnis: Der Römer Lukullus zerstörte seine prunkvolle Hauptstadt Tigranocerta, und Pompejus machte Tigranes zum römischen Vasallen. Er durfte nur das armenische Kernland behalten.

Im 1. Jahrhundert n.Chr. kam Tiridates I. aus dem Geschlecht der parthischen Könige an die Macht, er nannte sich armenisch Trdat. Tiridates III. schließlich wurde im Jahr 300 n.Chr. vom hl. Gregor dem Erleuchteten zum Christentum bekehrt, und ein Jahr später soll er den neuen Glauben aus dem Westen zur Staatsreligion erklärt haben. Doch schon im Jahr 387 wurde das Land geteilt: Der oströmische Kaiser Theodosius der Große verleibte seinem Reich das sogenannte Kleinarmenien um Erzurum ein, der sassanidische Perserschah Schahpur III. erhielt das Gebiet um den Van-See und die nördlichen Gebiete am Araxes.

Um 660 hatten die Araber Armenien fest in ihrer Hand. Nach einigen grausam niedergeschlagenen Aufständen wandte der Kalif von Bagdad, der »Beherrscher aller Gläubigen«, eine neue Strategie an: Um Armenien als Pufferstaat zwischen seinem Reich und Byzanz zu haben, setzte er um 860 den Bagratiden Aschot als Großfürsten von Armenien, Georgien und Albanien (das heutige sowjetische Aserbeidschan) ein. Später gestand er ihm auch noch den Königstitel zu, und der Kaiser in Konstantinopel sandte Aschot eine Krone. Als dann unter den Erben des neuen Königs Streit ausbrach, machte sich Gagik aus dem Geschlecht der Ardzruni zum König von Vaspurakan am Van-See. Der letzte Ardzruni-König Senekerim Hovhannes überließ sein Reich den Byzantinern. 1071 wurde das byzantinische Armenien von den Seldschuken überrannt. Einige Armenierfürsten gründeten in Kilikien das Reich »Kleinarmenien«, das sich mit den Kreuzrittern verbündete, 1375 aber von den Mameluken zerschlagen wurde.

Armenier lebten in der Folgezeit vor allem als Händler und Handwerker über den Vorderen Orient und den Balkan zerstreut. Zusammenhängende Siedlungsgebiete gab es in Ostanatolien und südlich des Kaukasus. Als die europäischen Mächte den Sultan in Stambul zum »kranken Mann am Bosporus« entwürdigt hatten, stachelten sie das Nationalbewußtsein der christlichen Völker des Osmanenreichs an, besonders das der Armenier. Die Folge waren Aufstände und Anschläge, beantwortet durch brutale Strafaktionen. Als im Ersten Weltkrieg die Armenier offen zu den Feinden des Sultans, den Westmächten und Rußland, übergingen und als sie gar einen eigenen Staat gründeten, brach die Katastrophe über die kleinasiatischen Armenier herein: Bei der Vertreibung durch die Türken und der Flucht aus Anatolien kamen Hunderttausende um, die Überlebenden flohen nach Europa, nach Amerika und ins russische Armenien.

107 *Der heilige Berg der Armenier, der Große Ararat, liegt auf türkischem Gebiet, nur wenige Kilometer von der Grenze zur Armenischen Sowjetrepublik entfernt. Der 5156 Meter hohe Berg ist auch im Sommer von Schnee bedeckt. Ob der in der Bibel genannte Berg Ararat, auf der Noahs Arche gelandet sein soll, mit dem türkischen Ağri Daği identisch ist, wird heute angezweifelt.*

108 *Unweit vom Ararat, oberhalb der Grenzstadt Doğubayazıt, errichteten einheimische Fürsten, vielleicht kurdischer Herkunft, eine Sperrfeste, die den Karawanenweg in den Iran bewachte. Die uneinnehmbare Festung wurde im 18. Jahrhundert von İshak Paşa und seinen Nachfolgern zu einem prunkvollen Schloß mit einer Kuppelmoschee ausgebaut.*

109 *An der Ostseite des Van-Sees erhebt sich über der Stadt Van der Zitadellenhügel, auf dem schon im 9. Jahrhundert v.Chr. eine Burg stand. Sie schützte Tuschpa, die Hauptstadt des urartäischen Reichs.*

110 *Im Sommer errichten kurdische Nomaden ihre Lager hoch oben im Aladağ nahe der iranischen Grenze, wo ihre Herden auf den Bergwiesen grasen.*

111 *Der Van-See ist siebenmal so groß wie der Bodensee, er liegt auf einer Höhe von 1720 Metern über dem Meer. Von der kleinen Insel Ahtamar nahe des Südufers kann man weit über den See blicken.*

112 *Auf der Insel Ahtamar im Van-See haben Armenier zwischen 915 und 922 eine Klosterkirche gebaut. Von den später entstandenen weitläufigen Klosteranlagen ist nur noch die Kreuzkuppelkirche erhalten.*

113 *Die Außenwände der Klosterkirche von Ahtamar sind mit ausdrucksstarken Reliefs geschmückt. An der Ostwand sieht man Tiere, Heilige und biblische Gestalten, darüber ein Weintraubenfries.*

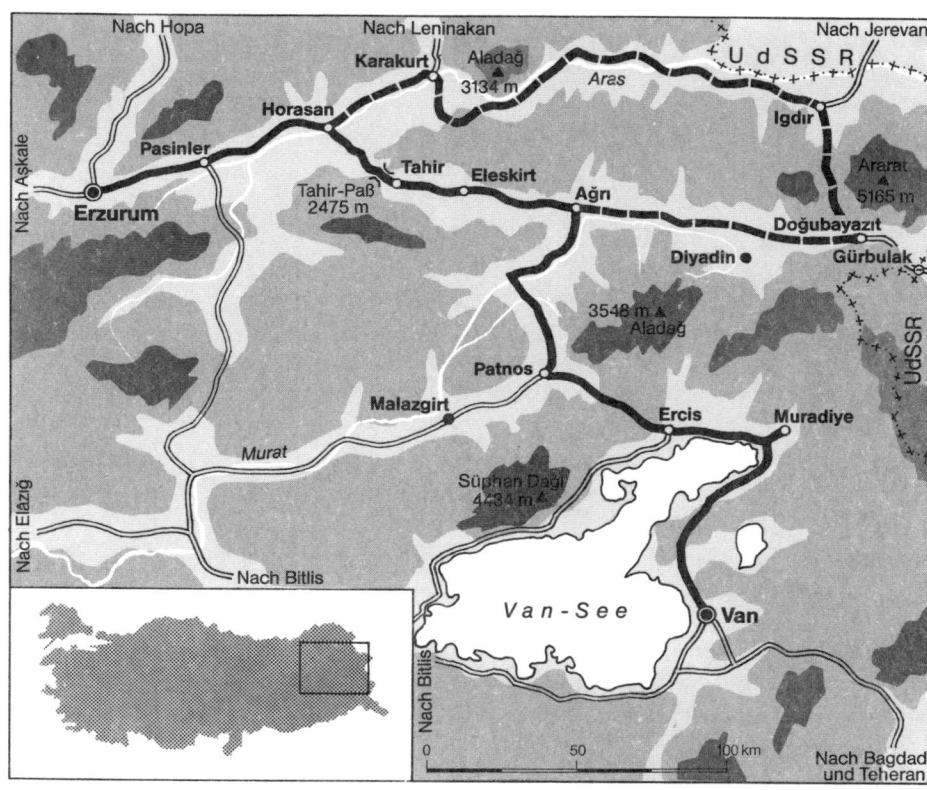

Doğubayazıt, die Grenzstadt zum Iran, liegt in einer Höhe von 1900 m und ist umstanden von Bergriesen: Im Norden erhebt sich der gewaltige Kegel des 5165 m hohen Großen Ararat, im Nordosten der 3903 m hohe Kleine Ararat und im Südwesten der 3548 m hohe Tendürek Dağı. Südlich von der erst 1918 gegründeten Stadt ist die Stätte der alten, Eski Doğubayazıt, das die türkische Armee während eines Aufstandes der Kurden im Jahr 1939 völlig zerstörte. Über den Ruinen ragt eine der bemerkenswertesten Sehenswürdigkeiten der Osttürkei empor, die große Anlage des İshak Paşa Sarayı, des Palasts von İshak Paşa, der im 18. Jahrhundert die Karawanenstraße aus dem Iran kontrollierte und ungeheure Reichtümer ansammelte. Er stammte aus dem Haus der Emire Çıldıroğlu, die meistens als Kurden, aber auch als Armenier oder Georgier bezeichnet werden und für den osmanischen Sultan einen großen Abschnitt des Grenzgebiets verwalteten. Das Schloß mit seiner Moschee steht über einer tiefen Schlucht und hoch über der Ebene vor dem Ararat.

Ararat heißt in der Bibel der Berg, auf dem Noahs Arche mit den geretteten Tieren und Menschen nach dem Rückgang der Sintflut gelandet sein soll. Ob allerdings mit dem biblischen Ararat nicht auch ein anderer Berg gemeint sein könnte, ist ungewiß. Jedenfalls blieb die Suche nach den Resten des sagenhaften Schiffes bisher vergeblich. Der Große Ararat ist 5165 m hoch und heißt auf türkisch Büyük Ağrı Dağı – ob die wörtliche Übersetzung »Großer Schmerzensberg« sinnvoll ist, bleibt eine Frage der Deutung. Der ehemalige Vulkan ist durch einen Sattel vom Kleinen Ararat (Küçük Ağrı Dağı, 3925 m) getrennt. Er steigt so jäh aus dem umliegenden Bergland auf, daß seine Silhouette von allen Seiten überwältigend schön wirkt. Der Ararat ist der heilige Berg der Armenier, doch liegt er seit der Teilung Armeniens im Jahr 1920 auf türkischem Boden. Er ist von der armenischen Hauptstadt nur wenige Kilometer entfernt. Für die Besteigung braucht man eine besondere Genehmigung.

Van stand einst am Seeufer und unterhalb der Zitadelle, doch von der Altstadt ist kaum mehr etwas erhalten. Sie wurde in den Wirren des Ersten Weltkrieges zerstört, als die gepeinigten Armenier sich in einem Aufstand Luft machten, die Stadt von der türkischen Armee belagert wurde, und als schließlich russische Truppen Van eroberten. In republikanischer Zeit entstand östlich von der alten eine neue Stadt mit breiten Straßen und großzügigen Grünanlagen.

Wo das alte Van sich ausdehnte, befand sich auch die Hauptstadt der Urartäer, Tuschpa. Später war es eine der wichtigen Städte des Armenierreichs von Tigranes dem Großen und Hauptstadt des Königsreichs Vaspurakan. Durch Tausch kam es zu Byzanz; das seldschukische Van zerstörte Timur. Dann war es Zankapfel im Hin und Her zwischen den Osmanen und den Persern.

Der Hügel, auf dem heute die Reste der Zitadelle Vankale stehen, muß wohl schon längst bewohnt und vielleicht auch befestigt gewesen sein, ehe die Urartäer im 9. Jahrhundert v. Chr. eine Burg anlegten. Zuletzt haben die Osmanen auf dem Felsen Befestigungswerke gebaut, von deren Moschee noch ein Mi-

narett erhalten ist. Auf den Mauern und Felsen sieht man Inschriften des urartäischen Königs Sardur I. (832 – 825), des mächtigen Argistis I. und eine des Perserkönigs Xerxes. In den Felsen gehauen sind die Gräber der vier Urartäerkönige Sardur II., Ispuini, Menua und Argistis I. Vom Zitadellenberg kann man weit über den See und die umliegenden Berge schauen.

Im Westen erhebt sich über der modernen Stadt der Toprakkale genannte Hügel. Der Name bedeutet »Erdburg«, denn er besteht zum Teil aus Resten von Lehmziegelmauern. Archäologen fanden hier die Fundamente eines Tempels, der dem urartäischen Gott Haldi geweiht war. Das Museum in der Neustadt enthält Funde aus urartäischer und armenischer Zeit, vorgeschichtliche Funde und eine Volkskunstsammlung.

Hoşap südöstlich von Van ist ein kleiner Ort unterhalb des 3750 m hohen Başet Dağı. Er ist nach dem Fluß benannt, dessen kurdischer Name »schönes Wasser« bedeutet, die türkischen Behörden haben ihn vor einigen Jahren in »Güzelsu« eingetürkt. Über dem Ort erhebt sich auf einem steilen Felsen die imposante Festung Mahmudiye. Unter ihrem Hauptturm befinden sich die Reste einer urartäischen Festung; später bauten die Seldschuken darüber eine Burg, die von Kurden und Osmanen verstärkt wurde. Ein Kurdenfürst machte daraus um 1640 ein Schloß, das angeblich 360 Räume gehabt haben soll, zwei Moscheen und drei Bäder. Von all dem Prunk sind nur noch die Mauern und Türme erhalten.

Hakkâri ist als die »hinterste Türkei« verrufen. Es liegt südöstlich des Van-Sees, im Winkel zwischen der iranischen und der irakischen Grenze, und ist die Hauptstadt der am dünnsten besiedelten Provinz der Türkei. Hakkâri ist von Drei- und Viertausendern umgeben, an ihm fließt der Zab vorbei, der als Großer Zab südlich der irakischen Stadt Mossul in den Tigris mündet. In der Umgebung von Hakkâri leben vor allem kurdische Nomaden.

Ahtamar, die Insel im Van-See, bietet eine der großen Sehenswürdigkeiten der Osttürkei, die armenische Klosterkirche zum Hl. Kreuz. Der Zentralbau wurde

zwischen 915 und 921 errichtet und ist eine Stiftung von Gagik Ardzruni, dem König des kleinen Reichs von Vaspurakan; Baumeister war der Mönch Manuel. Die Außenmauern aus rotem Sandstein sind mit phantasievollen Reliefs geschmückt, mit figürlichen und ornamentalen Darstellungen. Die Insel war die zweite Residenz König Gagiks. Er ließ sich hier einen Palast erbauen, von dem nichts mehr erhalten ist. Ein Kloster bestand hier wohl bis zum Ende des 19. Jahrhunderts.

Ahlat am Westufer des Van-Sees erreicht man von Tatvan aus, der Endstation der von Inneranatolien herkommenden Eisenbahnlinie – die Züge werden hier auf die Fähre verladen, und in Van jenseits des Sees fahren sie weiter in den Iran. Beim alten Ort Eski Ahlat sind schöne alte Türben aus seldschukischer Zeit und ein Friedhof mit interessanten Grabsteinen aus dem 17. und 18. Jahrhundert zu sehen; in einem Museum wird Kunsthandwerk gezeigt. Unten am See steht eine Festung, die der Osmanen-Sultan Süleyman im 16. Jahrhundert erbauen ließ.

Die Kurden

Fast neun Millionen der etwa 47 Millionen Einwohner der Türkei sind Kurden. Es gibt rund 17 Millionen Kurden, sie sind die viertstärkste Nation des Nahen Ostens. Ihr Siedlungsgebiet ist heute auf die Türkei, den Iran, den Irak, Syrien und die Sowjetunion aufgeteilt. Die Kurden sind die alteingesessene Bevölkerung des Kurdistan genannten Berglands am oberen Euphrat, um den Van-See und den Urmia-See im Iran, zwischen dem Nordrand der mesopotamischen Ebene und dem persischen Zagros-Gebirge. Sie sprechen eine dem modernen Persisch nahestehende Sprache. Seit der Gründung der türkischen Republik wird die Existenz dieses Volkes offiziell geleugnet, der öffentliche Gebrauch der kurdischen Sprache ist verboten. Die türkischen Behörden versuchen, die Kurden zu türkisieren, und Bemühungen um eine kulturelle oder politische Autonomie werden als staatsgefährdender Separatismus streng verfolgt. In den Gebieten der Osttürkei, in denen Kurden leben, ist die soziale Rückständigkeit besonders sichtbar.

17 Durch Kurdistan nach Kommagene

Im Süden der Osttürkei geht das anatolische und das armenische Bergland über in die mesopotamische Ebene, das Zweistromland des Tigris und des Euphrat, die zusammen weit unten im Irak als Schatt el-Arab in den Persischen Golf münden. Wenn man vom Van-See her in den Orient der Türkei fährt, muß man die Berge des östlichen Taurus überwinden, um nach Bitlis zu kommen, einer kleinen Provinzhauptstadt in 1550 Meter Höhe mit drei schönen Moscheen aus seldschukischer Zeit. Durch die Bitlis-Berge geht es nach Baykan, von wo aus man über Siirt, das ebenfalls schöne Seldschukenmoscheen besitzt, hinunter ins Tigristal nach Hasankeyf gelangen kann. Die Stadt, eine der malerischsten der Türkei, liegt unter den steilen Felswänden der Tigrisschlucht und besteht fast nur noch aus Ruinen, seit sie von den Mongolen zerstört worden ist. Weiter im Süden erreicht man Midyat, den Mittelpunkt des Tur-Abdin-Gebirges, wo syrische Christen wohnen. Ihre Umgangs- und Liturgiesprache ist noch heute das Aramäische, einst Amtssprache des Perserreichs und die Sprache Christi und seiner Jünger.

Die Hauptstraße von Bitlis nach Diyarbakır überquert bei Malabadi den Fluß Batman Çayı auf einer modernen Brücke. Aber unmittelbar daneben schwingt sich die monumentale, um 1146 aus großen Steinquadern errichtete Artukidenbrücke in einem spitzen, kühnen Bogen über den Fluß. Durch kahles Hügelland, das nur hie und da von grünen Tälern mit kleinen Dörfern aufgelockert ist, nähert man sich Diyarbakır, einer der interessantesten türkischen Städte. In der Römerzeit hieß es Amida, und im Mittelalter wurde es wegen seiner gewaltigen Stadtmauern aus dunklem Basalt Kara Amida, das Schwarze Amida, genannt. Die Türme und Tore der Stadtbefestigung tragen griechische und arabische Inschriften, der Reliefschmuck stammt aus seldschukischer und artukidischer Zeit. Hoch über dem Tigris erhebt sich auf einem künstlich aufgeschütteten Hügel die Zitadelle, in der das durch die Kurdenprozesse bekannt gewordene Gefängnis steht. Die Ulu Cami, die Große Moschee, erinnert an syrische Gebetshäuser. Interessante Funde sind in dem angrenzenden Archäologischen Museum, einer schönen Medrese aus dem 12. Jahrhundert, zu sehen. Im Basarviertel erlebt man ein farbiges Gewimmel von Kurden, Arabern und Türken. Vom Mardin-Tor aus kommt man zu einer römischen Brücke über den Tigris, die im Mittelalter erneuert wurde.

Von Diyarbakır nach Südosten führt man durch eine kahle Ebene, in der an vielen Stellen kleine Plantagen von Pistazienbäumchen die Hügel bedecken, und an wenigen Dörfern vorbei in das Bergland von Mardin. An seinem Südhang liegt Mardin, eine weiße, in Terrassen den Berg hinaufgebaute Stadt, deren Häuser und Gassen, Moscheen und Medresen orientalischen Zauber ausströmen. Man blickt hinaus in die mesopotamische Ebene, die syrische Grenze ist nur etwa 35 Kilometer von hier entfernt. Mardin ist hauptsächlich von Arabern, aber auch von Kurden bewohnt, sie besitzt eine sehr schöne Koranschule, die Sultan İsa Medresesi aus dem Jahr 1385, in der heute noch Theologiestudenten lernen und wohnen.

Nach Urfa, der Stadt Abrahams, kommt man entweder von Mardin aus durch die Steppe nach Westen fahrend, oder von Diyarbakır nach Südwesten durch die Karacadağ-Berge, vorbei an der Oasenstadt Siverek mit einer byzantinischen Festung. In einer heißen Hochebene, in der Weizen und Baumwolle angebaut werden und viele Schafherden weiden, liegt die Großstadt Urfa. Sie war schon um 1500 vor Christus eine wichtige Stadt der Churriter, später, unter dem Namen Edessa, Sitz der christlichen Könige von Osrhoë. Sie wurde dann byzantinisch und Hauptstadt einer von den Kreuzfahrern errichteten Grafschaft. Der Sage nach soll hier der Dulder Hiob gelitten und geklagt, und Abraham auf seinem Weg von Ur in Chaldäa nach Kanaan haltgemacht haben. Der Prophet sollte hier der Legende nach auf Befehl des Königs Nemrut, des biblischen Nimrud, auf einem Scheiterhaufen verbrannt werden, doch Gott rettete Abraham, indem er den heiligen Teich schuf, an dem gläubige Muslime noch heute die heiligen Karpfen mit gerösteten Kichererbsen füttern.

Südlich von Urfa, 18 Kilometer von der syrischen Grenze entfernt, liegt der Ort Altınbaşak (»Goldähre«), das alte Harran, wo der Bibel nach Abraham sich ansiedelte, ehe er nach Kanaan weiterzog. In der Antike hieß der Ort Carrhae. Hier trat der römische Feldherr Crassus im Jahr 53 vor Christus gegen die Parther an, die Schlacht kostete ihn aber Heer und Leben. In diesem Gebiet wohnt die arabische Bevölkerung oft noch in den traditionellen, meist nach den süditalienischen Beispielen Trulli benannten Spitzkuppelhäusern aus Lehm, die ihre Bewohner bei Bau-

114 *Die Landbevölkerung der südöstlichen Türkei besteht größtenteils aus Kurden. Die Frauen und Mädchen sind der alten Kleidung in stark leuchtenden Farben treu geblieben.*

115 *Weil die im Jahr 1146 unter der turkmenischen Dynastie der Artakiden errichtete Brücke über den Batman, einen Nebenfluß des Tigris, wohl kaum schwere Lastzüge hätte tragen können, hat man unmittelbar neben dem anmutigen, 35 Meter weit gespannten Bogen eine moderne Brücke gebaut.*

116 *An einem Nebenfluß des Euphrat wird eine Schafherde zur Tränke getrieben. Die Tiere tragen einen Farbfleck, die Markierung des Besitzers.*

117 *Auf der Westterrasse des Staatsheiligtums des Königreichs Kommagene auf dem Nemrut Dağı stehen fünf Monumentalstatuen, deren Köpfe von Erdbeben, Gewittern und Stürmen abgebrochen wurden. Vorne der Kopf des Zeus, dahinter der des Sonnengottes Apollo.*

118 *Wer die Nacht auf dem Nemrut Dağı verbracht hat, erlebt einen der schönsten Tagesanbrüche, vor sich die Ausläufer des Südosttaurus, hinter denen der Euphrat fließt und die Ebenen Mesopotamiens beginnen.*

119 *Die uralte Stadt Urfa, in der Abraham geweilt haben soll, wird hauptsächlich von Arabern und Kurden bewohnt. In ihrer Mitte ragt das achteckige Minarett der Ulu Cami, der Großen Moschee aus dem 12. Jahrhundert, empor.*

120 *Südlich von Urfa, in der Gegend von Altınbaşak, nahe der syrischen Grenze, sind die Gehöfte mit spitzen Kuppeln aus Lehm gekrönt. Im Innern ist es bei dem heißen Klima der mesopotamischen Ebene angenehm kühl.*

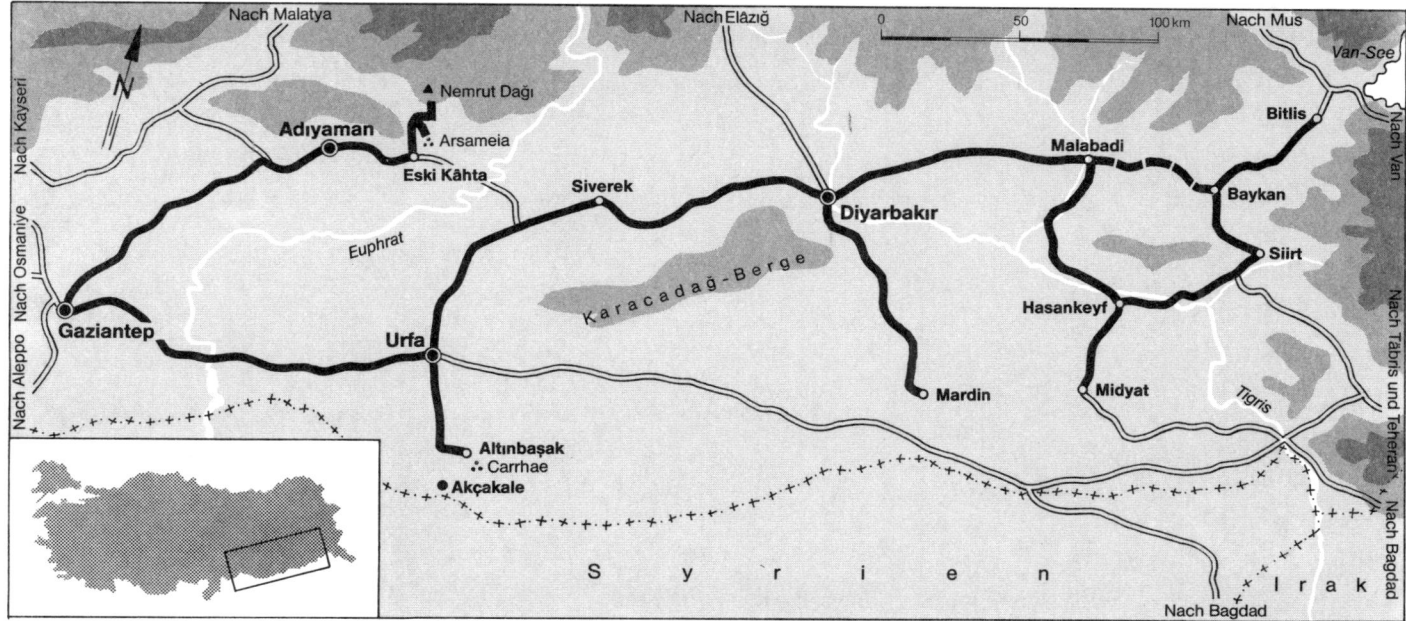

fälligkeit auf Anordnung der türkischen Behörden wegen »Rückständigkeit« nicht erneuern dürfen – sie müssen durch Betonbauten ersetzt werden.

Von Urfa aus nach Westen kommt man in einer hügeligen Hochebene nach Gaziantep, das früher einfach Antep hieß. Die Stadt bekam den Ehrentitel Gazi, was eigentlich »Glaubenskämpfer« bedeutet, wegen ihres Widerstandes gegen die von Syrien aus eingedrungenen französischen Truppen nach dem Ersten Weltkrieg. In der Umgebung gedeihen besonders viele Pistazien, und die mit diesen Früchten gebakkene Baklava von Antep, ein süßes Blätterteiggebäck, wird in der Türkei als beste gerühmt. Weiter im Westen, in Osmaniye, ist man schon ganz am Golf von İskenderun im östlichen Winkel des Mittelmeers.

Eine Sehenswürdigkeit, die eigentlich zu den Weltwundern der Antike gezählt werden sollte, nämlich die Kultstätte auf dem Nemrut Dağı, erreicht man von Gaziantep und Adıyaman im Westen oder von Diyarbakır von Osten aus. Nördlich von Kâhta überschreitet man auf einer römischen Brücke den Çendere Suyu, den alten Chabinas. Die um 200 von den Soldaten der im nahen Samosata (heute Samsat) stationierten 16. Legion erbaute Brücke hatte einst je zwei Säulen an den beiden Brückenköpfen; heute ist nur noch eine vorhanden.

In Eski Kâtha, dem alten Kâtha, lag einst Arsameia, die Hauptstadt des Reiches von Kommagene. Die von persischen Satrapen und syrischen Seleukiden abstammende Dynastie der Orontiden schuf sich in der Landschaft Kommagene ein Königreich, das sich im Spannungsfeld zwischen den Römern und den Parthern gut behaupten konnte. Als sich Kommagene in den Jahren um 70 nach Christus allzusehr an den östlichen Nachbarn anlehnte, teilte es Vespasian der römischen Provinz Syrien zu. Die Ruinen der Hauptstadt von Kommagene, Arsameia, liegen über dem von Kurden bewohnten Dorf Eski Kâtha. Diesseits des Flusses Kâtha Çayı steht die Mamelukenburg Yeni Kale (Neue Burg) aus dem 14. Jahrhundert, jenseits des in der Antike Nympheios genannten Flusses sind die Eski Kale (Alte Burg) genannten Ruinen von Arsameia ausgegraben worden: Reste eines Palasts, ein Relief, das König Mithridates II. Kallinikos beim Händedruck mit dem göttlichen Heroen Herakles zeigt, sowie eine lange griechische Inschrift, die bezeugt, daß hier das Grabheiligtum von König Antiochos Epiphanes stand.

Auf dem 2 150 Meter hohen Nemrut Dağı, der wie viele unheimliche Örtlichkeiten aus heidnischer Zeit von der muslimischen Bevölkerung mit dem Feind des Propheten Abraham, dem in der Bibel erwähnten Erbauer des assyrischen Ninive, in Verbindung gebracht wird, sind die Überreste des Staatsheiligtums von Kommagene. Auf dem Berggipfel ließ König Antiochos einen 50 Meter hohen Grabhügel aus Schotter aufhäufen, an dem drei Terrassen planiert wurden. Auf der der aufgehenden Sonne zugewendeten Ostterrasse stand ein persischer Feueraltar, auf der nördlichen Sockelmauer sind im Relief die persischen Vorfahren des Antiochos dargestellt, auf der südlichen die griechischen. Auf der Westterrasse schließlich erheben sich die fünf Monumentalstatuen des Sonnengotts, der Schicksalsgöttin, des Zeus, des vergöttlichten Königs und des Herakles. Die Gruppe ist von je einer Adlerfigur und einem Löwen flankiert. Die Köpfe der ursprünglich etwa acht Meter hohen Figuren sind von Stürmen, Gewittern und Erdbeben gelockert und schließlich auf den Boden der Terrasse geworfen worden. Sie sind aber immer noch steingewordenes Zeugnis des griechisch-orientalischen Gottkönigtums.

121 *Die Parks türkischer Städte sind belebt von sich ausruhenden, schattensuchenden Menschen. Wie die Teestuben sind die Parkbänke ein beliebter Treffpunkt für ältere Männer, um ein besinnliches Gespräch zu führen.*

Register